UN DEVOCIONAL PARA LOS 365 DÍAS

MYLES
MUNROE

habla sobre

RELACIONES

UN DEVOCIONAL PARA LOS 365 DÍAS

MYLES MUNROE

habla sobre

RELACIONES

WHITAKER
HOUSE

Traducción al español realizada por:
Belmonte Traductores
Manuel de Falla, 2
28300 Aranjuez
Madrid, ESPAÑA
www.belmontetraductores.com

MYLES MUNROE HABLA SOBRE RELACIONES:
Un devocional para los 365 días

Publicado originalmente en inglés bajo el título: *Myles Munroe on Relationships: A 365-Day Devotional*

Dr. Myles Munroe
Bahamas Faith Ministries International
P.O. Box N9583
Nassau, Bahamas
bfmadmin@bfmmm.com
www.bfmmm.com; www.bfmi.tv; www.mylesmunroe.tv

ISBN: 978-1-60374-272-6
Impreso en los Estados Unidos de América
© 2011 por Myles Munroe

Whitaker House
1030 Hunt Valley Circle
New Kensington, PA 15068
www.whitakerhouse.com

Myles Munroe Habla sobre Relaciones: Un devocional para los 365 días está basado en los innovadores libros del Dr. Munroe:

Entendiendo el Propósito y el Poder de los Hombres
Entendiendo el Propósito y el Poder de la Mujer
y
El Principio de la Paternidad

Introducción

Todo en la creación fue creado para relacionarse con algo en su entorno. El Creador diseñó las cosas para aportar y beneficiarse de sus relaciones con otros componentes dentro de sus entornos. La planta necesita el sol, los peces necesitan el agua, las aves necesitan el aire y el árbol necesita la tierra.

Los seres humanos fueron creados para ser criaturas sociales, y pueden sobrevivir y desarrollarse sólo dentro del contexto de las relaciones con otros seres humanos. El desarrollo exitoso y efectivo, y la adaptación de nuestro género no puede prosperar sin unas relaciones sanas y significativas.

Sin embargo, las necesidades únicas de la especie humana no pueden ser satisfechas eficazmente por medio de los elementos del estrato bajo de la creación, como animales, plantas, aves, insectos y objetos inanimados de la naturaleza, sino sólo por parte de aquellos de su misma clase. Es interesante notar que el primer hombre creado, Adán, estaba en compañía de toda especie de animales, plantas, aves y criaturas marinas, y aun así, la conclusión del Cerebro tras este gran proyecto de la creación fue que el hombre seguía estando "*solo*" (Génesis 2:18). Básicamente, no fuimos creados o diseñados para existir sin una relación eficaz con otro individuo de nuestra clase. La relación es para la humanidad lo que el oxígeno es para los pulmones y la sangre para todo el cuerpo.

Por tanto, este devocional diario trata sobre el aspecto más importante de su vida en la tierra. Los principios de este libro son aplicables a sus relaciones con su cónyuge, otros miembros de la familia, amigos, compañeros de trabajo y personas con las que convive en la sociedad en general. Descubrirá verdades bíblicas que explican por qué experimentamos tanto gozo como conflicto cuando nos relacionamos con otros, y por qué a muchos nos cuesta establecer y mantener buenas relaciones.

Cuando pensamos en mejorar nuestras relaciones, normalmente comenzamos haciendo preguntas como: "¿Qué quiero?"; "¿Cómo puedo conseguir que mis necesidades estén cubiertas?"; "¿Por qué no puedo hacer que otras personas me traten con respeto?"; "¿Cómo puedo tener una relación duradera con alguien que me aporte satisfacción?" y "¿Cómo trato con personas que no son como yo?". Este libro responde a todas estas preguntas, aunque no desde el enfoque habitual. En lugar de enfocarnos en nosotros mismos y en cómo conseguir lo que queremos de otras personas, veremos nuestra relación a través de los ojos de nuestro Creador y sus propósitos originales para los hombres y las mujeres. A medida que siga este enfoque, descubrirá que es muy eficaz y satisfactorio para construir relaciones fuertes, duraderas y amorosas con otras personas.

Durante treinta años he estudiado, aconsejado y guiado a miles de individuos a vivir vidas de satisfacción personal y bienestar social y espiritual. El conocimiento y la experiencia que he obtenido me han llevado a la conclusión de que el principio esencial de la vida es el *propósito*. Explorar las implicaciones del propósito nos lleva a un entendimiento de todos los ámbitos de la vida, especialmente nuestras relaciones. Revela los diseños maravillosamente complementarios de Dios para hombres y mujeres cuando se unen en los propósitos de Él para la humanidad.

La calidad de nuestras relaciones afecta a los demás aspectos de nuestra vida. Si no entendemos realmente la base de nuestras relaciones y cómo deben funcionar, nunca podremos estar verdaderamente satisfechos. El propósito es inherente a nuestro deseo de tener vidas significativas, así como intimidad y comunión con otros.

A medida que progrese durante este año entero de devocionales, descubrirá más sobre su razón para existir y cómo los hombres y las mujeres fueron creados para vivir vidas de armonía, productividad y propósito. Entenderá verdades y principios bíblicos sobre el propósito que explican el diseño y la relación de hombres y mujeres, y recibirá aplicación práctica para implementar lo que haya aprendido en su vida diaria.

También encontrará lecturas bíblicas diarias para guiarle a través de la Biblia en un año, con un pasaje del Antiguo Testamento y un pasaje del Nuevo Testamento para cada día. Ya que encontramos nuestro propósito sólo en la mente de nuestro Hacedor, es básico leer su Manual para nosotros si queremos ver claramente cómo la revelación de sus propósitos para la humanidad va desde

Génesis hasta Apocalipsis. Debemos permitir que la Palabra de Dios more abundantemente en nuestros corazones para que, conforme meditemos en ella y la absorbamos, llegue a convertirse verdaderamente en parte de nuestra vida. Siempre que estudiamos la Palabra de Dios, debiéramos orar también y pedirle a Dios que nos dé sabiduría. El Espíritu Santo es nuestro maestro, y tenemos que pedirle que ilumine la Palabra y nos dé su visión.

El cumplimiento de los propósitos de Dios en la tierra requiere que dos géneros trabajen juntos en cooperación. Descubramos cómo vivir según el plan de Él. De esta forma, podemos llegar a ser aquello para lo que fuimos creados como hombres y mujeres hechos a imagen de Él. Somos los colaboradores de Dios que han recibido la responsabilidad compartida de ejercer dominio sobre la tierra a través de nuestras fortalezas y dones complementarios, para gloria de Él.

Que Dios le bendiga en su relación con Él y con las personas que Él ha puesto en su vida.

—*Dr. Myles Munroe*

¿POR QUÉ NOS CREÓ DIOS?

El propósito final para la creación del hombre —tanto del varón como de la hembra—, fue el amor. Las Escrituras nos dicen que *"Dios es amor"* (1 Juan 4:8, 16). Lo que me gusta especialmente de esta declaración es que Dios no sólo da amor, no sólo muestra amor, sino que *es* amor. Él desea compartir su amor con nosotros porque el amor es su cualidad esencial.

Dios tiene otras muchas cualidades además del amor que podríamos enumerar. Él es justo, santo, omnipotente y todopoderoso. Es todas estas cosas maravillosas y muchas más. Sin embargo, Dios podría ser todos estos otros atributos y seguir existiendo aislado. Él no necesita a nadie para ser santo, ni necesita a nadie para ser justo, ni tampoco necesita a nadie para ser todopoderoso. Puede ser omnipotente, omnipresente y el resto de sus cualidades por sí mismo. Sin embargo, la naturaleza del amor es dar de sí mismo, y no se puede dar si se está aislado. Para que se cumpla el amor, tiene que haber alguien a quien amar, y tiene que entregarse a su amado.

"Yo soy el SEÑOR, y no hay otro; fuera de mí no hay ningún Dios" (Isaías 45:5). No hay otro Dios aparte del Señor y, sin embargo, Él es un Dios de relación, no de aislamiento. Él desea alguien de su naturaleza y semejanza a quien poder amar. Por tanto, la principal motivación de Dios para la creación del hombre fue el amor. Él creó a hombres y mujeres porque quería compartir su amor con seres como Él, seres creados a su imagen. ¡Esta verdad es asombrosa para mí!

Pensamiento del día

Dios desea compartir su amor con nosotros porque el amor es su cualidad esencial.

2 de enero

CREADO Y REDIMIDO POR AMOR

El libro de Génesis nos dice que Dios creó los cielos y la tierra. Creó todas las plantas y los animales. Hizo el sol, las estrellas y las galaxias. Miró todas esas cosas maravillosas que había creado, y dijo que eran buenas. Sin embargo, no podía amar verdaderamente esas cosas porque no eran como Él. Sí, reflejaban su poder, su gloria y su creatividad; revelaban su naturaleza y sus cualidades, pero no estaban hechas a su semejanza esencial. Fue al ser humano a quien Dios creó a su imagen para poder amarlo.

En el Nuevo Testamento, Jesús afirmó y ejemplificó el amor de Dios por nosotros. Él dijo: *"Porque de tal manera amó Dios al mundo, que ha dado a su Hijo unigénito"* (Juan 3:16 RVR). *"Ha dado"*. Ha dado porque amó. Usted no puede amar sin dar. Cuando ama, da. Es algo automático. Sin embargo, para amar de una manera que sea verdaderamente gratificante, el receptor tiene que ser como el dador en naturaleza, pues, de lo contrario, el amor no estaría completo. Usted no puede dar de forma significativa a algo que no sea como usted, porque no podrá recibir su regalo de una forma que satisfaga su dádiva. Dar sólo está completo cuando el receptor y el dador sean semejantes. Dios quiso un amor compartido y mutuo, no un amor unilateral.

Dios miró lo que había creado, y ahí estaba ese hombre, ese maravilloso duplicado de Él mismo. Ahora había alguien con quien cumplir su amor. Esta relación de amor fue el propósito principal para el que Dios creó al hombre. No es un concepto abstracto, sino que significa que toda la raza humana, incluyéndonos usted y yo, fue creada por Dios para recibir su amor.

Pensamiento del día

Dios creó a la humanidad a su imagen para amarla.

CREADO A SU IMAGEN

Y creó Dios al hombre a su imagen, a imagen de Dios lo creó;
varón y hembra los creó.
—Génesis 1:27 (RVR)

El hombre fue hecho a imagen de Dios. Cuando Dios creó al hombre, básicamente sacó al hombre de Él mismo, para que la esencia del hombre fuera como Él. Ya que *"Dios es espíritu"* (Juan 4:24), Él creó al hombre como un espíritu. El espíritu es eterno. El hombre fue creado como un ser eterno, porque Dios es eterno. Es importante reconocer que aún no estamos hablando sobre el hombre y la mujer. Fue el *ser humano* lo que Dios creó a su imagen. El hombre es espíritu, y los espíritus no tienen género. La Biblia nunca habla sobre un espíritu varón o hembra.

¿Cuál fue la razón por la que Dios creó al ser humano a su imagen? No creó ninguno de los animales o plantas a su imagen. Ni siquiera creó a los ángeles a su imagen. El hombre es el único ser de la creación de Dios que es semejante a Él.

Dios creó al ser humano para que tuviera una relación con Él mismo: para ser su familia, su descendencia, los hijos espirituales de Dios. La naturaleza de Dios es amar y dar. Como *"Dios es amor"* (1 Juan 4:8, 16), Él quería un ser que pudiera ser el objeto de su amor y de su gracia. Quería que el hombre fuese el receptor de todo lo que Él es y de todo lo que Él tiene.

El hecho de que el hombre fuera creado a imagen de Dios es una revelación asombrosa acerca de nuestra relación con Él. Dios deseaba hijos que fueran semejantes a Él. Sin embargo, no sólo lo deseó y después se fue sin hacer nada, sino que concibió su deseo y lo hizo realidad.

Pensamiento del día

Cuando Dios creó al hombre, básicamente lo sacó de Él mismo, a fin de que la esencia del hombre fuera semejante a Él.

La creación del hombre

*Entonces dijo Dios: Hagamos al hombre a nuestra imagen,
conforme a nuestra semejanza; y señoree ["tenga dominio" NVI] en
los peces del mar, en las aves de los cielos, en las bestias, en toda
la tierra, y en todo animal que se arrastra sobre la tierra. Y creó
Dios al hombre a su imagen, a imagen de Dios lo creó; varón y
hembra los creó. Y los bendijo Dios, y les dijo: Fructificad y
multiplicaos; llenad la tierra, y sojudgadla.*
—Génesis 1:26–28 (RVR)

Los hombres y las mujeres pueden conocer el verdadero significado de su existencia sólo entendiendo quiénes son en relación con la creación de Dios del hombre como un todo. Necesitan ver cómo encajan en el cuadro general de Dios de la humanidad, el cual Él diseñó y después construyó cuando comenzó el mundo.

Lo primero que debemos entender es que hay una diferencia entre ser *hombre* y ser *varón*, y que cada uno tiene propósitos específicos para su existencia. ¿Qué quiero decir con esto? El relato de la creación en los dos primeros capítulos de Génesis revela la diferencia esencial. Génesis 1 es un capítulo que funciona como una declaración. Declara lo que Dios hizo en la creación. Génesis 2 es un capítulo explicativo. Explica cómo Dios llevó a cabo su acto de creación y muestra cómo la creación del hombre tiene que ver con la creación de las dos manifestaciones físicas del hombre: varón y hembra. Estas dos manifestaciones reflejan los varios propósitos de Dios para el gobierno o dominio del hombre sobre la tierra.

Pensamiento del día

Los hombres y las mujeres pueden conocer el verdadero
significado de su existencia sólo entendiendo quiénes son en
relación con la creación de Dios del hombre como un todo.

Dos casas físicas

Y creó Dios al hombre a su imagen, a imagen de Dios lo creó;
varón y hembra los creó.
—Génesis 1:27 (RVR)

Después de que Dios crease al hombre, lo puso en dos "casas" físicas: varón y hembra. Esto significa que el espíritu del hombre existe dentro de cada varón y de cada hembra. Todos nosotros, tanto varones como hembras, somos hombres. Tanto la esencia del varón como la de la hembra es el espíritu que reside en ellos, llamado "hombre". Génesis 5:1–2 (RVR) dice: *"El día en que creó Dios al hombre, a semejanza de Dios lo hizo. Varón y hembra los creó; y los bendijo, y llamó el nombre de ellos [juntos] Adán, el día en que fueron creados".*

¿Por qué tomó Dios al hombre, que es espíritu, y lo puso en dos entidades físicas separadas en vez de sólo en una? Fue porque quería que el hombre cumpliera dos propósitos claros. Exploraremos el significado de este hecho con más detalle en meses sucesivos. Por ahora, debemos recordar que el hombre-espíritu no tiene género y que, para cumplir sus propósitos eternos, Dios usó dos formas físicas para expresar el ser espiritual hecho a su imagen.

Por tanto, ya sea usted varón o hembra, la persona que vive dentro de usted, su verdadero yo, es el hombre-espíritu. Aunque el varón y la hembra tienen diferencias, comparten la misma esencia. Como los seres humanos tienen comunión con Dios y le adoran a través de su espíritu, esto significa que tanto los hombres como las mujeres tienen acceso espiritual directo a Dios y son responsables individualmente ante Él.

Pensamiento del día

Dios usó dos formas físicas para expresar el ser humano
hecho a su imagen.

DE LA MISMA SUSTANCIA

Entonces Dios el señor hizo que el hombre cayera en un sueño profundo y, mientras éste dormía, le sacó una costilla y le cerró la herida. De la costilla que le había quitado al hombre, Dios el Señor hizo una mujer y se la presentó al hombre.
—Génesis 2:21–22

Hubo una hermosa estructuración en la creación de la mujer, así como un profundo significado. Cuando Dios hubo terminado de hacerla, era igual que el hombre en sustancia. Era tan semejante a él que cuando Dios se la presentó a él, sus primeras palabras fueron: *"Ésta sí es hueso de mis huesos y carne de mi carne. Se llamará 'mujer' porque del hombre fue sacada"* (v. 23). Y se convirtió en su esposa. Las palabras del hombre son tan hermosas como instructivas. Algo que se construye tiene los mismos componentes que el material del cual se hizo; por tanto, Dios hizo a la mujer de la parte que tomó del hombre para que estuvieran hechos exactamente de la misma sustancia.

La palabra *"costilla"* en Génesis 2:22 es la palabra hebrea *tsela*. No significa necesariamente una costilla como nosotros entendemos el término. También puede significar "costado" o "cámara". La Escritura nos está diciendo que Dios extrajo a la mujer de una parte del hombre. ¿Por qué? Se debe a que el receptor tiene que ser exactamente igual al dador. Al igual que el hombre tenía que ser espíritu a fin de recibir amor de Dios y estar en relación con Él, la mujer tenía que ser de la misma esencia que el hombre para recibir amor de él y estar en relación con él.

Pensamiento del día

El hombre y la mujer comparten la misma sustancia.

EL DISEÑO DE DIOS PARA HOMBRES Y MUJERES

Porque somos hechura de Dios, creados en Cristo Jesús para
buenas obras, las cuales Dios dispuso de antemano a fin de que
las pongamos en práctica.
—Efesios 2:10

Algo ha estado ocurriendo en nuestra sociedad: las personas han estado intentando cambiar sus diseños. Hay mujeres que quieren ser como los hombres, y hay hombres que quieren ser como las mujeres. Dios les está diciendo: "No tienen los circuitos necesarios para ello". Somos hechura de Dios, su creación. Perseguir esos deseos es equivalente a causar un cortocircuito. Las personas están viviendo vidas estáticas en las que no conocen su propósito, y no pueden apreciar por qué las personas son diferentes.

Imagínese la batería de un auto diciendo: "Yo quiero ser un carburador", e intentando funcionar como un carburador. El auto no funcionaría. Las baterías y los carburadores son diferentes porque tienen diferentes funciones. Aunque sus diferencias les hacen valiosos, un carburador no es nada sin una batería. Se necesitan el uno al otro, porque ambos son partes integrales de algo mucho mayor: el auto. Debemos entender que los hombres y las mujeres son parte de algo más grande llamado hombre. Sin embargo son diferentes, porque tienen propósitos diferentes.

Dios es maravilloso, y estableció las cosas de modo que la relación entre Dios y el hombre se pueda expresar a través de la relación entre el hombre y la mujer. La Biblia hace referencia a Jesús como el Novio y la iglesia como su novia. Dios nos está dando una ilustración terrenal y física para comunicarnos el principio espiritual de nuestra relación y unidad con Él. Por tanto, tenemos que apreciar nuestra creación como hombres y mujeres, diseñada específicamente para el amor de Dios y sus propósitos en este mundo.

Pensamiento del día

Debemos entender que los hombres y las mujeres son parte de algo más grande llamado hombre.

Principios de la creación

Revise hoy estos principios de la creación de Dios del hombre, pensando en sus implicaciones para el propósito que Dios tiene para usted en la tierra:

1. Los hombres y las mujeres pueden conocer el verdadero significado de su existencia sólo entendiendo quiénes son en relación con la creación de Dios del hombre como un todo.

2. El ser humano fue creado a imagen de Dios.

3. Dios creó al hombre para ser espíritu, como Él es Espíritu.

4. Después de que Dios creara al hombre, lo puso en dos "casas" físicas: varón y hembra.

5. El hombre —el hombre-espíritu— reside tanto dentro del varón como de la hembra.

6. Dios los creo varón y hembra porque quería que el hombre cumpliera dos propósitos distintos en la tierra.

Digno eres, Señor y Dios nuestro, de recibir la gloria, la honra y el poder, porque tú creaste todas las cosas; por tu voluntad existen y fueron creadas. (Apocalipsis 4:11)

Querido Padre:
Tú eres el Creador, el Hacedor de todas las cosas, yo incluido. Tú tienes un propósito para mi creación mucho más allá de lo que yo pueda entender. Ayúdame a mantener mis ojos en ti y en tu Palabra mientras revelas mi propósito en esta tierra. En el nombre de Jesús, amén.

9 de enero

EL EDÉN ERA UNA DELICIA

Dios el Señor plantó un jardín al oriente del Edén, y allí puso al hombre que había formado.
—Génesis 2:8

La prioridad del varón en la creación significa que fue el primero en ser situado sobre la tierra según los propósitos de Dios. Fue el primero en tener una relación con Dios, en experimentar la creación de Dios y en recibir las instrucciones de Dios.

El hombre fue colocado en el entorno en que debería llevar a cabo su propósito. Este punto es crucial. Dios puso al hombre en el lugar donde se suponía que debía permanecer para cumplir su razón de ser. ¿Cómo era ese entorno?

"Edén" viene de una palabra hebrea que significa "delicado", "delicia" o "placer". La palabra para *"jardín"* significa "un recinto" o algo "cercado". Era algo más que un jardín común y corriente. Todo lo que influenciaba el cielo influenciaba ese lugar en concreto en la tierra. Dios no comenzó poniendo al hombre sobre toda la tierra o situándole en cualquier lugar de la tierra. Situó al hombre en este lugar específico llamado Edén, donde había una conexión de gloria entre lo que se veía y lo invisible. Había una gloria fluyendo de un lado a otro desde este lugar concreto en la tierra. El jardín podría considerarse como la "incubadora" de Dios para su nueva descendencia. Era un entorno controlado, un pedacito del cielo en la tierra. Dios comenzó la relación con el hombre dándole lo mejor de lo mejor.

Pensamiento del día

El Edén era un pedacito del cielo en la tierra.

UN LUGAR CON LA PRESENCIA CONTINUA DE DIOS

Dios escogió un lugar especial en el planeta y puso su unción en él por causa del hombre, a quien había creado. Primero Adán, y luego Eva también, fueron situados en un entorno precioso: un pedacito de cielo en la tierra.

Una razón básica por la que Dios situó a Adán y Eva en el jardín fue para que pudieran estar en su presencia todo el tiempo. Podían caminar y hablar con el Señor en el frescor del día. Podían oír la voz de Dios. Era un lugar donde la comunión y la unidad con Dios estaban siempre intactas.

Un fabricante siempre pondrá una pieza en el lugar donde mejor pueda llevar a cabo su propósito. Dios, como nuestro Hacedor, escogió el mejor lugar posible y el mejor plan para el ser humano. Según lo que hemos aprendido sobre el entorno del jardín, podemos llegar a la conclusión de que el principal propósito del hombre es estar en la presencia de Dios. El hombre no está diseñado para funcionar fuera de la presencia del Señor.

Este es el significado: Dios nunca quiso que Adán y Eva se fueran del jardín. Lo que quería era que *el jardín se moviera por toda la tierra*. Dios quería que ellos llevaran la presencia del jardín y la esparcieran por todo el mundo. Esto es lo que pretendía cuando les dijo a Adán y Eva que ejercieran dominio sobre la tierra. Y ese sigue siendo el propósito de Dios. Como dice en Isaías 11:9: *"Porque rebosará la tierra con el conocimiento del Señor como rebosa el mar con las aguas"*. Ellos podían cumplir este propósito sólo si estaban en comunión constante con el Dios del jardín.

Pensamiento del día

Dios no quería que Adán y Eva se fueran del jardín. Quería que el jardín se moviera por toda la tierra.

LA FUENTE DEL CONFLICTO

Si Adán y Eva fueron creados para estar en comunión con Dios y el uno con el otro, ¿qué ocurrió? Génesis 3 explica la fuente inicial del conflicto entre mujeres y hombres. El diablo, en forma de una serpiente, tentó a la primera mujer, Eva, a comer de lo que Dios le había prohibido comer (véase Génesis 2:16–17). Personalmente, no creo que esa fuera la primera vez que la serpiente se había acercado a ella. En primer lugar, ella no pareció sorprendida de oírle hablar. En segundo lugar, creo que habrían hablado antes sobre las instrucciones de Dios por la forma en que el diablo fraseó su astuta pregunta: *"¿Es verdad que Dios les dijo que no comieran de ningún árbol del jardín?"* (Génesis 3:1). Quería sembrar duda en el entendimiento de Eva acerca de lo que Dios había dicho.

Eva respondió: *"Podemos comer del fruto de todos los árboles, respondió la mujer. Pero, en cuanto al fruto del árbol que está en medio del jardín, Dios nos ha dicho: 'No coman de ese árbol, ni lo toquen; de lo contrario, morirán'"* (vv. 2–3). La mayoría de su información era correcta, así que el siguiente paso del diablo fue intentar minar a ojos de Eva la integridad de Dios. *"¡No es cierto, no van a morir! Dios sabe muy bien que, cuando coman de ese árbol, se les abrieran los ojos y llegarán a ser como Dios, conocedores del bien y del mal"* (vv. 4–5). Eva sucumbió a la tentación, Adán se unió a ella haciendo uso de su libre albedrío, y ambos comieron del fruto del árbol (véase el versículo 6). Esta decisión de rechazar los propósitos de Dios resultó en la muerte espiritual del hombre y la mujer. Fue el comienzo del conflicto entre el hombre y Dios, y entre los hombres y las mujeres que hasta el día de hoy seguimos viviendo.

Pensamiento del día

La primera táctica del diablo fue sembrar duda acerca de lo que Dios había dicho.

¿Quién tuvo la culpa?

*¿Y quién te ha dicho que estas desnudo?, le preguntó Dios. ¿Acaso
has comido del fruto del árbol que yo te prohibí comer?*
—Génesis 3:11

Adán y Eva no cumplieron el mandamiento de Dios. Fue el hombre-espíritu —el ser espiritual responsable— dentro del hombre y de la mujer quien tomó la fatídica decisión de comer del fruto, desobedeciendo así el mandamiento de Dios. Por eso, el problema del ser humano es de índole espiritual.

Cuando Adán y Eva se rebelaron, inmediatamente sufrieron una muerte espiritual, tal y como Dios les había advertido, y finalmente las casas físicas que Dios les había dado para vivir en la tierra también murieron. Sin embargo, la muerte espiritual fue la peor de las dos porque les separó de su anterior comunión perfecta con Dios. Dios seguía amándoles, pero ellos ya no tenían el mismo canal abierto con Él por medio del cual poder recibir su amor. Aunque aún tenían los elementos de su creación a imagen de Dios, dejaron de reflejar perfectamente la naturaleza y el carácter de su Creador.

El diablo se presentó ante Adán y Eva con una gran mentira, y ellos cayeron en ella, muy a su pesar. Sin embargo, hubo una razón subyacente por la que cayó la humanidad. Para entenderla, tenemos que analizar dos principios fundamentales sobre el propósito: (1) Para descubrir el propósito de algo, nunca pregunte a la creación; pregunte al creador. (2) Encontramos nuestro propósito sólo en la mente de nuestro Hacedor. Adán y Eva dejaron de mirar a su Creador para encontrar su propósito y en cambio se miraron a sí mismos. Al hacerlo, perdieron su capacidad de cumplir su verdadero propósito.

Pensamiento del día
Encontramos nuestro propósito sólo en la mente
de nuestro Hacedor.

13 de enero

PÉRDIDA DEL JARDÍN

Cuando Adán y Eva pecaron, no sólo perdieron su relación perfectamente equilibrada el uno con el otro, sino que también perdieron su armoniosa relación con la tierra. Ahora tenían que vivir bajo unas condiciones adversas. Dios le dijo a Adán: "*¡maldita será la tierra por tu culpa! Con penosos trabajos comerás de ella todos los días de tu vida. La tierra te producirá cardos y espinas, y comerás hierbas silvestres*" (Génesis 3:17–18). Le estaba diciendo: "Es la tierra la que realmente va a sentir el impacto de tu desobediencia. Por ello, tendrás que luchar para sobrevivir en ella".

En estas consecuencias del pecado —la relación rota entre Adán y Eva y la tierra maldita— vemos el plan de Satanás de minar el propósito de Dios de dominio. Satanás tenía miedo del poder que sería liberado a través del hombre y de la mujer unidos en los propósitos de Dios. Por tanto, quiso corromper la relación entre hombres y mujeres y limitar el jardín del Edén produciendo una atmósfera de cardos y espinos para el resto de la tierra.

Sin embargo, aunque Adán y Eva cayeron, el propósito de Dios para la humanidad nunca ha cambiado. En el mismo instante del rechazo de la humanidad del propósito de Dios, Él prometió un Redentor que salvaría a hombres y mujeres de su condición caída y de todas sus ramificaciones (véase Génesis 3:15). El Redentor restauraría la relación y la asociación de hombres y mujeres. Jesucristo es ese Redentor, y por causa de Él los hombres y las mujeres pueden regresar al diseño original de Dios para ellos. Podemos cumplir sus propósitos de nuevo. Podemos tener un verdadero dominio sobre la tierra, pero sólo a través de Cristo.

Pensamiento del día

Satanás tiene miedo del poder de un hombre y una mujer unidos en los propósitos de Dios.

Dios es decidido

Dios es decidido, y siempre lleva a cabo sus propósitos. Leamos los versículos de Isaías y Hebreos que ilustran un aspecto vital de la naturaleza decidida de Dios. *"El Señor Todopoderoso ha jurado: Tal como lo he planeado, se cumplirá; tal como lo he decidido, se realizará"* (Isaías 14:24). La primera parte de este versículo dice que Dios ha hecho un juramento. Ahora bien, cuando las personas hacen un juramento, tienen que encontrar algo mayor que ellos mismos por lo que jurar. Como leemos en Hebreos 6:16: *"Los seres humanos juran por alguien superior a ellos mismos, y el juramento, al confirmar lo que se ha dicho, pone punto final a toda discusión"*. Nosotros normalmente juramos por la Biblia o por alguna gran institución. Sólo hay un problema con el juramento de Dios: no hay nadie por encima de Él, así que Dios tiene que jurar por Él mismo.

Si usted fuera llamado a un juicio para testificar, le pedirían que jurase sobre la Biblia: "Juro decir la verdad, toda la verdad, y nada más que la verdad, por tanto ayúdame, Dios". Si dijera una mentira, equivaldría a profanar la integridad de la Biblia, y usted destruiría también su propia integridad.

Cuando Dios hace un juramento con respecto a algo, tiene que cumplir lo que jura hacer, porque es totalmente fiel a sí mismo. Dios no quiere que tengamos ninguna duda sobre este aspecto de su naturaleza. *"Por eso Dios, queriendo demostrar claramente a los herederos de la promesa que su propósito es inmutable, la confirmó con un juramento"* (Hebreos 6:17). Podemos estar seguros de que Dios cumplirá sus propósitos para nosotros si permitimos que Cristo el Redentor nos restaure a Él mismo y restaure la relación y asociación de hombres y mujeres.

Pensamiento del día

Dios es decidido y siempre lleva a cabo sus propósitos.

TODO FUE CREADO CON UN PROPÓSITO

Clamo al Dios Altísimo, al Dios que me brinda su apoyo.
—Salmos 57:2

Dios lo creó todo con un propósito en mente, y también lo creó con la capacidad de cumplir su propósito. Todo lo que Dios ha hecho es así debido al propósito para el que fue creado. El *para qué* dicta su estructura. El propósito de algo determina su naturaleza, su diseño y sus características.

Usted no hace algo hasta que no sabe qué quiere y para qué lo quiere. Nunca encontrará un fabricante que empiece un proyecto en una planta esperando que se convierta en algo útil. Su propósito y diseño están definidos antes de comenzar la producción.

Como Dios lo creó todo con un propósito, tanto hombres como mujeres necesitan acudir a Él si quieren conocer su verdadera razón de existir. Si intentan cambiar los planes de Él o luchar contra ellos, básicamente están luchando contra sí mismos, porque están trabajando contra su propia naturaleza, su propia estructura y la manera en que mejor funcionan según el diseño del Creador. Además, ya que Dios es amor, sus planes engloban lo que es mejor para nosotros, así que también estarían trabajando en contra de su propio bien.

El propósito de Dios requiere dos géneros trabajando juntos en cooperación para lograr una visión mutua. Por consiguiente, hombres y mujeres tienen diseños complementarios que les capacitan para cumplir juntos el propósito de Dios.

Pensamiento del día

El propósito de algo determina su naturaleza,
su diseño y sus características.

CREADO PARA LA CONVIVENCIA

Para que hombres y mujeres cumplan sus propósitos, deben entender la razón esencial de su existencia. El ser humano fue creado principalmente para tener comunión con Dios, como una relación de familia. La única razón por la que el hombre puede tener esa comunión con Dios es que Dios hizo al hombre como espíritu, al igual que Él es Espíritu. Por eso el apóstol Juan nos dice que *"Dios es espíritu, y quienes lo adoran deben hacerlo en espíritu y en verdad"* (Juan 4:24).

Aunque Dios es el Creador, siempre ha enfatizado que Él es el Padre del hombre. Su deseo no fue principalmente que el hombre le viera como un Dios impresionante o como *"fuego consumidor"* (Deuteronomio 4:24). Aunque a veces es difícil para nuestras mentes religiosas entender este concepto, Dios quiere que nos acerquemos a Él como un niño se acercaría a un papá amoroso. *"Así que acerquémonos confiadamente al trono de la gracia para recibir misericordia y hallar la gracia que nos ayude en el momento que más la necesitemos"* (Hebreos 4:16).

Dios creó al hombre para poder tener alguien a quien amar, alguien que caminara con Él y trabajara con Él en sus propósitos para la tierra. Por eso, independientemente de cuántas relaciones tenga usted o de cuántos regalos compre para los demás, al final no estará satisfecho hasta que ame a Dios. Dios debe ocupar el primer lugar en su vida. Su amor fue diseñado para tener su cumplimiento en Él.

Pensamiento del día

No estará satisfecho hasta que no ame a Dios.

CREADO PARA REFLEJAR LA NATURALEZA DE DIOS

El espíritu humano es la lámpara del SEÑOR.
—Proverbios 20:27

Una segunda razón esencial por la que Dios creó al hombre fue para que el hombre pudiera reflejar el carácter y la personalidad de Él. Cuando Dios creó al hombre, el cielo y la tierra se admiraron de ese ser increíble que manifestaba la misma naturaleza del Creador y reflejaba su gloria. Como hijos del Dios Altísimo, tenemos su naturaleza y compartimos sus propósitos. Físicamente, somos hijos de hombres, pero espiritualmente somos hijos de Dios.

Dos aspectos fundamentales del carácter de Dios son el *amor* y la *luz*, y el hombre está diseñado para exhibir estas cualidades. Sin embargo, el hecho de que el hombre fuera hecho a imagen de Dios no significa que el hombre pueda revelar las cualidades de Dios independientemente de Él. La idea era que el hombre revelase la naturaleza de Dios siempre en el contexto de estar continuamente conectado a Él por la comunión.

Jesús habló de esta conexión cuando se refirió a sí mismo como la Vid y nosotros como las ramas: *"Yo soy la vid y ustedes son las ramas. El que permanece en mí, como yo en él, dará mucho fruto; separados de mí no pueden ustedes hacer nada"* (Juan 15:5). Primera de Juan 4:16 dice: *"El que permanece en amor, permanece en Dios, y Dios en él"*, y Proverbios 20:27 dice: *"El espíritu humano es la lámpara del SEÑOR"*. Esto significa que cuando usted tiene comunión con Dios, refleja su luz. Usted muestra la naturaleza de Dios, porque *"Dios es luz y en él no hay ninguna oscuridad"* (1 Juan 1:5).

Pensamiento del día

Físicamente, somos hijos de hombres, pero espiritualmente somos hijos de Dios.

CREADOS PARA GOBERNAR

Hagamos al hombre a nuestra imagen...
y señoree ["tenga dominio" NVI].
—Génesis 1:26 (RVR)

Una tercera razón para la creación de la humanidad fue que hombres y mujeres pudieran compartir la autoridad de Dios. Dios nunca quiso gobernar solo. El amor no piensa en esos términos. Es fácil reconocer a una persona llena de amor. Tal persona no quiere hacer nada a favor de sus propósitos solo. Una persona egoísta quiere toda la gloria, todo el mérito, todo el reconocimiento, toda la atención, todo el poder, toda la autoridad, todos los derechos y todos los privilegios, pero una persona de amor quiere que otros participen de lo que tiene.

La palabra *"hombre"* en Génesis 1:26 se refiere al ser espiritual creado a imagen de Dios. El propósito de gobernar le fue dado al hombre *espíritu*. Esto fue antes de la creación del varón y la hembra. Por tanto, espiritualmente, tanto el hombre como la mujer tienen la misma responsabilidad hacia la tierra porque el dominio le fue dado al hombre-espíritu, el cual reside en ambos.

El hombre ha recibido la libertad de mostrar creatividad mientras señorea en la tierra física y en todas las demás criaturas que viven en ella. La tierra debe ser gobernada, cuidada y moldeada por seres hechos a imagen de su Creador. Así, el hombre está diseñado para reflejar el amoroso y creativo Espíritu de Dios.

Dios también creó al hombre para demostrar su sabiduría y la bondad de sus preceptos. Este propósito es parte de los planes eternos de Dios: *"El fin de todo esto es que la sabiduría de Dios, en toda su diversidad, se dé a conocer ahora, por medio de la iglesia, a los poderes y autoridades en las regiones celestiales, conforme a su eterno propósito realizado en Cristo Jesús nuestro Señor"* (Efesios 3:10–11).

Pensamiento del día

Espiritualmente, tanto el hombre como la mujer tienen la misma
responsabilidad hacia la tierra.

Creados para ser hijos de Dios

Cuando Dios creó a los hombres y las mujeres para compartir su autoridad, fue en el contexto de su relación con Él como descendencia suya. Dios no nos creó para ser siervos sino para ser hijos involucrados en dirigir el negocio familiar. Este fue su plan para la humanidad desde el principio. Dios siempre quiso que sus hijos le ayudaran a cumplir sus propósitos.

Esto significa que Dios no quiere que trabajemos *para* Él; quiere que trabajemos *con* Él. La Biblia dice que somos *"colaboradores de Dios"* (2 Corintios 6:1). En el original griego, *"colaboradores"* significa aquellos que "cooperan", que "ayudan con", que "trabajan juntos".

Es común oír a las personas decir: "Estoy trabajando para Jesús". Si está trabajando *para* Jesús, aún es usted un jornalero. Cuando entiende la empresa familiar, entonces se convierte en un trabajador juntamente con Cristo.

¿Cuáles son algunas de las implicaciones de que seamos hijos de Dios, trabajando en su empresa? Primero, no tenemos que preocuparnos por nuestros gastos diarios. Si su padre y su madre tuvieran una empresa próspera, y le pusieran a usted a cargo de ella, ¿acaso se preguntaría de dónde conseguiría los alimentos para comer? ¿Se preguntaría de dónde conseguiría agua para beber? ¿Se preguntaría de dónde conseguiría ropa para vestir? No, usted es familia, y le proveerán lo que necesite.

En la empresa de Dios, siempre hay abundancia de provisiones, y puede confiar plenamente en ello.

Pensamiento del día

Dios no nos creó para ser siervos sino para ser hijos
involucrados en dirigir el negocio familiar.

Consecuencias de la pérdida de propósito

Aunque afirmaban ser sabios, se volvieron necios.
—Romanos 1:22

Apesar de todos los buenos propósitos de Dios para la humanidad, el hombre y la mujer creyeron que sabían lo que era mejor para ellos. Por tanto, rechazaron su verdadera razón de existir y sufrieron la pérdida de muchas de las bendiciones que Dios les había dado. También comenzaron a abusar de sus propósitos mutuos. Hombres y mujeres no pueden funcionar en buena armonía y eficacia fuera del plan de Dios. La trágica decisión de Adán y Eva llevó al cumplimiento de este principio del propósito: cuando no se conoce el propósito, el abuso es inevitable.

Adán y Eva perdieron su relación perfectamente equilibrada. Inmediatamente después de rechazar los propósitos de Dios, vemos conflicto entre ellos. Cuando Dios le preguntó a Adán: *"¿Acaso has comido del fruto del árbol que yo te prohibí comer?"*, Adán acusó a Eva, diciendo: *"La mujer que me diste por compañera me dio de ese fruto, y yo lo comí"* (Génesis 3:11–12). Sintiéndose atrapada, Eva intentó culpar al diablo (véase v. 13). Sin embargo, Dios pidió cuentas a ambos porque eran seres espirituales responsables ante Él.

Vemos cómo la decisión de Adán y Eva de desobedecer a Dios alteró su relación. Una de las consecuencias de su pecado fue que lucharían el uno con el otro. *"Desearás a tu marido, y él te dominará"* (Génesis 3:16). El hombre y la mujer fueron creados originalmente para gobernar juntos. Fueron diseñados para funcionar igualmente juntos. Dios les había dicho: *"Llenen la tierra y sométanla"* (Génesis 1:28). Ambos debían gobernar, y ese sigue siendo el plan de Él.

Pensamiento del día

Hombres y mujeres no pueden funcionar en buena armonía y eficacia fuera del plan de Dios.

RESTAURAR RELACIONES CORRECTAS

¿Puede un simple mortal ser más justo que Dios? ¿Puede ser más
puro el hombre que su Creador?
—Job 4:17

Nadie conoce mejor el funcionamiento de algo que su propio creador. Le sugiero que la mejor forma que tenemos de progresar en las relaciones entre hombres y mujeres es volviendo al comienzo para ver lo que había en la mente y en el corazón del Creador cuando creó a la humanidad. Conocer nuestro diseño original y estructura inherente es la única manera de producir un cambio positivo y duradero en la manera en que interactúan los hombres y las mujeres el uno con el otro en todos los ámbitos de la vida.

Proverbios 19:21 resume muy bien esta idea: *"El corazón humano genera muchos proyectos, pero al final prevalecen los designios del Señor"*. Dios es un Dios de propósito, y todo lo que Él hizo en esta vida, incluyendo a los hombres y las mujeres, tiene un propósito. Podemos luchar contra su propósito, pero si lo hacemos, nos sentiremos frustrados y no realizados. Él nos hizo como somos para cumplir sus propósitos y para nuestro propio beneficio.

Durante los meses de este devocional, seguiremos regresando a estos dos principios esenciales:

1. El propósito de algo determina su naturaleza o diseño.

2. La naturaleza o diseño de algo determina sus necesidades.

Nuestro Creador se propuso y diseñó que fueran varón y hembra, y ha provisto una manera de restaurarnos a sus propósitos originales para ambos.

Pensamiento del día

Entender y vivir en el propósito original de Dios es crucial para restaurar relaciones correctas entre hombres y mujeres.

LA INTENCIÓN ORIGINAL DE DIOS

Propósito se define como "la intención o razón original" para la creación de algo. A continuación tenemos siete principios de propósito que debe tener en mente si desea entender y volver al diseño original de Dios para los hombres y las mujeres:

1. Dios es un Dios de propósito.
2. Dios creó todo con un propósito.
3. No conocemos todos los propósitos porque hemos perdido nuestro entendimiento de la intención original de Dios para nosotros.
4. Cuando no se conoce el propósito, el abuso es inevitable.
5. Para descubrir el propósito de algo, nunca le pregunte a la creación; pregunte al creador.
6. Sólo encontramos nuestro propósito en la mente de nuestro Creador.
7. El propósito de Dios es la clave para nuestra realización.

Muchos de los problemas que tienen hoy los hombres y las mujeres provienen de una falta de entendimiento de su propio propósito en la vida. Los principios uno y dos le aseguran que usted tiene un propósito en esta tierra. Sin embargo, sin un entendimiento del propósito de Dios para usted, abusará de su vida, y probablemente, de las vidas de aquellos que tiene a su alrededor. La solución no es intentar sacarse un propósito de la manga para usted, sino descubrir la intención original de su Creador para usted, porque su propósito se halla en la mente de su Creador.

La buena noticia es que descubrir y vivir en base a ese propósito es la clave para su realización como hombre o mujer, hijo o hija, hermano o hermana, cónyuge, padre, miembro de su iglesia, ciudadano de su comunidad y nación, y ser humano en el mundo. *"Puesto que en él vivimos, nos movemos y existimos"* (Hechos 17:28).

Pensamiento del día

Usted tiene un propósito dado por Dios en esta tierra.

CRISIS DE PAPELES

La gente solía adquirir sus ideas de lo que significa ser hombre y mujer observando a sus padres y madres o de tradiciones culturales de hace mucho tiempo. Sin embargo, cientos, incluso miles, de años de tradición se han dejado a un lado sólo en una o dos generaciones. Mi vida es completamente distinta a la vida de mi padre. No puedo usar la forma en que mi padre hacía las cosas como modelo para mí mismo, y mis hermanas no pueden usar el entorno en el que funcionaba mi madre como un ejemplo para ellas. Nuestros padres vivieron no sólo en una generación diferente, sino también con conceptos diferentes de la masculinidad y la feminidad. Históricamente hablando, hasta muy recientemente el hombre tenía ciertos papeles aceptados y la mujer tenía ciertos papeles aceptados, y normalmente no se solapaban.

Lo que hace que nuestra situación cultural actual sea inquietante para los hombres, en particular, es que los hombres tradicionalmente han definido su masculinidad por sus papeles: las funciones que llevan a cabo para sus familias y en sociedad. Sin embargo, se ha producido un cambio significativo en los papeles tanto de los hombres como de las mujeres. Las reglas de la sociedad están cambiando. Esto ha ocurrido en los últimos cuarenta años más o menos. Estamos en medio de una transición cultural, y las ideas en competencia sobre la masculinidad están causando problemas desconcertantes para los hombres. Se sienten arrastrados hacia varias direcciones a la vez mientras intentan descubrir lo que significa ser un verdadero hombre en el mundo de hoy.

Los conceptos básicos de los hombres acerca de cómo ser hombres están siendo desbaratados. Se sienten desplazados, y o bien están frustrados o luchando por adaptarse a un concepto nuevo pero vago de quiénes son, o están enojados intentando revertir la corriente del cambio.

¿Se deben abandonar totalmente los papeles culturales? Si es así, ¿qué los reemplazará? *"Pero los planes del Señor quedan firmes para siempre; los designios de su mente son eternos"* (Salmos 33:11).

Pensamiento del día

Se ha producido un cambio significativo en los papeles tanto de los hombres como de las mujeres.

¿Qué es un verdadero hombre?

Imagine que está viendo un programa de televisión parecido a *To Tell the Truth*. Varios concursantes intentan convencerle de que son el Verdadero Hombre. ¿Cuál es auténtico y cuáles son los impostores?

El concursante n°1 le dice que él es el Verdadero Hombre porque cumple la función tradicional del hombre: mantener a su familia económicamente mientras su esposa se ocupa de los niños y de la casa. Mientras él provea un techo en el que vivir y alimento para todos, estará cumpliendo su tarea como esposo y padre. Este hombre no considera que su esposa sea realmente igual a él.

El concursante n°2 dice que él es el Verdadero Hombre porque tiene una función culturalmente progresiva: comparte las tareas del hogar y las responsabilidades de criar a los hijos con su esposa mientras ambos desempeñan sus trabajos. Piensa que su esposa es igual a él.

El concursante n°3 explica que él es el Verdadero Hombre porque ha sido liberado de los estereotipos masculinos y ha decidido adoptar la función de ocuparse de los hijos y del hogar mientras su esposa se ocupa de trabajar. Considera que su esposa es igual a él, o quizá incluso mejor, ya que tiene una naturaleza más compasiva y sensible que él.

Estas son algunas de las imágenes sobre cómo ser un hombre que están compitiendo por conseguir la aceptación de los hombres en la actualidad. No parece haber un claro ganador. Además, la sociedad sigue mezclando y emparejando estas imágenes hasta que los hombres no saben qué se espera realmente de ellos. La confusión acerca del propósito mina las vidas de las personas. ¿Conoce usted el suyo?

Pensamiento del día

¿Hasta qué punto su imagen de un "verdadero hombre" se corresponde con lo que la Biblia enseña acerca de los hombres de Dios?

25 de enero

EL RETO NÚMERO UNO

Hemos perdido nuestro entendimiento de la intención de Dios para los seres humanos. Por eso el reto número uno para el hombre en la sociedad actual es una crisis de identidad. El hombre promedio está confundido sobre su hombría, su masculinidad y su sexualidad. No tiene una definición clara de lo que debe ser un hombre. Algunos hombres han confundido sus papeles culturales, sociales y tradicionales con la definición de hombría. Sin embargo, se ha demostrado que esta es una de las principales causas del problema, porque a medida que las funciones cambian, también lo hace la imagen que el hombre tiene de sí mismo. Los hombres están en una encrucijada crucial, y el camino que escojan ahora tendrá un efecto serio sobre el curso de la sociedad.

¿Cómo medimos un hombre? ¿Qué es la verdadera hombría? ¿Cómo se define la masculinidad? ¿Qué es la verdadera sexualidad masculina? ¿Cuál es el verdadero propósito del hombre en relación con la mujer? ¿Hay una definición universal de hombría? ¿Se puede alcanzar? ¿Dónde vamos para conseguir esa definición? Estas son preguntas difíciles, pero podemos descubrir las respuestas para todas ellas.

El hombre es la clave para edificar infraestructuras sociales duraderas y fuertes, familias estables, sociedades sanas y naciones seguras. Es crucial que el tema de la crisis del hombre sea una prioridad para los hombres, mujeres y gobiernos nacionales, para que podamos asegurar desarrollos sociales positivos en los países del mundo. A medida que avancemos durante este año, haremos un viaje por la tierra de la confusión cultural y más allá para redescubrir el propósito y el poder del verdadero varón y mujer según Dios, nuestro Creador, quiso que fueran. *"El que adquiere cordura a sí mismo se ama, y el cierre tiene el discernimiento prospera"* (Proverbios 19:8).

Pensamiento del día

El hombre es la clave para edificar familias estables, sociedades sanas y naciones seguras.

FUNCIONES VERSUS PROPÓSITO

Si lo ha determinado el SEÑOR Todopoderoso, ¿quién podrá impedirlo?
—Isaías 14:27

Hoy día, ¿qué usan los hombres como base para su autoestima e identidad? Los hombres han ligado su identidad a sus funciones, y ahora que las funciones han cambiado, se han quedado sin base alguna para la hombría. Independientemente de lo que usen para reemplazar la antigua idea de la masculinidad, eso podría o no ser una función verdadera o satisfactoria para ellos. Lo que es más preocupante, cuando los hombres no entienden cuál es su lugar en el mundo, es que a menudo se retirarán de él o usarán su influencia de formas dañinas, tales como actos de delincuencia.

¿Qué pueden hacer los hombres para volver a conseguir su paso e identidad? Primero, deben adoptar una manera totalmente nueva de pensar. Tienen que pensar en términos de *propósito* en lugar de *funciones*. Como ya hemos descubierto, la razón por la que tienen problemas en la actualidad es que han basado su valor todo el tiempo en algo equivocado. Las funciones nunca han sido la verdadera base de la identidad y el propósito del hombre. Los papeles pueden ser útiles o dañinos, pero a fin de cuentas simplemente reflejan cultura y tradición.

Lo que los hombres realmente tienen que descubrir es su propósito subyacente, el cual trasciende a la cultura y la tradición. El Señor Todopoderoso tiene un propósito en todo. La posición y los actos de un hombre deben fluir de su propósito, y no al contrario. Por eso la respuesta al dilema del hombre no es tan sólo ajustarse a los tiempos cambiantes —aunque será necesario algo de eso—, sino descubrir el propósito inherente del varón. Por tanto, los hombres necesitan una identidad dada por Dios si quieren cumplir su verdadero propósito. Mañana comenzaremos a ver en detalle el plan original del Creador tanto para los hombres como para las mujeres y sus implicaciones para sus relaciones.

Pensamiento del día

Los hombres deben pensar en términos de propósito
en lugar de funciones.

EL PROPÓSITO DEL HOMBRE

*El corazón humano genera muchos proyectos, pero al final
prevalecen los designios del SEÑOR.*
—Proverbios 19:21

No sólo tenemos muchos proyectos en el corazón, ¡sino que también tenemos muchas opiniones sobre lo que un hombre debería ser! Sin embargo, el propósito del Señor es lo único que cuenta, y este propósito es la clave para nuestra realización. Lo que queremos considerar hoy es el propósito ideal del hombre. Este no es el lugar donde nos encontramos hoy; sin embargo, el *ideal* de Dios es el punto hacia el que deberíamos avanzar; y por su gracia, lo haremos.

Deberíamos recordar siempre que Dios crea según los requisitos de sus propósitos. Dios desea dominar e influenciar la tierra a través del ser humano. Recuerde que el propósito de algo determina su naturaleza, su diseño y sus características. Esto significa que la naturaleza, el diseño y las cualidades de los hombres las decidió Dios en base a lo que pensó que era mejor para sus propósitos.

Creo que el propósito del hombre se puede resumir como *su prioridad, su posición* y *su tarea.*

Prioridad se refiere al orden del hombre en la creación y lo que significa con respecto a su razón de ser.

Posición se refiere al entorno y lugar en el que el hombre debe llevar a cabo su propósito.

Tarea significa las funciones que el hombre ha recibido de Dios.

Pensamiento del día

Dios crea según los requisitos de sus propósitos.

LA PRIORIDAD DEL HOMBRE

Y Dios el Señor formó al hombre del polvo de la tierra, y sopló en su nariz hálito de vida, y el hombre se convirtió en un ser viviente.
—Génesis 2:7

Por qué creó Dios primero al hombre? No porque el hombre fuera mejor, sino debido a su propósito. El orden en que el hombre fue creado nos da la primera indicación de su razón de ser.

Si piensa en ello, Dios realmente hizo sólo un ser humano. Cuando creó a la mujer, no volvió a la tierra, sino que la hizo del costado del hombre (véase Génesis 2:21–23). Sólo el hombre provino directamente de la tierra. Fue porque Dios diseñó al hombre para ser el fundamento de la familia humana. La mujer salió del hombre en vez de la tierra porque estaba diseñada para descansar en el hombre, para tener al hombre como su apoyo.

Dios planeó todo antes de crearlo, y comenzó con los cimientos. ¿Ha visto alguna vez algún constructor que al edificar una casa comience por el tejado? No. De igual forma, tampoco empieza con las ventanas, los canalones o las vigas del techo. Dios comienza como cualquier otro constructor. La prioridad en la construcción es siempre lo que se necesita hacer primero, así que comienza con los cimientos.

Creo que el fundamento de la sociedad, la infraestructura que Dios planeó para este mundo, se ha malentendido. A menudo decimos que la familia es el fundamento de la sociedad. Es cierto que la familia es el pegamento que mantiene todo unido; sin embargo, Dios no comenzó a construir la sociedad terrenal con una familia, sino que comenzó con una persona. Lo comenzó con el hombre.

Pensamiento del día

El hombre es el fundamento de la familia humana.

JESUCRISTO, EL FUNDAMENTO PRIMORDIAL

Los mensajes de Dios al hombre en la Biblia dejan ver la importancia que Él atribuye a construir desde los cimientos hacia arriba. ¿Qué describió Jesús como nuestra prioridad más importante? Aquello sobre lo que estamos edificando: nuestro fundamento (véase Mateo 7:24–27.) El apóstol Pablo escribió: "*Porque nadie puede poner un fundamento* [espiritual] *diferente del que ya está puesto*" (1 Corintios 3:11). ¿Qué, o mejor, *quién es ese fundamento?* "*Jesucristo*" (v. 11).

Cuando Dios piensa en los fundamentos, no piensa sólo en cemento y agua, sino también en personas. Por esta razón, cuando Dios comenzó a edificar la raza humana, comenzó estableciendo el fundamento del varón. Situó hombres en la base de todo el edificio de la humanidad. Esto significa que la sociedad será tan fuerte como lo sean sus hombres. Y para que los hombres sean realmente fuertes, deben edificar su propio fundamento sobre Jesucristo.

Si los hombres no aprenden lo que significa ser un fundamento fuerte en Dios, la sociedad se hundirá. Eso ocurre en América, Canadá, Rusia, China, y todas las naciones del mundo. Si los hombres abandonan el hogar, o si no ejercen su responsabilidad, tendremos una casa construida sobre la arena. Las vigas del techo ceden cuando llegan las presiones porque el hombre no está ahí.

Cuando el hombre tiene grietas y fallos en la subestructura de su vida, todo el edificio está sobre arenas movedizas. Hombres, hablemos. Este es el año en el que debe decidir afianzarse sobre un terreno sólido, porque como vaya el hombre, así irá la familia, la sociedad y el mundo. Eche un vistazo a la condición de nuestras sociedades y naciones. ¿Cómo cree que están actuando los hombres?

Pensamiento del día

La sociedad será tan fuerte como lo sean sus hombres.

LA RESPONSABILIDAD DEL FUNDAMENTO

Todo el que me oye estas palabras y las ponen en práctica es como un hombre prudente que construyó su casa sobre la roca.
—Mateo 7:24

Cómo se puede edificar una raza humana sobre un fundamento hecho de arena mezclada con paja? El fundamento siempre se mide por la cantidad de peso que se puede colocar sobre él. Nuestras sociedades están hechas un desastre porque, como fundamento, los hombres se han vuelto "arenosos": inciertos e inestables.

Cuando Dios creó al primer hombre, no estaba diciendo que el hombre es más importante que la mujer, sino sólo que el hombre tiene una *responsabilidad específica*. Tiene un propósito que cumplir que es como el fundamento. Aunque el fundamento es importante, no es más importante que las otras partes del edificio. El fundamento no puede realizar todas las funciones por sí solo. No puede proteger a los ocupantes de las inclemencias del tiempo. Cuando llega la lluvia, el fundamento no puede mantenerles secos; esa es la tarea del tejado. Lo mismo ocurre con la familia humana. El fundamento es crucial, pero el resto de la familia también es esencial.

Recuerde que el fundamento a menudo está oculto. Yo ya no veo el fundamento de mi casa, aunque participé en las discusiones que tuvimos sobre él y lo pude ver cuando se hacía el hoyo y se construía. Hoy, camino sobre el fundamento todo el tiempo, pero nunca lo veo. El fundamento debe ser sólido y fiable, pero no necesariamente una parte visible.

Pensamiento del día

Un fundamento se mide por la cantidad de peso que se puede colocar sobre él.

CONVERTIRSE EN UN FUNDAMENTO FUERTE

Cayeron las lluvias, crecieron los ríos, y soplaron los vientos y azotaron aquella casa; con todo, la casa no se derrumbó porque estaba cimentada sobre la roca.
—Mateo 7:25

Muchos de ustedes, hombres, necesitan vivir como el fundamento que fueron creados para ser. Tan sólo estén ahí y mantengan el hogar firme para que su esposa y sus hijos siempre puedan apoyarse en ustedes y sepan que ustedes no se van a agrietar. Muchos chicos jóvenes con padres ausentes —hombres que no están ya sea física o emocionalmente— están caminando sobre barro en vez de hacerlo sobre cemento. Estos jóvenes están intentando encontrar un fundamento para sus vidas, pero lo único que ven a su alrededor es barro, porque no hay un lugar donde puedan ponerse en pie sobre terreno sólido. Les falta su fundamento. Cuando crezcan, saldrán y tratarán de convertirse en el fundamento ellos mismos, y sin embargo nunca habrán visto lo que es un verdadero fundamento.

Una vez oí esta frase: "Un joven se convierte en hombre cuando su padre le dice que es un hombre". Muchos jóvenes nunca han tenido un padre que les diga quiénes son. El propósito del hombre es dar fundamento a la estructura de la vida.

Estoy orando para que Dios levante algunos hombres fundamentales fuertes, hombres que estarán junto a sus esposas y junto a sus hijos; hombres que serán estabilizadores para que sus familias se sientan seguras en su fortaleza. No importa lo que fue su padre, usted puede ser un fundamento fuerte convirtiéndose en el hombre que Dios quiere que sea.

Pensamiento del día

El propósito del hombre es dar un fundamento a la estructura de la vida.

---

1 de febrero

¿Es sólo un mundo de hombres?

Amediados de los años sesenta, el renombrado artista musical James Brown apareció con una canción que expuso el espíritu de una época, titulada "Es un mundo de hombres". La canción vendió un millón de copias (me preguntó quién la compró). James Brown estaba cantando sobre una actitud que invade las naciones y culturas del mundo. Esa actitud es, en efecto: "Aunque las mujeres están aquí, este mundo está hecho para los hombres. Está diseñado para hombres. Las mujeres sólo encajan cuando se les necesita. Mujeres, quédense en su lugar; este es un mundo de hombres".

¿Les pertenece el mundo a los hombres? ¿Qué lugar ocupan las mujeres en él?

Uno de los temas que genera más controversia en nuestros tiempos modernos, un tema que ha sido debatido con mucha discusión y disensión, es la función, posición y derechos de las mujeres. Históricamente, en casi todas las naciones y culturas se ha considerado que las mujeres tienen un papel secundario en el mundo. Las siguientes son percepciones tradicionales de las mujeres que aún persisten en la actualidad: las mujeres están consideradas como inferiores a los hombres, como ciudadanas de segunda clase, sólo como objetos de gratificación sensual, incapaces de ser fuertes, con falta de inteligencia y, por tanto, sin nada que aportar a la sociedad, como propiedad personal de los hombres, sirvientas personales cuyo único propósito es suplir las necesidades de sus amos, y merecedoras de abuso. A las mujeres se les ha malentendido y degradado en todo el mundo, y les está causando una angustia emocional, física y espiritual.

Estas actitudes difieren tajantemente de la forma en que Dios ve el lugar de la mujer en su creación. ¡Se trata del plan de Él! *"Y Dios creó al ser humano a su imagen; lo creó a imagen de Dios. Hombre y mujer los creo"* (Génesis 1:27).

Pensamiento del día

¿Qué lugar ocupan las mujeres en el mundo?

2 de febrero

LA VERDADERA NATURALEZA DE LA MUJER

Cuál es la verdadera naturaleza y propósito de la mujer? ¿Realmente lo sabemos? Si no lo sabemos, ¿cómo podemos lidiar con el abuso que la mujer ha experimentado durante siglos?

Tanto mujeres como hombres deben conocer la verdadera naturaleza y propósito de la mujer si queremos tratar la difícil situación que ha afectado a las mujeres a lo largo de la historia y que aún les afecta en el siglo XXI. Las mujeres, al igual que los hombres, deben obtener nuevas perspectivas de ellas mismas, ya que las mujeres han desarrollado en gran parte los conceptos de sí mismas sobre la base de tradiciones culturales hechas por hombres que no entendían a las mujeres.

El problema básico se puede resumir de esta manera: hay verdades fundamentales sobre la estructura inherente de las mujeres y los hombres que se han perdido tanto en las culturas del mundo como en los corazones y las mentes de hombres y mujeres individuales. Han sido reemplazadas por visiones distorsionadas de las mujeres y de las relaciones hombre-mujer, y estas distorsiones se han promovido a través de la cultura y la tradición. Debido a esas verdades perdidas, las mujeres y los hombres no entienden la naturaleza, potencial, función y contribución característica de la mujer al mundo. El resultado es que a las mujeres se les ha malentendido, se les ha impedido cumplir su potencial y se ha abusado de ellas. El dolor, la pérdida, el trauma y el peligro físico que esto ha colocado sobre ellas es algo muy trágico. Ha habido una terrible pérdida de vida y potencial durante cientos y miles de años; esta pérdida ha sido catastrófica no sólo para las mujeres, sino también para los hombres y las sociedades humanas en general.

Debemos ver más allá de las culturas del mundo y redescubrir las verdades intrínsecas sobre la naturaleza de las mujeres y de los hombres. Debemos trascender la tradición y volver a capturar los principios bíblicos que pueden liberar a las mujeres para que se sientan realizadas y valoradas, independientemente de su nacionalidad o situación geográfica.

Pensamiento del día

Debemos trascender la tradición y volver a capturar los principios bíblicos que pueden liberar a las mujeres para que se sientan realizadas y valoradas.

Lectura: Éxodo 29–30; Mateo 21:23–46 〜 43

¿Cuál es el lugar de una mujer?

"El lugar de una mujer está en su hogar".
"El lugar de una mujer está en el mundo: en las empresas,
la educación y el gobierno".

Con los años, la controversia sobre la función, posición y derechos de la mujer a menudo se ha centrado en estas ideas aparentemente opuestas de cuál es el lugar de una mujer. Ambas posturas distan de captar la esencia del propósito y diseño de la mujer.

En última instancia, ¿cuál es el lugar de la mujer? *El lugar de la mujer, antes de nada, está en Dios.* (Es lo mismo para el hombre). Está en la manera en que Él la creó, en el tremendo valor que puso en ella y en el propósito que tiene para ella. Sólo cuando entendamos las implicaciones de esta verdad resolveremos la polémica y el conflicto que rodea al papel de la mujer en el mundo.

La naturaleza de la mujer debe entenderse a la luz de su propósito, y sus necesidades deben entenderse a la luz de su naturaleza. De lo contrario, ella será incapaz de cumplir el propósito para el que fue creada. La posición de una mujer y sus derechos vienen dados por Dios y son inherentes.

Lo más importante que podemos descubrir sobre nosotros mismos y sobre otros es el propósito de nuestra existencia. En los siguientes días, aprenderemos el diseño y las necesidades femeninas, haciendo referencia también a cómo su estructura complementa la estructura del hombre.

Señor, tú has sido nuestro refugio generación tras generación. (Salmos 90:1)

Pensamiento del día

Antes de nada, en lugar de una mujer está en Dios.

Uno en Cristo

*Todos ustedes son hijos de Dios mediante la fe en Cristo Jesús...
Ya no hay judío ni griego, esclavo ni libre, hombre ni mujer, sino
que todos ustedes son uno solo en Cristo Jesús.*
—Gálatas 3:26, 28

¿Cuál es la causa primordial de la degradación universal de las mujeres en las sociedades de todo el mundo? No podemos echarle toda la culpa a la cultura, porque el problema trasciende las edades y las culturas y parece señalar a una discordia profundamente arraigada o relación adversa entre hombres y mujeres. Tanto mujeres como hombres tienen que entender la naturaleza *inherente* de la mujer, porque la mayoría de las mujeres han extraído su identidad de los hombres, y no se ven a sí mismas como Dios las ve. Las mujeres se han convertido básicamente en productos de las sociedades en las que nacieron y crecieron.

Los hombres y las mujeres fueron creados iguales. Los hombres y las mujeres son iguales. Eso no le corresponde a ningún senado, o congreso, o gabinete, o parlamento de ninguna nación decidirlo. ¡Dios ya tomó esa decisión en la creación! Después lo reafirmó con la redención de la raza humana en Jesucristo. Hombre y mujer son uno en Cristo. Nunca le dé a nadie el derecho a decidir qué tipo de valor humano tiene usted. No permita que nadie le diga lo humano que usted es. Cuando entiende que la igualdad es inherente a la creación y descubre cómo ha de manifestarse en su vida, entonces puede comenzar a vivir en el ámbito completo de la igualdad, independientemente de lo que otros digan sobre usted mismo.

Pensamiento del día

Hombre y mujer son uno en Cristo.

DIFERENTES, NI SUPERIOR NI INFERIOR

Hoy día, los que defienden la igualdad de derechos dicen que no hay ninguna diferencia entre mujeres y hombres. Sin embargo, aunque los hombres y las mujeres fueron creados iguales, también fueron creados diferentes. Esto es parte de su diseño particular. Quizá esta frase confunda a algunos y enoje a otros, porque de algún modo hemos llegado a pensar que *diferentes* significa *inferior* o *superior*. No confunda ser diferente con ser menor o mayor. Diferente no implica superioridad o inferioridad; diferente simplemente significa distinto. Y esto es especialmente cierto en relación con los hombres y las mujeres; sus diferencias son necesarias debido a sus propósitos.

En muchas esferas de la vida, no consideramos las diferencias como debilidades sino más bien como fortalezas mutuas. En la música, ¿quién es más importante para una orquesta sinfónica, un violinista o un trompetista? Ambos trabajan juntos en armonía. En los deportes, ¿quién es más importante para una carrera de relevos de natación por estilos, el nadador que nada a braza o el que nada a espalda? Ambos tienen que ser nadadores fuertes en su especialidad, porque una carrera de relevos no se puede ganar sólo con un tipo de natación. Cuando ganan, comparten juntos el honor.

La respuesta a la degradación histórica de las mujeres no reside en declarar que no hay diferencia alguna entre mujeres y hombres, sino en reconocer y afirmar sus diferencias complementarias. Debemos entender y aceptar esas diferencias para que puedan usarse en armonía como una orquesta meticulosamente afinada.

Pensamiento del día

Diferente no implica superioridad o inferioridad;
diferente simplemente significa distinto.

¿COMPETICIÓN O COOPERACIÓN?

Más valen dos que uno, porque obtienen más fruto de su esfuerzo.
Si caen, el uno levanta al otro.
¡Ay del que cae y no tiene quien lo levante!
—Eclesiastés 4:9–10

Si los hombres y las mujeres fueron creados con diseños perfectamente complementarios, ¿por qué existe tanto conflicto entre hombres y mujeres y tanta competencia en vez de cooperación? ¿Por qué el asunto de ejercer dominio sobre la tierra parece más una búsqueda por dominar al sexo opuesto? Dios creó al hombre y la mujer para dominar la tierra, ¡no el uno al otro!

El hombre y la mujer fueron creados a imagen de Dios. La base de su igualdad ante Dios es que el hombre, el espíritu, reside dentro de ambos. Como seres físicos fueron creados de la misma esencia, pero diferentes (porque cada uno ha sido creado con propósitos específicos que deben cumplir). Las diferentes formas en que su tarea de dominio se lleva a cabo no afecta a su igualdad; sólo refleja sus diferentes propósitos, diseños y necesidades.

El hombre fue creado para ejercer dominio sobre la tierra a través de su prioridad, posición y tarea. La mujer fue creada para ayudar al hombre a cumplir los propósitos del dominio de Dios para la humanidad tanto en el ámbito terrenal como el espiritual. La intención de Dios es que, juntos, sus fortalezas individuales se combinen para producir resultados exponenciales (como dice la Escritura en Eclesiastés: *"Obtienen más fruto de su esfuerzo"*), resultados mucho mayores que los que podrían lograr solos. La mujer añade al poder del hombre viviendo y trabajando, para que la suma sea mucho mayor que sus partes.

Pensamiento del día

Dios creó al hombre y la mujer para dominar la tierra,
¡no el uno al otro!

7 de febrero

¿Honran los hombres a las mujeres?

Tratando cada uno a su esposa con respeto, ya que como mujer es más delicada, y ambos son herederos del grato don de la vida.
—1 Pedro 3:7

Una de las razones por las que la difícil situación de las mujeres ha sido un asunto tan difícil de remediar es porque no es fácil cambiar la mente de un hombre con respecto al lugar de la mujer en el mundo. La idea de que este es un mundo de hombres está profundamente arraigada. Aunque la legislación cambie o la política pública cambie, no es fácil cambiar la mentalidad de un hombre.

La intención de Dios de que las mujeres sean herederas iguales a los hombres en la creación y redención sigue siendo en gran medida una verdad ignorada. La degradación interna de las mujeres que tienen los hombres es la razón por la que generalmente siguen siendo ignoradas y explotadas en casi todas las sociedades del mundo, independientemente de los recientes avances sociales y políticos. Tanto en las naciones industrializadas como en las naciones en desarrollo, la difícil situación de las mujeres sigue siendo muy real, y es trágico tener que admitir que esto es cierto en nuestra sociedad moderna.

Muchas mujeres se involucran en oportunidades y actividades que estaban anteriormente reservadas para hombres, como el liderazgo, la gestión y los deportes. Sin embargo, aunque podemos decir que ha habido alguna mejora, en la mayoría de las sociedades las mujeres siguen sufriendo el prejuicio de los hombres en contra de las mujeres. Los corazones de los hombres no se cambian con una legislación. Aunque ahora la ley diga: "Las mujeres son iguales que los hombres", eso no significa que los hombres piensen así. La constante degradación de las mujeres sigue deteniendo el progreso, y las mujeres están siendo tratadas de muchas formas *excepto* en la forma en que Dios quiso originalmente: *"Herederas del grato don de la vida"*.

Pensamiento del día

La intención de Dios de que las mujeres sean herederas juntamente con los hombres en la creación y la redención sigue siendo en gran medida una verdad ignorada.

8 de febrero

Un cambio de perspectiva

Juan 4 nos relata el encuentro de Jesús con la mujer samaritana en el pozo. Cuando Jesús comenzó a hablar con ella, ella no se fiaba de Él. No estaba bien visto que un judío hablara con un samaritano, y mucho menos con una mujer. Ella le habló sólo en el contexto de los prejuicios entre los samaritanos y los judíos que había en ese tiempo. *"¿Cómo se te ocurre pedirme agua, si tú eres judío y yo soy samaritana?"* (Juan 4:9). Jesús le respondió: *"Si supieras lo que Dios puede dar, y conocieras al que te está pidiendo agua, contestó Jesús, tú le habrías pedido a él, y él te habría dado agua que da vida"* (v. 10).

La mujer tenía un problema, y no era que estuviera siendo ruda. Pensaba que como Jesús era judío y ella una mujer samaritana, Él no hablaría con ella. No sabía realmente quién era Jesús, y Él le decía, en efecto: "Si supieras quién está hablando contigo, no habría problemas. Sin embargo, sé que no lo sabes, así que puedes hablar neciamente por unos minutos". Él permitió que ella fuera necia, y entonces dijo: "Déjame decirte quién soy", y comenzó a revelarle los secretos profundos de su corazón. Después de eso, ella cambió su manera de pensar acerca de Él, y dijo: *"Tú eres profeta"* (v. 19).

A continuación, fue a la ciudad y dijo: *"Vengan a ver a un hombre que me ha dicho todo lo que he hecho"* (v. 29). Ella no dijo: "Vengan a ver a un judío", sino *"Vengan a ver a un hombre"*. La gente cambiará su perspectiva de usted cuando sepan por qué está aquí, cuando comiencen a entender su propósito.

Pensamiento del día

La mujer samaritana no sabía realmente quién era Jesús.

DIOS NOS TRANSFORMA

*Por lo tanto, hermanos, tomando en cuenta la misericordia de
Dios, les ruego que cada uno de ustedes, en adoración espiritual,
ofrezca su cuerpo como sacrificio vivo, santo y agradable a Dios.
No se amolden al mundo actual, sino sean transformados
mediante la renovación de su mente. Así podrán comprobar cuál
es la voluntad de Dios, buena, agradable y perfecta.*
—Romanos 12:1–2

Dios siempre transformará su espíritu, su mente y su apariencia. Cuando usted se presenta a Dios y aprende de Él, comienza a
entender su propósito. *"La ley del Señor es perfecta: infunde nuevo
aliento. El mandato del Señor es digno de confianza: da sabiduría
al sencillo"* (Salmos 19:7).

La mejor forma de encontrar su propósito es entregándole su
vida al Fabricante. Usted no debería acudir a Dios porque religio-
samente es lo que se hace, ni debería acudir a Dios porque "todo
el mundo" lo hace. No debería acudir a Dios porque es bueno ser
parte de la iglesia, ni debería acudir a Dios porque quiere encontrar
la manera de no malgastar su vida. Nadie le conoce a usted como
aquel que le creó. Ese es el fondo de la cuestión.

Somos tan especiales para Dios que Él envió a su único Hijo a
morir por nosotros. Debe de haber algo especial en cada uno de nosotros para que Dios quiera que recibamos la salvación para poder
cumplir el propósito para el cual nos dio vida. Tenemos que buscar-
le fervientemente para descubrir ese propósito. *"Me buscarán y me
encontrarán, cuando me busquen de todo corazón"* (Jeremías 29:13).

Pensamiento del día

La mejor forma de encontrar su propósito es entregándole su
vida al Fabricante.

LA MUJER COMO POTENCIADORA

Los hombres no están hechos para vivir aislados ni para cumplir su llamado por sí solos. Aunque el hombre fue creado primero y recibió la función de ser el fundamento y el líder espiritual responsable, la mujer es una potenciadora, una colíder. Ella comparte su visión y trabaja con él para lograr aquello para lo que ambos fueron creados. La mujer toma lo que el hombre tiene y es, y lo amplía y extiende. De esta forma, su liderazgo es eficaz y su visión compartida se convierte en una realidad.

Dios siempre nos dice por qué hace algo antes de hacerlo. *"Luego Dios el Señor dijo: No es bueno que el hombre esté solo. Voy a hacerle una ayuda adecuada"* (Génesis 2:18). Por tanto, el primer propósito de la mujer como potenciadora es ser una compañera para el hombre, para que no esté solo. En el idioma inglés, la palabra *solo* (alone), está compuesta de dos palabras, "all" y "one". Cuando juntamos estas dos palabras, vemos que la palabra *alone* básicamente significa "todo en uno".

Dios dijo: "No es bueno que el hombre esté todo en uno, que tenga él todo". Dios hizo la mujer para que el hombre tuviera alguien a quien dar, alguien con quien compartir su visión, alguien que fuera parte de su vida. ¿No es triste que muchos hombres no vean a las mujeres de esta forma? La mujer fue creada para que el hombre no tuviera que estar solo. Ella es su compañera en la vida. "Acompañar" significa ayudar e incluso guiar a alguien. En este sentido es que la mujer es la compañera del hombre.

Pensamiento del día

La mujer comparte la visión del hombre y trabaja con él para lograr aquello para lo que ambos fueron creados.

POR EL BIEN DEL HOMBRE

Dios miró todo lo que había hecho, y consideró que era muy bueno.
—Génesis 1:31

Antes de la creación de Eva, Dios dijo: "No es bueno que el hombre esté solo". Está claro que, cuando Dios hizo esta declaración, quiso decir que lo que estaba a punto de crear para Adán sería bueno para él. Por tanto, la Palabra de Dios afirma: "Las mujeres son buenas. Las hembras son buenas". La mujer fue creada por el bien del hombre.

Quiero decirles a mis lectoras femeninas que Dios sabía lo que necesitábamos los hombres, ¡y eran *ustedes*! Cuando algo se hace para otra cosa, tiene dentro de sí eso que la otra cosa necesita. Cuando algo se hace para que sea bueno para otra cosa, tiene eso que será bueno para la otra cosa. Por tanto, todo lo que Dios puso en la mujer cuando la creó es bueno para el hombre.

Una mujer es muy buena para un hombre, pero cuando no se conoce el propósito, el abuso es inevitable. Una mujer puede abusar de su naturaleza y propósito si no entiende por qué es como es. Además, una mujer que no entienda su propósito puede ser un perjuicio para el hombre, y un hombre que no entienda el propósito de la mujer puede ser un perjuicio para la mujer.

Sin embargo, Dios dijo que el mayor bien para un hombre, además de Él mismo, es una mujer. Así, de alguna forma misteriosa, independientemente de lo que sus experiencias pasadas en cuanto a las relaciones puedan decirle, una mujer es, por su propia naturaleza, buena para un hombre.

Pensamiento del día

Mujeres, Dios sabía lo que necesitaban los hombres,
¡y eran *ustedes*!

12 de febrero

CREADA PARA SER UNA AYUDADORA

Voy a hacerle una ayuda adecuada.
—Génesis 2:18

La mujer es un agente muy útil para un hombre. En la sabiduría de Dios, si una mujer fue creada *con el propósito* de ser ayuda, ha sido diseñada con muchas cualidades y habilidades que le *capacitan para ayudar*. Recuerde que el Creador siempre tiene un plan para sus creaciones.

El propósito de la mujer es ayudar al hombre a cumplir el plan de Dios para su vida. Esto tiene unas profundas implicaciones. En primer lugar, significa que el hombre ha de tener un plan, o de lo contrario la mujer tendrá un problema. En segundo lugar, significa que la mujer debe entender que su realización está relacionada con la visión del hombre. En otras palabras, ella nunca podrá estar verdaderamente completa si no le ayuda a cumplir su visión.

Cuando una mujer decide que quiere una visión totalmente diferente para su vida que la visión de su esposo, experimentarán una división. *Di* significa dos o doble. Podríamos entender la palabra *división* como "doble visión". Cuando tenga a una pareja con una doble visión, sepa que están en peligro divorcio, porque *"una casa dividida contra sí misma se derrumbará"* (Lucas 11:17). No se pueden tener dos visiones en la misma casa, o el hombre y la mujer irán en direcciones diferentes. Por eso Dios creó a la mujer para ocupar una posición de ayuda. Los ayudantes no toman el mando, sino que ayudan. Sin duda, eso no quiere decir que una mujer no pueda tener sus propios inte-reses o desarrollar sus propias habilidades; significa que, como pareja, deben compartir la misma visión para sus vidas.

Pensamiento del día

No se pueden tener dos visiones en la misma casa, o el hombre y la mujer irán en direcciones diferentes.

La mujer como reflectora

Varias veces en Efesios 5, Pablo exhortó a los hombres a amar a sus esposas: *"Esposos, amen a sus esposas, así como Cristo amó a la iglesia y se entregó por ella... Así mismo el esposo debe amar a su esposa como a su propio cuerpo. El que ama a su esposa se ama a sí mismo... En todo caso, cada uno de ustedes ame también a su esposa como a sí mismo"* (Efesios 5:25, 28, 33).

La razón más importante por la que la mujer fue creada es para que pudiera recibir amor. Por tanto, el primer propósito de la mujer como reflectora es que fue hecha para recibir el amor de un hombre y reflejar así el amor que él le da.

Cuando Dios creó a la mujer, la sacó del hombre para que el hombre tuviera alguien a quien amar que fuera de su propia naturaleza. De este modo, el hombre fue creado para ser dador de amor y la mujer para ser receptora de amor. Recuerde que el hombre, el espíritu, fue creado de la esencia de Dios y a imagen de Dios para poder recibir el amor de Dios. La mujer fue creada con el mismo patrón; es decir, fue creada de la esencia del hombre y a imagen física del hombre para recibir el amor del hombre.

Lo que esto significa es que Dios ha diseñado a la mujer para funcionar en base al amor. El amor es el combustible de la mujer. Cuando usted no le pone gasolina a un auto, no se mueve. Lo mismo ocurre con los seres humanos. En el caso de la mujer, si usted no le da el amor que Dios quiso que ella recibiera, no puede funcionar plenamente como Dios quiso que funcionara. Para sentirse realizada, la mujer necesita amor.

Pensamiento del día

El propósito primordial de la naturaleza receptora de la mujer es recibir amor.

Los atributos del amor

Por qué deben los hombres amar a las mujeres? El hombre debe amar a la mujer porque ella fue tomada de él y es parte suya. Si él no la ama, equivale a que él mismo se odie (véase Efesios 5:29). Un marido se trata bien a sí mismo cuando trata bien a su esposa. Por tanto, la función del hombre es amar a su esposa como a sí mismo, con todos los atributos del amor que encontramos en el Capítulo del Amor:

> *El amor es paciente, es bondadoso. El amor no es envidioso ni jactancioso ni orgulloso. No se comporta con rudeza, no es egoísta, no se enoja fácilmente, no guarda rencor. El amor no se deleita en la maldad sino que se regocija con la verdad. Todo lo disculpa, todo lo cree, todo lo espera, todo lo soporta. El amor jamás se extingue.*
>
> (1 Corintios 13:4–8)

Cuando usted le da amor a una mujer, ella cobra vida. Sin embargo, cuando ella recibe algo menos que amor genuino, es como si sufriera un cortocircuito. Cuando no ama a una mujer, está abusando de su naturaleza. Una mujer reflejará el amor o la falta de amor que reciba.

Es interesante observar que la Biblia no menciona en ningún lugar que Dios le diga a la mujer que ame al hombre. A la mujer se le dice que respete a su marido, que le honre, y que se someta a él. Sin embargo, Dios pide al esposo una y otra vez que ame a su esposa. Hombres, serían sabios si obedecieran el consejo del Señor; ¡es por su propio bien!

Pensamiento del día

La función del hombre es amar a su esposa con todos los atributos del amor que encontramos en 1 Corintios 13.

15 de febrero

EL AMOR EXPRESADO A TRAVÉS DEL AFECTO

Qué es el afecto? Una definición es "tierno apego". Las mujeres necesitan que continuamente les expresen amor a través del afecto, incluyendo palabras y gestos tiernos.

Los hombres son básicamente lógicos y con no muchas emociones en su forma de ver la vida, y tienden a tratar a las mujeres de la misma manera. Sin embargo, por la forma en que las mujeres están diseñadas, interpretan el procedimiento lógico del hombre como frialdad. Los hombres tienen que aprender a amar a sus esposas de tal forma que ellas puedan entender y recibir su amor. No es suficiente con que un hombre *piense* que le está dando amor a una mujer, sino que tiene que aprender las formas en que ella recibe el amor. Debe aprender cómo, en general, las mujeres reconocen el amor, y tiene que aprender cómo su esposa *en particular* reconoce el amor.

De nuevo, una mujer funciona sobre el amor; necesita que se lo expresen a menudo. Muchas mujeres dicen que recibir gestos de amabilidad y ternura de forma regular de sus esposos, como afecto físico, notas y flores, es lo que les comunica amor. No es tanto lo caros que sean los regalos, sino más bien la intención y consideración que hay tras ellos y recibirlos regularmente lo que marca la diferencia.

Muchos hombres creen que están expresando amor adecuado a sus esposas proveyéndoles las necesidades básicas de la vida, como un techo, comida y ropa, o dándoles cosas caras, como buenos electrodomésticos, autos e incluso diamantes. Es cierto que muchos hombres dan esas cosas con una motivación de amor; sin embargo, regalar cosas materiales no es la esencia del amor: la esencia del amor es darse uno mismo (véase Efesios 5:25).

Pensamiento del día

Las mujeres necesitan que continuamente les expresen amor a través del afecto, incluyendo palabras y gestos tiernos.

RESTAURAR EL DAÑO DE LA CAÍDA

Esposos, amen a sus esposas y no san duros con ellas.
—Colosenses 3:19

Por qué los esposos reciben el *mandamiento* de amar a sus esposas? Es debido a que la caída dañó el amor natural que Dios le dio al hombre por la mujer, con lo que ahora quiere *gobernar sobre ella* en vez de *amarla como a sí mismo.* Por esta razón, mientras el hombre está siendo restaurado al diseño original de Dios a través de la redención en Cristo, tiene que recibir el mandato de amar a la mujer. Por la misma razón, el *respeto* natural por el hombre que Dios le dio a la mujer también fue dañado, y por eso ella necesita el mandato de respetarle. Así, cuando se restauran los propósitos de Dios, se restablece la paz entre hombres y mujeres. Sin embargo, cuando se da rienda suelta a la naturaleza caída, hay discordia.

Cuando Pablo dijo: *"Esposos, amen a sus esposas, así como Cristo amó a la iglesia y se entregó por ella"* (Efesios 5:25), realmente estaba diciendo: "Esposos, por encima de todo lo demás, amen a sus esposas. No se preocupen por otras cosas, porque podrán cuidar de esas cosas a su debido tiempo. Si aman a sus esposas, se ocuparán de muchos otros problemas y posibles problemas en su matrimonio. Con amor, ella funcionará adecuadamente, porque nació para ser amada".

Una mujer reflejará el amor que reciba. Cuando recibe amor, puede disfrutar mejor de una vida llena de gozo y paz, incluso en medio de circunstancias difíciles. Cuando no se siente amada, es como si tuviera un peso en su corazón. Cualquier hombre que viole la necesidad de amor de una mujer está usando mal y abusando del propósito de Dios para la mujer.

Pensamiento del día

Cuando se restauran los propósitos de Dios, se restablece la paz entre hombres y mujeres.

APARTADO COMO ESPECIAL

Maridos, amad a vuestras mujeres, así como Cristo amó a la iglesia, y se entregó a sí mismo por ella, para santificarla.
—Efesios 5:25–26 (RVR)

Si un hombre quiere amar a su mujer, ha de tener comunión con Cristo. Debe saber cómo amó Cristo a su iglesia. ¡Se necesitará toda una vida para estudiar ese manual sobre el amor! Cristo "*se entregó a sí mismo por ella*". Después la santificó.

Santificar algo significa apartarlo de todo lo demás, ponerlo en un lugar especial, cuidarlo cada día y valorarlo como una piedra preciosa. Santificar algo significa no permitir que nada cercano a ello lo dañe o lo destruya. Es apartarlo para un uso especial. Esto significa que no se le puede prestar a otras personas. No está disponible para entretener a otras personas. En el Cantar de los Cantares, el rey Salomón habla del amor especial que el hombre debe tener por la novia que ha apartado para sí:

Cautivaste mi corazón, hermana y novia mía, con una mirada de tus ojos; con una vuelta de tu collar cautivaste mi corazón. ¡Cuán delicioso es tu amor, hermana y novia mía! ¡Más agradable que el vino es tu amor, y más que toda especie la fragancia de tu perfume!

(Cantares 4:9–10)

Cuando un hombre realmente ama a su esposa, la considera la crème de la crème. Cuando ella recibe tal amor, lo reflejará en su rostro, en su manera de ver la vida y en sus relaciones con los demás.

Pensamiento del día

Si un hombre quiere amar a su mujer,
ha de tener comunión con Cristo.

DAR AFIRMACIÓN

En los últimos días hemos estado hablando de la necesidad innata de una mujer de recibir amor principalmente expresado en el contexto de la relación matrimonial. No obstante, ¿cómo funciona este principio de la necesidad de amor de una mujer para las mujeres con las que los hombres se relacionan en el trabajo o la iglesia?

Los hombres pueden ayudar a formar la autoestima de las mujeres valorándolas y tratándolas con amabilidad y amor cristiano. Las mujeres necesitan la afirmación de los hombres, al igual que los hombres necesitan el respeto de las mujeres. Claro está, esta afirmación siempre debe darse con sabiduría, para que las mujeres nunca se hagan una idea errónea de que el hombre está expresando algo más que un interés cristiano. Es particularmente importante que los hombres entiendan estos puntos, ya que a menudo están en posiciones de autoridad sobre las mujeres (en la iglesia, en el trabajo y en otros ámbitos de la vida), y ellos influencian las perspectivas y actitudes de las mujeres.

Podemos regresar a 1 Corintios 13 como la guía para el hombre a la hora de respetar y afirmar a las mujeres con las que tenga cualquier tipo de relación. Los hombres deben recordar que han de tratar a las mujeres que están bajo su autoridad o supervisión con consideración para que no se apague la naturaleza que Dios les ha dado. *"El amor es paciente, es bondadoso. El amor no es envidioso ni jactancioso ni orgulloso. No se comporta con rudeza, no es egoísta, no se enoja fácilmente, no guarda rencor"* (1 Corintios 13:4–5). Cuando los hombres reflejan el amor y la naturaleza de Cristo en su trato con las mujeres, a cambio las mujeres reflejarán el amor y la naturaleza de Cristo.

Pensamiento del día

Los hombres pueden ayudar a formar la autoestima de las mujeres valorándolas y tratándolas con amabilidad y amor cristiano.

CINCO PROPÓSITOS VITALES DEL HOMBRE

Dios el SEÑOR tomó al hombre y lo puso en el jardín del Edén para que lo cultivara y lo cuidara.
—Génesis 2:15

Para convertirse en un verdadero hombre, debe reconectar con el concepto original de Dios de la hombría en la creación. La única manera en que el hombre puede descubrir y vivir su naturaleza masculina inherente es manteniendo su enfoque en el propósito en lugar de en las funciones que están relacionadas con cierta cultura o momento de la historia. El propósito es la clave para la hombría.

¿Que sabemos del plan de Dios para el primer hombre? En primer lugar, Dios *puso* a Adán en el jardín del Edén. Dios no permitió que el hombre vagase de un lado a otro intentando encontrarlo. Tampoco dejó el Edén como una opción, lo cual significa que "Edén" es un requisito para el hombre. Dios creó al hombre y le dijo: "Este es tu lugar".

Después de ponerle en el Edén, Dios mandó que el hombre trabajara. Observemos que Dios le dio el trabajo al hombre antes incluso de crear a la mujer. El trabajo también llegó antes de la caída. Para dejar las cosas claras, digamos que el trabajo no es parte de la maldición. Podemos hacer que sea una maldición si hacemos de él un ídolo y nos volvemos adictos al trabajo, pero el trabajo en sí es un regalo de Dios. El hombre también recibió el mandato de *"cuidar"* el jardín. La palabra hebrea traducida como *"cuidar"* denota guardar, vigilar, preservar y proteger.

Durante la siguiente semana hablaremos de cinco propósitos vitales del hombre que todos los hombres deben saber para poder llevar restauración a sus propias vidas y a sus familias. Estos cinco propósitos son resultados naturales de aquello para lo que Dios ha creado a los hombres.

Pensamiento del día

El trabajo llegó antes de la caída;
el trabajo en sí es un regalo de Dios.

EL PROPÓSITO DEL HOMBRE, PARTE 1: MORAR EN LA PRESENCIA DE DIOS

Lo primero que hizo Dios después de crear al hombre fue ponerle en el Edén. Por tanto, su primer propósito para el hombre es que more en su presencia. La palabra *Edén* se escribe con cinco golpes, y cada golpe es un símbolo que representa una palabra o un carácter. Cuando estudié los cinco golpes, vi que indicaban *lugar, momento, presencia, puerta abierta y lugar placentero.* La siguiente es mi interpretación de la palabra *Edén.* Dios tomó al hombre y lo puso en un lugar, para ese momento, donde la presencia de Dios era una puerta abierta al cielo.

La Biblia dice que el Señor plantó, o estableció, el jardín. Estableció un lugar en la tierra donde su presencia literalmente descendía del cielo y lo tocaba a fin de que fuese una puerta de libre acceso al cielo. Adán no tenía que hacer nada "religioso" para entrar en la presencia de Dios. Caminaba y hablaba directamente con Dios en el frescor del día.

¿Por qué le dio Dios al hombre primero Edén, antes de darle la mujer? Porque quería que el hombre tuviera acceso a Dios primero para que siempre conociera la voluntad de Dios para aquellos que salieran de él. En otras palabras, Edén es un acceso para el liderazgo.

Lo primero que Dios le dio a Adán fue *su propia presencia.* De igual manera, lo primero que necesita en su vida (ya sea usted policía, político, ejecutivo, mecánico, doctor o carpintero) es la presencia de Dios. Un hombre necesita la presencia de Dios antes de necesitar la presencia de una mujer. Adán estaba ya en Edén cuando Dios le presentó a Eva. Eva conoció a Adán en el Edén, donde él moraba en la presencia de Dios.

Pensamiento del día

¡Lo primero que necesita en su vida es la presencia de Dios!

La presencia de Dios es vida

*N*o me alejes de tu presencia ni me quites tu Santo Espíritu" era el clamor de David en el Salmos 51:11. Para un hombre, la presencia de Dios es como el agua para los peces o la tierra para las plantas. Si usted saca un pez del agua o una planta de la tierra, deja de funcionar y muere. Si usted saca al hombre de la presencia de Dios, deja de funcionar y muere. Por eso Satanás hará cualquier cosa para mantener al hombre alejado de la presencia de Dios. Satanás quiere que los hombres dejen a las mujeres en la iglesia y entonces se vayan a jugar, a practicar un deporte, o a hacer alguna otra actividad.

Sin embargo, cuando un hombre se enamora de la presencia de Dios, ese hombre comienza a funcionar verdaderamente. La Biblia dice que Dios mora en las alabanzas de su pueblo (véase Salmos 22:3 RVR). En Israel, los sacerdotes eran los encargados de dirigir la adoración, y todos los sacerdotes eran hombres; pero en la actualidad, cuando usted lleva a un hombre a un servicio de adoración él se queda sentado frío como un pepino. Está tan frío que no puede decir amén, no puede aplaudir, no puede levantar sus manos, no puede cantar a Dios. No se da cuenta de que Satanás le mantiene frío, porque no quiere que entre en la presencia de Dios.

En casa, muchos hombres hacen que sus esposas dirijan el tiempo devocional familiar. El diablo no quiere que los hombres empiecen a dirigir los devocionales porque, si lo hacen, la presencia de Dios descenderá sobre sus hogares. Cuando mis hijos estaban creciendo, cada mañana les decía: "Vamos a cantar alabanzas a Dios". Yo era dichoso por guiarles a la presencia de Dios. *"Dichosos los que saben aclamarte, Señor, y caminan a la luz de tu presencia"* (Salmos 89:15).

Pensamiento del día

Cuando un hombre se enamora de la presencia de Dios, ese hombre comienza a funcionar verdaderamente.

El propósito del hombre, parte 2: Manifestar lo que Dios puso dentro de él

Dios el Señor tomó al hombre y lo puso en el jardín del Edén para que lo cultivara y lo cuidara.
—Génesis 2:15

El segundo propósito del hombre es *trabajar*. Investigué la palabra *trabajo* y descubrí que en un sentido significa "convertirse en". El trabajo no es algo que usted hace; es algo en lo que usted se convierte. Es manifestar lo que Dios ha puesto dentro de usted. ¿En qué se está convirtiendo?

Muchas personas son pobres y batallan porque han encontrado un trabajo pero no han encontrado su verdadero trabajo. Un hombre realizado es alguien que ha descubierto quién y en qué se debe convertir. Hay trabajo que Dios quiere que se manifieste en la tierra y que Él puso dentro de usted. Él quiere revelárselo a usted. Usted no es un error.

Cuando va a su trabajo cada día, ¿se está convirtiendo en aquello con lo que soñó? Quizá esté en el lugar correcto en su trabajo y le da gracias a Dios por ello, pero los trabajos de muchas personas les impiden convertirse en lo que debieran. No pueden convertirse en lo que necesitan, y su hombría se ahoga en un trabajo que odian.

El trabajo revela el potencial que Dios ha puesto dentro de usted. Imagínese que tengo una semilla de mango, y la planto y le digo: "Trabaja". Le estoy diciendo que quiero ver un árbol con mangos que tengan sus propias semillas en ellos y puedan alimentar a otras personas. Observe lo que ocurre cuando el árbol de mango cumple su propósito. Ningún árbol de mango se come sus propios mangos. El fruto no es para el propio beneficio del árbol, sino para beneficio de otros. Usted también nació con algo "atrapado" en usted de lo que el mundo se puede beneficiar, y eso es su trabajo.

Pensamiento del día

Dios puso dentro de usted algún trabajo que Él quiere que se manifieste en la tierra.

¿TIENE SIMPLEMENTE UN TRABAJO?

Muchos hombres tienen miedo a hablar de sus sueños, pero Dios le está diciendo: "¡Manifiéstate! Quiero ver lo que puse en ti".

Yo ya no tengo un "trabajo", pero solía tenerlo. Trabajé para el gobierno de las Bahamas durante doce años. Enseñé en un instituto de secundaria durante cinco años. Trabajé en una tienda de alimentación antes de eso, reponiendo estanterías. Trabajé en un almacén subiendo cajas. Trabajé en una firma de publicidad, haciendo anuncios, dibujos y cosas semejantes. Aquellas fueron experiencias de aprendizaje. Después encontré mi verdadero trabajo de ayudar a otros a entender cómo manifestar el potencial de liderazgo que Dios les ha dado. No me despierto por la mañana y "voy" a trabajar. Me despierto y me convierto en aquello para lo que Dios me creó.

Jesús dijo: *"Así alumbre vuestra luz delante de los hombres, para que vean vuestras buenas obras, y glorifiquen a vuestro Padre que está en los cielos"* (Mateo 5:16 RVR). Cuando otras personas vean su buen trabajo, cuando vean que manifiesta lo que Dios puso en usted, glorificarán a Dios. Usted nació para hacer algo tan asombroso que sólo Dios podría recibir el mérito del mismo. El propósito es la razón por la que usted nació; es su razón de existir.

Aunque propósito es aquello por lo que nació, visión es cuando comienza a verlo usted mismo. Creo que la mayoría de los hombres ya han estado viendo o sintiendo su propósito, pero es tan grande que tienen temor. Por eso se conforman con trabajos que no les gustan. Un propósito dado por Dios sólo puede cumplirse a través de la guía y la fuerza de Él. *"Al que puede hacer muchísimo más que todo lo que podamos imaginarnos o pedir, por el poder que obra eficazmente en nosotros"* (Efesios 3:20).

Pensamiento del día

Usted nació para hacer algo tan asombroso que sólo Dios podría recibir el mérito del mismo.

EL PROPÓSITO DEL HOMBRE, PARTE 3: SER UN CULTIVADOR

Dios el SEÑOR tomó al hombre y lo puso en el jardín del Edén para que lo cultivara y lo cuidara.
—Génesis 2:15

Dios puso a Adán en el jardín no sólo para cultivarlo, sino también para cuidarlo. Esto nos lleva al tercer propósito del hombre: ser un cultivador. Hombres, quiero que entiendan perfectamente que ustedes no sólo pueden cultivar: son cultivadores por naturaleza. Son cultivadores diseñados por Dios. Esto significa que ustedes mejoran las cosas, maximizan el potencial de las personas y los recursos que tienen a su alrededor.

Usted está diseñado para sacar lo mejor de todo lo que cuide. Esta es la razón por la que Dios no le dará un producto terminado. Por ejemplo, no le dará una empresa, sino que le dará una idea y dirá: "Quiero que saques lo mejor de ella. Cultívala". Yo hice crecer mi organización de siete personas a cien trabajadores a tiempo completo con el potencial de alcanzar a millones de personas cada semana. Las personas ven la organización como es en la actualidad, pero tuve que cultivarla cada día de los últimos treinta años.

Dios ocultó productos y recursos en el mundo físico y observó para ver lo que haríamos con ellos. Usted nunca recibirá un producto terminado de manos de Dios. Sólo le dará la materia prima. Dios no le dará una mujer completa. La mujer perfecta que muchos hombres están buscando no existe. Se divorcian porque quedan decepcionados de la mujer con la que se casaron. No entienden que tienen que cultivar a su esposa. Su trabajo es amarla como Dios le ama, ayudarla a maximizar su potencial, mejorar su calidad de vida y hacer de ella lo mejor que pueda ser.

Pensamiento del día

Usted está diseñado para sacar lo mejor de todo lo que cuide.

25 de febrero

CULTIVAR A SU ESPOSA

Cuando me casé con mi esposa, Rut, ella era tan introvertida que tenía que animarle a *hablarme*. Para ella, cuatro personas eran una multitud. Tenía miedo a expresarse. Cuando descubrí que ser un cultivador era parte de mi propósito como esposo, comencé a sacar de ella lo que realmente tenía en su interior. Actualmente, mi esposa viaja por todo el mundo ministrando y hablando a miles de personas. Esta es la mujer que tenía miedo a estar en una habitación con cuatro personas. Dios quiere que ayude a su esposa a cumplir los planes que Él tiene para ella.

La Biblia dice:

Esposos, amen a sus esposas, así como Cristo amó a la iglesia y se entregó por ella para hacerla santa. Él la purificó, lavándola con agua mediante la palabra, para presentársela a sí mismo como una iglesia radiante, sin mancha ni arruga ni ninguna otra imperfección, sino santa e intachable. (Efesios 5:25–27)

Jesucristo es el Esposo. El nombre de su esposa es *Ecclesia* (la iglesia, la novia de Cristo). Él la ministrará y desarrollará hasta que esté *"radiante"* y sea todo lo que Él quiere que sea. La presentará como una novia gloriosa. Esta es la manera en que los esposos deben amar a sus esposas. En otras palabras, si no está orgulloso de su esposa, usted es quien ha fallado. Si se avergüenza de su esposa, debería avergonzarse de usted mismo. Cuanto más la critique, más evidencia aporta de su fracaso. Por el contrario, cuanto más viva su esposa con usted, mejor debería llegar a ser. Un buen hombre saca lo mejor de su esposa.

Pensamiento del día

Cuanto más viva su esposa con usted, mejor debería llegar a ser.

EL PROPÓSITO DEL HOMBRE, PARTE 4: SER UN PROTECTOR

El cuarto propósito del hombre es *proteger*. Hombres, aunque muchas mujeres puedan sentir que pueden protegerse a sí mismas, ustedes están llamados a ser los protectores de su familia. Recuerde que Dios le dijo a Adán que guardara todo en el jardín. Usted fue diseñado para guardar y defender, y cubrir todo lo que está bajo su cuidado y en su esfera de influencia. Eso incluye su esposa, sus hijos, sus vecinos y su comunidad.

Muchos hombres no piensan en proteger a otros, sino simplemente en cómo pueden usarlos. Si usted es un hombre soltero y está en una cita con una señorita, debe protegerla incluso de sus propios deseos sexuales. Ella debe sentirse segura en su auto, usted debe guardar su virginidad, no destruirla. Los verdaderos hombres protegen, no seducen. Dios le diseñó con fortaleza física para defender a las mujeres, no para usar su fuerza para abrumarlas. Eso es abuso de poder. Usted debe ser el lugar más seguro en el que cualquier mujer podría estar.

Muchos hombres usan sus dones para destruir a las mujeres. ¡Cristo protegió a las mujeres! Él era un guardián para ellas. Los niños estaban seguros con Él, los bendijo y no abusó de ellos. Un buen hombre siempre mejora a una mujer cuando ella se va de su presencia. Que sea este el último día que usted abusa o usa mal a una mujer. Diga: "Señor, perdóname si alguna vez he usado, manipulado o abusado de una mujer. Perdóname, y que ellas también me perdonen. A partir de hoy seré un guardián, un protector y un salvavidas. Amén".

Pensamiento del día

Hombres, ustedes fueron diseñados para guardar, defender y cubrir todo lo que está bajo su cuidado y en su esfera de influencia.

EL PROPÓSITO DEL HOMBRE, PARTE 5: SER UN MAESTRO

Un quinto propósito vital del hombre es *enseñar* las instrucciones que Dios le dio. Adán fue formado primero. Dios le puso en el jardín y le dio instrucciones sobre el mismo (véase Génesis 2:15–17). Su misión era transmitir esas instrucciones a Eva y a otros miembros de la familia que llegasen después de él.

Los hombres tienen que aprender la Palabra de Dios para poder estar en posición de enseñarla. Siempre que Dios crea algo para que haga algo, lo hace con la capacidad para llevarlo a cabo. Dios hizo a los hombres con una psique de maestro. Los hombres en todos los países están diseñados para ser maestros. Dios creó al esposo para dar instrucción y a la esposa para recibir su enseñanza y luego mandar a los niños.

Usted es el maestro en su hogar. Usted es el que debe tener la información, la instrucción. Todo empieza en usted. Eso significa que primero tiene usted que oír de Dios. Quizá nunca haya leído la Biblia. Quizá haya leído algunos versículos del libro de los Salmos, pero nunca ha leído la Biblia desde Génesis hasta Apocalipsis. Tiene usted cuarenta años y nunca ha leído la Biblia, ¡pero está intentando ser el cabeza de su hogar!

¿Puede enseñarle a su esposa la Palabra de Dios? ¿Conoce la Palabra lo suficiente como para convertirse en el maestro de sus hijos? Si la respuesta es no, póngase manos a la obra y haga el compromiso de leer primero el Nuevo Testamento. Necesitamos hombres que conozcan la Palabra, no hombres que sepan los resultados de los partidos de fútbol y los nombres de todos los jugadores de su equipo de baloncesto favorito. ¡Le reto a que lea y estudie la Palabra de Dios para usted mismo y para su familia!

Pensamiento del día

Los hombres tienen que aprender la Palabra de Dios para poder estar en posición de enseñarla.

Los rasgos de un hombre de propósito

Para resumir los cinco propósitos vitales de un hombre, aquí están los rasgos de un hombre con propósito:

1. Le encanta el Edén. Le *encanta* la presencia de Dios. *Posee* una verdadera autoimagen basada en su conocimiento de que Dios le creó a su propia imagen. Sabe quién es.

2. Desea trabajar. Si conoce a un hombre que no le guste trabajar, no es un verdadero hombre, un hombre de propósito.

3. Sabe cultivar.

4. Se compromete a proteger todo lo que está bajo su cuidado.

5. Conoce la Palabra de Dios, y la enseña.

Qué imagen tan bonita de un verdadero hombre. Qué imagen de paternidad que refleja a Dios Padre. ¡Si yo fuera mujer, me casaría con este hombre sin dudarlo! Sabe quién es, dónde está, y lo que tiene que hacer. Sabe cultivar, proteger y enseñar la Palabra de Dios. Muchas mujeres están confundidas en la actualidad porque no encuentran a ese hombre. Conocen hombres que tienen trabajos muy bien remunerados, que visten buena ropa y tienen casas muy caras, pero que no saben qué es lo verdaderamente importante. O conocen a hombres que andan vagando sin rumbo por la vida, incapaces de mantenerse a sí mismos porque no tienen un propósito claro. Las mujeres se preguntan: "¿Qué está ocurriendo?".

Hombres, quiero ver cómo ustedes cambian cosas en su vida, su familia, su trabajo, su ministerio y su comunidad al entender y cumplir el propósito de Dios para sus vidas. Descubrirán su verdadera imagen y su verdadero propósito sólo en su Creador.

Pensamiento del día

Un hombre de propósito sabe quién es,
dónde está y lo que tiene que hacer.

---

29 de febrero

PRINCIPIOS DEL PROPÓSITO DEL HOMBRE

Hoy, repase estos principios del propósito del hombre y medite en cómo puede aplicarlos a su vida cotidiana, directamente para usted, si es un hombre, y en sus relaciones con los hombres, si es usted una mujer.

1. La única forma en que un hombre puede descubrir y vivir su naturaleza inherente es manteniendo su enfoque en el propósito dado por Dios en vez de en las funciones relacionadas con cierta cultura o momento de la historia.

2. Los cinco propósitos vitales del hombre son (1) morar en la presencia de Dios, (2) manifestar lo que Dios puso dentro de él, (3) ser un cultivador, (4) ser un protector, y (5) ser un maestro.

3. Cuando un hombre llega a la presencia de Dios, comienza a funcionar de nuevo.

4. El trabajo revela el potencial que Dios ha depositado dentro de usted. Usted nació con algo "atrapado" en usted de lo que el mundo se puede beneficiar.

5. Dios no entrega el producto terminado sino la materia prima con la cual cultivar.

6. Los hombres están diseñados para guardar, defender y cubrir todo aquello que está bajo su cuidado y en su esfera de influencia.

7. El hombre debe conocer la Palabra de Dios para poder enseñar a su esposa y a sus hijos.

Dios el SEÑOR tomó al hombre y lo puso en el jardín del Edén para que lo cultivara y lo cuidara. (Génesis 2:15)

Dios Padre, tú nos has dado tu Palabra como una luz para guiarnos en nuestro camino. Hemos sido creados con un propósito que viene directamente de ti. Tú has diseñado al hombre con la capacidad inherente de ser un protector, cultivador y maestro. Por favor, ayúdanos a ver tu diseño claramente para que podamos caminar en él, y cumplir así nuestro propósito en esta tierra. En el nombre de Jesús, amén.

¿Es tu matrimonio un "experimento"?

Sabe lo que son en la actualidad la mayoría de los matrimonios? Grandes experimentos. Algunos hombres piensan: "Realmente no sé para qué es una una esposa, pero tengo edad suficiente para casarme, así que conseguiré una". Se casan sólo porque tienen veinticinco. Todo bien, ¿y después qué? ¿Sabe usted lo que tiene? A las tres semanas, se da cuenta de que su esposa no está de acuerdo con usted en todo. El experimento no está funcionando. Ella comienza a pedir cosas como tiempo, quiere amor y afecto y atención, quiere aprecio. Si usted está en esta situación, quizá diga: "Bueno, yo no pedí todo eso". Bueno, amigo mío, el matrimonio no es un recorrido de prueba. *"Y se unirá a su esposa, y los dos llegarán a ser un solo cuerpo... Así que ya no son dos, sino uno solo"* (Mateo 19:5–6).

Dios sabía exactamente lo que quería cuando pensó en el hombre y la mujer. Esto significa que Él es el único que realmente sabe cómo debe funcionar la humanidad. *"¿Acaso no es tu Padre, tu Creador, el que te hizo y te formó?"* (Deuteronomio 32:6). Si tiene alguna pregunta sobre su relación con su cónyuge, debería consultar el Manual. Si no conoce el propósito de algo, lo único que puede hacer es experimentar. Todo aquel que no conoce su propósito, tan sólo está experimentando con la vida.

Como los propósitos de Dios para nosotros son tan esenciales, durante la siguiente semana exploraremos las consecuencias de experimentar con la vida, así como las bendiciones de vivir en los propósitos para los que Dios nos ha llamado, especialmente en nuestras relaciones.

Pensamiento del día

Dios es el único que sabe cómo debe funcionar la humanidad.

2 de marzo

NO SOMOS EXPERIMENTOS DIVINOS

Se empieza a edificar una casa cuando se excavan los cimientos? No, se empieza cuando se concibe la idea. Esto significa que la casa terminada aún no es invisible. Las personas pasan por el terreno, y no la ven. Sin embargo, para usted que entiende y sabe lo que va a ocurrir, ya está terminada. Excavar los cimientos es el comienzo de la implementación de su propósito. De esa forma, después de excavar los cimientos, cuando alguien le pregunta: "¿Qué haces?", su respuesta es clara. Usted señala los planos del arquitecto de la casa y dice: "Estoy construyendo esto".

De igual forma, Dios en su sabiduría *no está intentando adivinar* sus planes para nosotros: para la humanidad en general o para cada uno de nosotros individualmente. Dios ya ha decidido sobre la base de su propósito. Él tiene el cuadro completo, está en su pizarra. Es su visión para nosotros. No es una ocurrencia de última hora. En Génesis 1, leemos cómo Él comenzó a excavar los cimientos de la humanidad. *"Hagamos al ser humano a nuestra imagen y semejanza"* (v. 26). Génesis no fue el comienzo de un experimento sobrenatural con un resultado desconocido. Génesis fue el comienzo de la producción de algo que era seguro.

Lo que hemos de entender es que cuando Dios creó al hombre y a la mujer, ya había predeterminado lo que seríamos y haríamos. ¡No somos experimentos divinos! Juntos, hombres y mujeres somos un proyecto divino intencional con un propósito predeterminado.

Pensamiento del día

Dios en su sabiduría no está intentando adivinar sus planes para nosotros.

ESTAR SINCERAMENTE EQUIVOCADO

Moisés les dijo a los israelitas que es posible cometer algún error de forma no intencionada. Les ofreció el perdón de Dios para un caso así: *"El sacerdote hará expiación en favor de toda la comunidad israelita, y serán perdonados porque fue un pecado inadvertido y porque presentaron al Señor una ofrenda por fuego y un sacrificio expiatorio por el pecado inadvertido que cometieron"* (Números 15:25).

Recuerde: si no conoce el propósito de algo, lo usará mal o abusará de ello de alguna manera. Por eso es posible estar *sinceramente equivocado*. Es posible estar *fielmente equivocado*. Es posible estar *seriamente equivocado*. Usted es serio, pero está equivocado porque no conoce el propósito de aquello en lo que está involucrado. Este principio es válido para todo, incluidas las personas.

¿Cuántas personas se casan seriamente? La mayoría de ellas. Van a la iglesia, acuden al altar y hacen su promesa: "Te amaré hasta que la muerte nos separe". Lo dicen en serio, pero luego "mueren" en seis meses, o al menos su amor se muere. Después, su familia y amigos intentan saber qué ocurrió. Su matrimonio falló porque ellos no entendieron el propósito del matrimonio, el propósito de un compañero, o el propósito de la familia. Como no entendieron esas cosas, abusaron de su unión.

Las personas abusan de las cosas porque no conocen sus propósitos o los descuidan. Cuando los hombres y las mujeres no conocen las intenciones de Dios, terminan abusando el uno del otro, aunque lo hagan sin intención. Si los hombres y las mujeres quieren resolver su actual crisis de identidad y cumplir sus propósitos como esposos y esposas, y como padres y madres, deben redescubrir el plan de Dios para ellos; de lo contrario, herirán a quienes tienen a su alrededor, aunque no sea de manera intencionada.

Pensamiento del día

Si usted es sincero, pero no conoce su propósito,
estará sinceramente equivocado.

EXPERIMENTAR CON LA VIDA

En los últimos días hemos visto que siempre que usted desconozca el propósito de algo, estará experimentando. Muchas personas en la actualidad, especialmente los jóvenes, están experimentando con la vida. No saben para qué es la educación, así que tratan la escuela como un experimento. No van a sus clases y pasan el tiempo de fiesta, y luego suspenden. Experimentan con el sexo y la identidad sexual, y terminan con todo tipo de problemas. Experimentan con las drogas y dañan sus cuerpos.

Cuando yo era un muchacho, fui tentado a experimentar para descubrir la vida. Estoy agradecido porque Dios me protegió de mucho de eso, pero muchos de los jóvenes con los que crecí no tuvieron éxito en su experimento. El experimento falló. Algunos están muertos, los cuerpos de otros están contaminados y hechos pedazos por usar sustancias destructivas. No conocían el propósito de los elementos que estaban usando. *"Hay caminos que al hombre le parecen rectos, pero que acaban por ser caminos de muerte"* (Proverbios 14:12).

Me gustaría decirles a todos los jóvenes que estén leyendo este devocional: si quieren saber por qué nacieron, las peores personas a quienes preguntar son sus amigos, porque sus amigos también están intentando descubrir por qué están aquí. Si quieren saber la razón de su existir, no le pregunten a otro producto, sino al Fabricante. Todos los demás están conjeturando.

Lo que hemos estado haciendo todos estos años es preguntarle al producto para qué existe. Como el mundo no entiende mucho sobre la razón de la existencia de las cosas, funciona como un gran laboratorio de experimentos. Parece que todos hemos adoptado la posición de científicos. Hemos imaginado que tenemos el tiempo y la inteligencia para descubrir la razón de nuestra existencia a través de la experimentación. Después descubrimos que la vida es corta y que somos unos pésimos investigadores.

Pensamiento del día

Si quiere saber por qué nació, pregúntele al Fabricante.
¡Todos los demás están conjeturando!

---

5 de marzo

La vida es preciosa

La vida es demasiado preciosa como para tratarla como un recorrido de prueba. La única manera de evitar el costo de la prueba y el error es descubriendo el propósito de su vida. Piense en un mecánico de autos. Si se dedica a experimentar, no durará mucho en la empresa de las reparaciones de autos. Si dice: "Me pregunto para qué es esta pieza. A ver qué sucede si la conecto a estar parte del motor", estará experimentando. No sabe lo que el fabricante tenía en mente.

Pues bien, si usted no dejaría que un mecánico inexperto arreglara su auto, ¿qué me dice de la vida? Ningún profesor de universidad conoce tan bien a la gente como para escribir un libro definitivo sobre lo que nos gusta. Ningún psicólogo o psiquiatra realmente me conoce. Dios escribió un Manual de su producto, y el producto soy yo. Dígase: "Soy un producto muy caro. No dejaré que nadie experimente conmigo". Es peligroso ponernos a experimentar con este bien tan precioso llamado vida.

En los Salmos se nos recuerda que el Manual de Dios, la tu Palabra, dirige nuestro camino. *"Tu palabra es una lámpara a mis pies; es una luz en mi sendero"* (Salmos 119:105). *"Tus estatutos [tu Palabra] son mi herencia permanente; son el regocijo de mi corazón"* (v. 111). *"La exposición de tus palabras nos da luz, y da entendimiento al sencillo"* (v. 130). Si nos miramos a nosotros mismos o a otros en vez de mirar a Dios y su Manual para conocer nuestra razón de vivir, escogeremos un recorrido por la vida bastante incierto y peligroso.

Pensamiento del día

Es algo muy peligroso experimentar con este bien tan precioso llamado vida.

No consciente del propósito

Todo el mundo en esta tierra tiene un propósito, pero la mayoría de las personas no son conscientes de sus propósitos. Cuando Adán y Eva le dieron la espalda a Dios y a sus caminos, terminaron perdiendo su conocimiento de las intenciones de Dios tanto para ellos como para el mundo. El rechazo de Dios fue el equivalente a comprar un aparato muy sofisticado y complejo y después desechar el manual de instrucciones. Si quiere que algo funcione bajo esta premisa, será sólo por casualidad. Lo más probable es que nunca consiga que funcione adecuadamente, y nunca cumplirá su propósito completo.

De la misma manera, la humanidad no ha respetado el hecho de que la creación de Dios y sus instrucciones para vivir fueron establecidas con una razón específica. Si seguimos abandonando ese propósito, los hombres y las mujeres nunca funcionarán adecuadamente como seres humanos. Esta peligrosa situación nos lleva de nuevo a uno de nuestros principios clave para entender la vida y las relaciones: *cuando no se conoce el propósito, el abuso es inevitable.*

Imagine que soy Henry T. Ford. Voy a ensamblar un motor a una carrocería y construir un producto llamado automóvil. Conozco el propósito antes de construir este vehículo. Permitirá que las personas tengan más movilidad sobre la tierra. Ahora imagínese que usted dice: "Quiero usar este automóvil como un barco", y lo conduce por un acantilado hasta llegar al agua. ¿Qué ocurrirá? Probablemente usted se hundirá, y el vehículo se estropeará. ¿Por qué? El auto estaba construido para cumplir un propósito específico, y si usted no lo usa según su propósito, probablemente resultará herido en el proceso. Debemos guardarnos de conducir por el precipicio de la vida entendiendo y cumpliendo nuestro propósito como seres humanos.

Pensamiento del día

Si seguimos abandonando el propósito de Dios,
los hombres y las mujeres nunca funcionarán adecuadamente
como seres humanos.

7 de marzo

SÓLO UNA VIDA

Dios desea que todos los hombres y las mujeres encuentren su propósito y lo cumplan. Si un hombre quiere saber quién es para poder vivir plenamente en esa realidad, primero debe entender los principios de Dios acerca del propósito. Tiene que conocer esas anclas para vivir sobre la base de la Palabra de Dios, o de lo contrario caerá en la trampa de la confusión, donde muchos de nosotros estamos ahora mismo.

Proverbios 19:21 es nuestro versículo fundamental en cuanto a entender el propósito de Dios: *"El corazón humano genera muchos proyectos, pero al final prevalecen los designios del Señor".* Esta verdad crucial nos dice que podemos hacer todos los planes que queramos en la vida, pero si no llevamos a cabo nuestros planes según los propósitos para los que Dios nos creó, entonces nuestros planes serán en vano. Puede que incluso persigamos metas y participemos en prácticas que nos hagan daño. Sólo tenemos una vida, y tenemos que hacer que esa vida cuente si queremos cumplir nuestro propósito.

¿Cuánto vale para usted la vida? ¿Sabe que una de las cosas más peligrosas en la vida es perder el tiempo? Se dice que el tiempo es un bien que nunca se podrá recuperar. Una vez perdido, lo ha perdido para siempre. Así que lo mejor que puede hacer con el tiempo es usarlo de la forma en que produzca los mejores resultados. La mejor forma, la única forma, de usar el tiempo eficazmente es hacer *lo que* debe hacer *cuando* debe hacerlo. Eficacia no significa sólo hacer cosas buenas, sino también hacer *lo correcto*.

Pensamiento del día

Tiene que hacer que su vida cuente si quiere cumplir su propósito.

DETENIDO EN MEDIO DEL TRÁFICO

Es peligroso vivir sin Dios! Si usted no conoce a Dios, nunca conocerá su razón de vivir. Y si no sabe por qué nació, podría vivir una vida totalmente equivocada.

Una de las razones por las que Jesús conocía su propósito era porque estaba continuamente buscando a Dios y en constante comunión con Él. Ese es el patrón que cada uno de nosotros debe seguir. ¿Por qué? Hay muchas personas buenas que están buscando relaciones, carreras y metas en la vida que no son las mejores para ellos. De lo que debemos preocuparnos es de vivir eficazmente. La única manera de vivir una vida plena es saber para qué fuimos creados. La única manera de saber para qué nació es aprenderlo de aquel que le creó.

¿Alguna vez ha tenido una avería en un auto nuevo justo en medio del tráfico? Seguramente salió del auto y le dio una patada a una de las ruedas. Quería maldecir al auto porque el auto no estaba cumpliendo su propósito. Estaba nuevecito, elegante, reluciente, pero usted no podía conducirlo. ¿Qué fue lo que le enojó del auto? Es simple: el propósito del auto era transportarle, que usted pudiera desplazarse; pero el auto no le estaba llevando a ninguna parte. A pesar de lo bien que se viera el auto, no estaba bien; no estaba cumpliendo su propósito.

Muchos hombres y mujeres son como ese auto. Están detenidos en medio del tráfico, y ni siquiera se dan cuenta. Están gastando sus vidas haciendo cosas que se ven bonitas, pero no conocen a Dios, o conocen muy poco acerca de Él y de sus caminos.

Pensamiento del día

Conocer y cumplir su propósito es la única manera de hacer lo correcto.

Luchar en contra de nuestro propio bien

Esto es lo que he determinado para toda la tierra; ésta es la mano que he extendido sobre todas las naciones. Si lo ha determinado el Señor Todopoderoso, ¿quién podrá impedirlo? Si él ha extendido su mano, ¿quién podrá detenerla?
—Isaías 14:26–27

En este pasaje, Dios está diciendo básicamente: "Mi propósito se va a llevar a cabo. Nadie puede interferir en él u obstaculizarlo. Cuando yo le doy un propósito a algo, los planes, ideas, opiniones, percepciones y prejuicios que tengas sobre lo que piensas acerca de cuál debería ser su propósito no tienen valor. Lo que pienses sobre lo que me he propuesto no va a cambiar mi propósito y diseño; y para que mi propósito pudiera cambiar, yo tendría que dejar de ser Dios".

Permítame preguntarle, si se tratara de un concurso entre usted y Dios, ¿quién cree que ganaría? Si Dios establece un propósito para algo, no hay nada que podamos hacer para cambiarlo. Dios creó a la mujer y al hombre para ciertos propósitos, y Él los diseñó para cumplir esos propósitos. No podemos alterar su diseño. Lo que tenemos que recordar, sin embargo, es que si intentamos cambiar los planes de Él, estaremos trabajando en contra de nosotros mismos, porque Él nos creó para algo bueno y está pensando en nuestro propio bien. *"Porque yo sé muy bien los planes que tengo para ustedes —afirma el Señor—, planes de bienestar y no de calamidad, a fin de darles un futuro y una esperanza"* (Jeremías 29:11).

Pensamiento del día

Dios nos creó para algo bueno y está pensando
en nuestro propio bien.

EL CENTRO DE ENTRENAMIENTO DE DIOS

La instrucción para el hombre y la mujer fue: *"Llenen la tierra y sométanla"* (Génesis 1:28). Les estaba diciendo, básicamente: "Ejerzan dominio sobre este lugar para que se acostumbren a gobernar primero en una escala pequeña". La implicación es que Dios pretendía que ese hombre y esa mujer crecieran en capacidad de dominio aprendiendo a dominar el jardín del Edén: el área en la que fueron situados inicialmente. Este es uno de los principios claros de Dios: si usted ha sido fiel en lo poco, entonces su gobierno se extenderá a mucho más.

Jesús explicó este concepto claramente en la parábola de los talentos. Al siervo que había sido fiel en lo poco, el Maestro le dice: *"¡Hiciste bien, siervo bueno y fiel! Has sido fiel en lo poco; te pondré a cargo de mucho más. ¡Ven a compartir la felicidad de tu señor!"* (Mateo 25:23).

Dios es muy bueno con nosotros. Nunca nos da más de lo que podemos manejar, y siempre nos da lo suficiente para entrenarnos para el resto. Espero que entienda este principio. Dios siempre le dará lo suficiente para que pueda acostumbrarse a la idea de más. Muchos lo queremos todo enseguida. Causamos un cortocircuito en el plan de Dios porque queremos todo de golpe, cuando Dios nos está diciendo: "Lo tendrás todo, pero no en este momento. Aún no has desarrollado el carácter, la experiencia y el ejercicio de tu potencial que te permita manejar más".

Pensamiento del día

Dios siempre nos da lo suficiente para entrenarnos para el resto.

¿Cuál es la tarea de un hombre?

Espero que esté convencido de que necesita estar en los propósitos de Dios para sentirse realizado en esta vida! Lo que Dios le encargó a Adán que hiciera sigue siendo válido para los hombres en la actualidad porque, como Dios de propósito, Él tiene una razón para todo lo que hace. Nos está enseñando su plan para la humanidad en el relato de la creación.

"Dios el Señor tomó al hombre y lo puso en el jardín del Edén para que lo cultivara y lo cuidara, y le dio este mandato..." (Génesis 2:15–16). ¿A quién le dio el Señor el mandato? Se lo dio al hombre. ¿Qué le dijo? *"Puedes comer de todos los árboles del jardín, pero del árbol del conocimiento del bien y del mal no deberás comer. El día que de él comas, ciertamente morirás"* (vv. 16–17). En un devocional anterior, vimos que uno de los propósitos del hombre es enseñar. Dios quería que fuera el receptor inicial de su plan para la humanidad. Le mostró todo el jardín, todo el entorno del Edén, una visión de todo lo que Él había creado, y luego le dio instrucciones para vivir.

Recuerde que la mujer no fue formada hasta después de los acontecimientos del pasaje anterior. Por tanto, el hombre recibió el encargo de ser el *visionario* y *líder*, aquel que guiaría a quienes llegasen después de él en los caminos de Dios. Esto no significa que las mujeres no tengan la capacidad de ser visionarias y líderes. Sin embargo, es al hombre a quien Dios le confió primero sus planes y propósitos para el mundo. Esto nos indica un propósito importante de su existencia.

Pensamiento del día

El hombre recibió el encargo de ser visionario y líder.

LA RESPONSABILIDAD DE LIDERAZGO DEL HOMBRE

Los propósitos de Dios se les han confiado a los hombres. El hombre debe ser responsable de todo lo que haya bajo su jurisdicción. Esta es una tarea seria de parte del Señor. Si algo va mal en su familia, usted es el responsable. Quizá diga, como Adán le dijo a Dios cuando cayó la humanidad: *"La mujer que me diste..."* (Génesis 3:12.) No, no es la mujer; *usted* es el responsable. Dios fue directamente a Adán aunque Eva fue la primera que comió del fruto. Cuando Dios le preguntó: *"¿Dónde estás?"* (v. 9), no le estaba preguntando por su situación, sino por su posición. "No estás cumpliendo tu propósito de liderazgo, Adán. ¿Qué le ha ocurrido a tu familia?".

El propósito del hombre no lo escogió el hombre, sino Dios. Sea cual sea su propósito, su posición se deriva de él. Su propósito, en lugar de la expectativa social, debería determinar su posición. El hombre no es elegido como cabeza de familia. Usted no pide votos en su familia para convertirse en el cabeza del hogar. Si usted es hombre, usted *es* el cabeza de familia.

Usted es el responsable, le guste o no. Si huye de esta responsabilidad, ella le perseguirá, porque no es tan sólo una función; es el propósito dado por Dios. Sin embargo, hay que entenderlo a la luz de la Palabra de Dios y no en el contexto de la definición de muchas sociedades de lo que significa ser "cabeza del hogar". Nunca significa dominio, abuso o mal uso. Significa buen liderazgo.

Pensamiento del día

Todo lo necesario para liderar la familia se encuentra
dentro del hombre.

13 de marzo

EL HOMBRE COMO VISIONARIO

Dios quiere que los hombres entiendan sus tareas de dominio y después desarrollen las cualidades necesarias para llevarlas a cabo. Esta es la forma en que los hombres pueden perseguir el propósito de Dios para sus vidas y crecer en la verdadera hombría, porque el propósito de Dios es la clave para nuestra realización.

La primera responsabilidad que aporta realización y recompensas espirituales al hombre es la de visionario. Esta es una responsabilidad fundamental porque, sin ella, no podrá cumplir las demás tareas como líder, maestro, cultivador, protector y proveedor.

Ser un verdadero visionario es un arte perdido en nuestros tiempos. El hombre promedio no puede decir quién es porque no tiene una visión real para su vida. O bien anda de un lado para otro sin propósito, o está persiguiendo diligentemente una falsa visión basada en los valores de la sociedad contemporánea, que con frecuencia son los valores opuestos a lo que Dios valora. Dios quiere que los hombres tengan una visión para sus vidas que venga de Él y les pertenezca personalmente, no algo dictado por el entorno cultural, las tendencias actuales, la religión hecha por hombres o la imagen que otra persona pueda tener acerca de cómo debería ser su vida.

Podemos saber que Dios tiene una visión para cada hombre porque el hombre fue *creado* para ser un visionario. Recuerde que una razón por la que el hombre fue formado primero es para que pudiera ser el receptor inicial de la información, revelación y comunicación que Dios quería compartir con respecto a la relación de la humanidad con Él y su propósito de existir. Después creó a la mujer para capacitar al hombre para que cumpliera esa visión. La prioridad de Dios no ha cambiado.

Pensamiento del día
Ser un verdadero visionario hoy día es un arte perdido.

14 de marzo

¿QUÉ SIGNIFICA TENER VISIÓN?

Donde no hay visión, el pueblo se extravía.
—Proverbios 29:18

La visión es necesaria para la vida. La palabra "*visión*" en hebreo significa un "sueño, revelación u oráculo". Obviamente, una visión que está conectada a los propósitos de Dios es algo que debe ser revelado por Dios mismo. Usted necesita una revelación de la visión de su vida. La única manera de poder descubrir esa visión es escuchar lo que Dios le está diciendo.

Tener visión significa ser capaz de concebir y avanzar en su propósito en la vida. Un hombre no debería casarse y después decirle a su esposa: "¿Qué vamos a hacer? Bueno, tú sabes, esperaremos en el Señor. Veremos dónde vamos cuando lleguemos allí". Eso no es visión. Aunque Dios quiere que esperemos su guía y dirección, no quiere que abusemos de este principio sin buscar fervientemente su visión concreta y su plan para nosotros.

Ahora bien, es cierto que quizá no siempre veamos el cuadro completo al instante, así como Abraham tuvo que confiar en que Dios le llevaría a una tierra desconocida en la que se convertiría en una gran nación (véase Génesis 12:1–2). Sin embargo, Abraham tenía una visión clara de que estaba yendo al lugar que Dios le había prometido, y avanzó firmemente hacia esa meta. Tener visión significa que usted ya puede ver el fin de su propósito. Significa que tiene fe en Dios y en lo que Él le ha dicho que haga, así que está avanzando continuamente hacia su visión mientras ella se mueve hacia usted. Su responsabilidad es apoyar y sostener la visión hasta que se materialice.

Pensamiento del día

Tener visión significa concebir y avanzar hacia su propósito.

COMPARTIR LA VISIÓN

Qué visión le dio Dios a Adán? Le dijo: "Aquí está el jardín: señoréalo, trabájalo, cultívalo. Déjalo mejor de lo que está ahora. Desarróllalo, y haz que produzca". En otras palabras: "Toma este planeta y hazlo más rico de lo que es. Hay semilla en esta tierra que aún no ha dado fruto. Conviértela en una cosecha. Hay oro en las montañas. Excávalo. Hay diamantes en bruto. Extráelos".

Después de haberle dado al hombre la responsabilidad y el trabajo en el jardín, Dios dijo: "Voy a crearle una ayuda para que el hombre haga esta tarea". Por tanto, uno de los propósitos de la mujer es compartir la visión y las responsabilidades del hombre.

De nuevo, la tarea de ejercer dominio se dio tanto a hombres como a mujeres.

Hombre y mujer los creó, y los bendijo con estas palabras: "Sean fructíferos y multiplíquense; llenen la tierra y sométanla; dominen a los peces del mar y a las aves del cielo, y a todos los reptiles que se arrastran por el suelo".
(Génesis 1:27–28)

Esto significa que la mujer debe ayudar al hombre a cumplir esta visión en todas las áreas de la vida. Sin embargo, cuando el hombre ve que la mujer llega a la oficina de la empresa, a menudo se pone celoso. "¿Que está haciendo aquí?", dice. "Su lugar está en la casa". ¿De dónde vino esta idea? No vino de Dios. Este hermoso y precioso regalo de la mujer se les dio a los hombres para que no estuvieran solos, y sin embargo, ¿sabe lo que los hombres les hacen a las mujeres? Las ven como intrusas o competidoras en el viaje de la vida. Menosprecian aquello que se les dio para acompañarles y ayudarles. La mujer fue creada para compartir la visión del hombre y para ayudarle a cumplirla.

Pensamiento del día

La tarea de ejercer dominio se dio tanto a hombres como a mujeres.

LA MISMA RESPONSABILIDAD

Más valen dos que uno, porque obtienen más fruto de su esfuerzo.
—Eclesiastés 4:9

Si el hombre no necesitara a la mujer, Dios no la habría creado. La mujer ayuda al hombre a cumplir la visión y el propósito para el que ambos fueron creados. Ella comparte esta visión, alienta al hombre durante el camino, y le ayuda a conseguirla. Si un hombre tiene una visión, una mujer debería hacer todo lo que esté en su mano para que se cumpla. Mujeres, cuando ayudan a un hombre, no significa que le estén haciendo de menos o que ustedes sean menos. Significa que ambos tienen la misma responsabilidad, cada uno en su posición adecuada.

El hombre no ha sido creado para llevar a cabo su ministerio él solo, no tiene que cumplir su visión por sí solo. Esto significa que la mujer tampoco fue creada para cumplir una visión por sí sola. Todo lo que la mujer tiene, sus talentos, dones, experiencia y educación, se le dio para ayudar al hombre a cumplir la visión de Dios. Esta es la razón por la que las mujeres tienen tanto talento.

El problema es que los hombres y las mujeres no entienden sus propósitos, y por eso terminan usando sus talentos en contra del otro. La mujer usa sus talentos para demostrar que no necesita al hombre, en vez de usarlos para ayudar al hombre. Al hombre no le gusta que la mujer use sus habilidades porque se siente intimidado. Cuando esto ocurre, ambos pierden su propósito en la vida, y ambos quedan insatisfechos, porque ella no puede cumplir su propósito sin él, y él la necesita para que le ayude a cumplir su propósito. Se necesitan el uno al otro, pero terminan trabajando el uno contra el otro.

Pensamiento del día

La mujer capacita al hombre para que logre la visión y el propósito para el que ambos fueron creados.

17 de marzo

Donde no hay visión

Un hombre necesita una visión clara de tres cosas: (1) quién es él en Dios, (2) cuál es su propósito general como hombre, y (3) cuál es su propósito como individuo. De esta forma, puede saber hacia dónde va en la vida y puede guiar a quienes están bajo su cuidado y responsabilidad. De nuevo, *"donde no hay visión, el pueblo se extravía"* (Proverbios 29:18).

Las primeras cosas deben ir primero. Antes de que Dios le diera al hombre una ayuda, le dio una visión de lo que debía hacer. Este es también el orden que tenemos que seguir en la actualidad. Si un hombre no tiene visión, o si su esposa es la única que tiene visión, el hombre y toda su familia pasarán por tiempos difíciles. Esto es debido a que Dios ha diseñado al hombre para llevar a otros con él en su visión. Nuestra sociedad tiene problemas porque dondequiera que vaya el hombre, lleva a los demás con él. Ahora mismo, la mayoría de los hombres no saben hacia dónde van, y las mujeres y los niños que les siguen no tienen una dirección clara.

Es peligroso que una mujer se case con un hombre que no conoce a Dios, porque ella no sabrá hacia dónde la llevará. Incluso aunque conozca a Dios, el hombre tiene que aprender a vivir en la presencia de Dios, porque algunos hombres que le conocen no hablan con Él lo suficiente. Ningún hombre tiene derecho a guiar a una mujer si no tiene la capacidad de oír verdaderamente a Dios.

Un hombre no puede pedirle a una mujer que le siga y le ayude si realmente no está haciendo nada. La mujer está buscando a alguien que esté haciendo algo donde ella pueda contribuir. Todo el potencial, toda la energía, toda la emoción, y toda la creatividad que hay dentro de ella tiene que ser aplicado a algo.

Pensamiento del día

Antes de que Dios le diera al hombre una ayuda,
le dio una visión de lo que debía hacer.

18 de marzo

JESÚS TENÍA UNA CLARA AUTOIMAGEN

Muchos hombres no tienen una visión para sus vidas porque no están comprometidos con Dios ni buscan su voluntad en esta área. Si un hombre no tiene una relación con Dios, no pude funcionar plenamente en su propósito.

El mayor ejemplo de alguien que tenía una visión para su vida es Jesús. Él constantemente repetía y afirmaba quién es. Jesús pudo vivir en la confianza de su propósito desde temprana edad. ¿Se acuerda de lo que les dijo a sus padres cuando tenía sólo doce años? *"¿No sabíais que en los negocios de mi Padre me es necesario estar?"* (Lucas 2:49 RVR). Jesús conocía su identidad como Hijo de Dios y como Dios Hijo. Él dijo: *"Ciertamente les aseguro que, antes de que Abraham naciera, ¡yo soy!"* (Juan 8:58). Conocía su razón de ser y su propósito en la vida: *"Porque el Hijo del hombre vino a buscar y a salvar lo que se había perdido"* (Lucas 19:10).

El ejemplo que Jesús estableció para nosotros con su vida nos muestra la necesidad que tenemos de estos importantes elementos relacionados con el propósito: (1) una clara autoimagen, y (2) una vida coherente con el propósito y llamado de cada uno. Jesús vivió una vida totalmente coherente con quien dijo que era. Tenía una integridad total; siempre cumplió sus palabras.

Juan el Bautista es otro ejemplo excelente de un hombre que conocía su identidad. *"Yo soy la voz del que grita en el desierto: 'Enderecen el camino del Señor'"* (Juan 1:23). Él tenía un sentimiento de confianza en quién era y en lo que había sido llamado a hacer.

Pensamiento del día

Si un hombre no tiene una relación con Dios,
no puede funcionar plenamente en su propósito.

CONOZCA SU IDENTIDAD

Ayer vimos cómo Jesús y Juan el Bautista conocían sus propósitos en la vida. El apóstol Pablo también tenía claramente una visión para su vida. Tenía una buena autoimagen y exhibía claridad de propósitos. Vemos que frecuentemente comenzaba sus cartas con declaraciones como: *"Pablo, siervo de Cristo Jesús, llamado a ser apóstol"*, o *"Pablo, apóstol de Cristo Jesús por la voluntad de Dios"* (véase, por ejemplo, Romanos 1:1, Efesios 1:1). También hizo estas declaraciones de propósito: *"y para proclamarlo me nombró heraldo y apóstol"* (1 Timoteo 2:7), y *"De este evangelio he sido yo designado heraldo, apóstol y maestro"* (2 Timoteo 1:11). Pablo recibió una visión de Dios para su vida por medio de sus encuentros con Él. Era un hombre que entendía la importancia de permanecer en comunión con Dios. Una verdadera visión sólo puede encontrarse en la presencia de Dios.

Jesús dedicó gran parte de su tiempo a orar y meditar durante su vida terrenal. Estaba continuamente en contacto con el Padre para saber cómo cumplir el propósito de su vida. Después de un día particularmente ocupado en su ministerio tras haber sanado a los enfermos y endemoniados, se levantó temprano al día siguiente y se apartó a orar a un lugar tranquilo. Cuando Pedro y los demás discípulos le encontraron allí, exclamaron: *"Todo el mundo te busca"* (Marcos 1:37).

Jesús podía haberse deleitado en las alabanzas de la gente, pero continuó persiguiendo el propósito de su vida. Dios le había mostrado el siguiente paso cuando estaba en oración. Él dijo: *"Vámonos de aquí a otras aldeas cercanas donde también pueda predicar; para esto he venido"* (Marcos 1:38).

Pensamiento del día

Recibimos la visión de Dios para nuestras vidas por medio de nuestros encuentros con Él.

El reino de Dios está en ustedes

Y yo le pediré al Padre, y él les dará otro Consolador para que los acompañen siempre: el Espíritu de verdad... Pero ustedes si lo conocen, porque vive con ustedes y estará en ustedes.
—Juan 14:16–17

Usted no cumplirá sus propósitos como hombre o mujer hasta que pueda oír la voz de Dios. No cumplirá sus propósitos hasta que comience a declarar y afirmar la Palabra de Dios en su vida. Para hacer esto, tiene que estar en el mismo "entorno del jardín" donde Adán y Eva fueron situados al principio.

Tenemos que regresar al lugar donde la gloria puede fluir entre Dios y el hombre, donde podamos oír la voz de Dios y Dios pueda darnos dirección. Como el Espíritu Santo ha sido derramado en el corazón del creyente, el jardín ya no es un sitio específico en la tierra, sino un lugar dentro del corazón de cada persona que pertenece a Cristo. Por esta razón Cristo dijo: *"El reino de Dios está entre ustedes"* (Lucas 17:21). No está entre ustedes por su propia voluntad; el reino de Dios está entre ustedes porque el Espíritu de Dios vive en ustedes.

El reino de Dios —el Espíritu y la voluntad de Dios reinando en nuestros corazones— nos ha llegado a través de Cristo, y es a través de Él como podemos cumplir el mandamiento de ejercer dominio. Somos llamados a esparcir el mensaje del evangelio de reconciliación con Dios a través de Cristo y del don del Espíritu Santo, que nos da poder para vivir, trabajar y crear para la gloria de Dios. Si queremos cumplir nuestras responsabilidades y tareas de dominio, tenemos que hacerlo a través del Espíritu de Dios a medida que seguimos su voluntad.

Pensamiento del día

Usted no cumplirá su propósito hasta que pueda oír la voz de Dios y afirmar su Palabra en su vida.

Principios del hombre como visionario

Hoy, medite en estos principios del hombre como visionario y comience a aplicarlos a su vida cotidiana, directamente para usted si es un hombre, y en sus relaciones con los hombres si es una mujer.

1. Ser un visionario es una responsabilidad fundamental para el hombre, porque sin ella no puede cumplir sus otras tareas de líder, maestro, cultivador, proveedor y protector.

2. Tener visión significa poder concebir y avanzar hacia su propósito en la vida.

3. El hombre fue *creado* para ser un visionario. Recibió la primera visión del plan de Dios para la humanidad.

4. Un hombre necesita una visión clara de (1) quién es él en Dios, (2) cuál es su propósito general como hombre, (3) cuál es su propósito como individuo.

5. Si un hombre no tiene visión, eso afectará negativamente a todos los que le sigan, especialmente su familia.

6. Antes de que Dios le diera al hombre una ayuda, le dio una visión.

7. Un hombre no le puede pedir a una mujer que le siga y le ayude si no tiene una visión.

8. Dios siempre provee para la visión que da.

Ahora bien, la fe es la garantía de lo que se espera, la certeza de lo que no se ve. (Hebreos 11:1).

Padre celestial:
Gracias por no dejarnos en esta tierra sin un Ayudador o Consejero. Tu Espíritu Santo revela la visión para nuestras vidas y nos da la capacidad para cumplir los propósitos para los que tú nos has creado. Tú has diseñado al hombre para ser el visionario y a la mujer para trabajar con él mano a mano para lograr juntos la visión. Ayúdanos a vivir la misión de nuestras vidas de una forma que te dé gloria. En el nombre de Jesús, amén.

---

22 de marzo

Lo que una mujer puede hacer

Mientras el esposo está llamado a ser el líder de la familia, la respuesta que reciba de su esposa puede determinar el éxito de su liderazgo. A veces un esposo dice: "Creo que deberíamos hacer esto", e inmediatamente su esposa responde: "¿Hacer *qué*? ¡Todavía no has hecho una cosa al derecho!", borrando así totalmente el ego del hombre. Su respuesta le dice que ella no confía en él.

Mujeres, aunque sus esposos hayan fracasado en el pasado, incluso aunque no crean mucho en sus ideas, pueden decir: "Bueno, intentémoslo de esa forma". Cuando ustedes dicen: "intentar", él escucha "confianza". "Intentémoslo" significa que va a confiar en él en este paso. Después, si las cosas no salen bien, pueden decir: "No lo hemos hecho bien". Una mujer puede proteger la dignidad de su esposo, sabiendo que ella también comete errores.

"En todo caso, cada uno de ustedes ame también a su esposa como a sí mismo, y que la esposa respete a su esposo" (Efesios 5:33). Alimente la necesidad de su esposo de respeto por su liderazgo. Cuando él llegue a ser fuerte y efectivo, se convertirá en una gran bendición para ambos. Aprenderá a liderar porque sabrá que usted le apoya.

Los hombres deben recordar que las mujeres están ahí para ayudarles. Creo que una de las razones por las que Dios sacó a la mujer del costado del hombre, o de la costilla, fue para enfatizar su naturaleza. La palabra *costilla* significa "sustentador" o "seguidor". Eso es lo que hace la costilla. Sustenta toda la parte superior del cuerpo con las vértebras. Así, una mujer es un sistema de apoyo. Si ella opera en su propósito, ayudará al esposo a funcionar en el de él.

Pensamiento del día

Las mujeres tienen que alimentar la necesidad de sus esposos de respeto por su liderazgo.

DELICADAMENTE DISEÑADA

De igual manera, ustedes esposos, sean comprensivos en su vida conyugal, tratando cada uno a su esposa con respeto, ya que como mujer es más delicada, y ambos son herederos del grato don de la vida.
—1 Pedro 3:7

Las palabras *"más delicada"* en este versículo no se refieren sólo a fortaleza física, porque algunas mujeres son más fuertes que algunos hombres. Además, las mujeres pueden soportar mucha adversidad emocional y estrés físico y seguir sobreviviendo. Muchos hombres no podrían soportar lo que las mujeres soportan. Pedro estaba diciendo: "Esposos, traten a su esposa con consideración y respeto, porque Dios la diseñó para que fuera delicada. Ella es muy, muy frágil".

Recuerde que Dios tomó un puñado de tierra para dar forma al hombre, pero construyó a la mujer de una forma un poco más elegante. Su forma es un poquito más refinada que la del hombre. Él la diseñó con delicadeza. Creo que esto también se refiere a la delicadeza de su alma. La expresión del alma de una mujer es muy refinada debido a su propósito; ella es mucho más sensible que su homólogo el hombre.

Creo que la definición de *"más delicada"* llega incluso a indicar que la mujer es más "absorbente". Puede absorber las cosas con más facilidad que un hombre, porque fue creada para absorber. Por eso Dios le dijo al esposo que tuviera cuidado con su manera de tratarla. ¿Por qué? Ella es tan delicada que absorbe todo lo que hay a su alrededor.

Pensamiento del día

Dios tomó un puñado de tierra para dar forma al hombre, pero construyó a la mujer de una forma un poco más elegante.

24 de marzo

¿LE GUSTARÍA TENER UNA BELLEZA INCORRUPTIBLE?

Que la belleza de ustedes... sea más bien la incorruptible, la que procede de lo íntimo del corazón y consiste en un espíritu suave y apacible. Ésta sí que tiene mucho valor delante de Dios.
—1 Pedro 3:3–4

La mujer tiene un hombre-espíritu dentro; esto le hace ser un ser espiritual responsable y libre. No se imagina el poder que tendrá cuando entienda el espíritu que hay en su interior. Espiritualmente, los hombres y las mujeres son iguales; tienen en su interior el mismo hombre-espíritu. Dios llamó tanto al varón como a la hembra "hombre". Me gusta la manera en que lo expresa la Palabra de Dios: *"Ya no hay... esclavo ni libre, hombre ni mujer"* en el cuerpo de Cristo (Gálatas 3:28).

Primera de Pedro 3:4 dice que la belleza de una mujer *"sea más bien... la que procede de lo íntimo del corazón"*. Es este *"íntimo del corazón"* lo que compone el espíritu de la mujer. Lo que la mujer es físicamente es distinto de lo que es en lo íntimo de su corazón. El hombre-espíritu dentro de cada mujer es el ser que se relaciona con Dios. La próxima vez que ustedes mujeres se encuentren con alguien que esté confundido en cuanto a este concepto, díganle: "Mira, tengo un cuerpo femenino, pero tengo en mi interior un hombre-espíritu. Yo trato directamente con Dios a través de mi espíritu".

Jesús dijo: *"Dios es espíritu, y quienes lo adoran deben hacerlo en espíritu y en verdad"* (Juan 4:24). Una mujer tiene su propio espíritu con el que adorar a Dios. Puede bendecir al Señor y amar al Señor y recibir del Señor ella sola. Una mujer que ama y adora al Señor y refleja su naturaleza tiene una belleza incorruptible a ojos de Dios.

Pensamiento del día

Espiritualmente, los hombres y las mujeres son iguales; tienen en su interior el mismo hombre-espíritu.

25 de marzo

Dios honra a las mujeres

Dios honra y respeta a las mujeres. Él ama y se identifica con el hombre-espíritu que hay dentro de la mujer, y por eso cuida especialmente de ella. Como el hombre-espíritu vive en la mujer, el hombre debe cuidar seriamente el trato que le da a una mujer. Cuando ofende al hombre-espíritu, ofende a Dios. Debe tener cuidado con lo que le hace al espíritu que hay en el interior de cada hombre o mujer.

Algunos hombres olvidan que hay un hombre-espíritu dentro de las mujeres. Si un hombre le dice a una mujer impacientemente: "No me gusta tu disposición", debería revisar a quien le está hablando. Hay un espíritu dentro de ese precioso cuerpo. Una razón por la que la Biblia nos dice que no nos vayamos a dormir sin resolver nuestra ira (véase Efesios 4:26) es que es muy importante tratar bien a quienes han sido creados a imagen de Dios. Santiago refuerza este punto: *"Con la lengua bendecimos a nuestro Señor y Padre, y con ella maldecimos a las personas, creadas a imagen de Dios... Hermanos míos, esto no debe ser así"* (Santiago 3:9–10). Como puede ver, la ira o el resentimiento es un asunto espiritual.

"De igual manera, ustedes esposos, sean comprensivos en su vida conyugal, tratando cada uno a su esposa con respeto... Así nada estorbará las oraciones de ustedes" (1 Pedro 3:7). Dios les está diciendo a los hombres: "Esperen un minuto. La mujer no sólo es un cuerpo de carne. Tiene un espíritu. La manera en que la traten afectará a su vida de oración". Por tanto, si no trata con consideración y respeto a una mujer, podría bloquear su relación con Dios. Dios no escuchará sus oraciones hasta que regrese y arregle las cosas con ella, porque usted ha interferido en el hombre-espíritu que hay en la mujer.

Pensamiento del día

Dios ama y se identifica con el hombre-espíritu que hay dentro de la mujer, por eso cuida especialmente de ella.

SALGA DEL DESIERTO

Para que una mujer se convierta en lo que Dios quiere, tiene que estar llena del Espíritu Santo, sometida a la Palabra y aprendiendo a seguir la guía del Espíritu. ¿Recuerda lo que ocurrió cuando Adán y Eva se rebelaron contra Dios? ¿Qué hizo Dios? Les sacó del jardín. Un jardín es un lugar preparado y arreglado específicamente. Fuera del jardín está el desierto. La gente que vive en el desierto se comporta de manera salvaje; se devoran unos a otros. Dios quiere que seamos transformados por la renovación de nuestra mente y que salgamos del desierto (véase Romanos 12:2).

Mujeres, deben desarrollar una relación con Dios continua e íntima. No pueden limitarse a leer las revistas populares de mujeres o ver programas de entrevistas y esperar obtener revelación de Dios. Esas fuentes normalmente se adentran más y más en el desierto. Llevan a la perversión y la depravación. La mentalidad de desierto de las mujeres es: "No necesito a nadie más. Voy a lograrlo yo sola. No me preocupa lo que los demás digan; no necesito a ningún hombre". Creo que usted sabe que esas ideas son del desierto porque, en su interior, anhela el jardín. Necesita estar en una relación con Dios, y necesita estar en relación con hombres, ya sea un esposo o con sus hermanos en el Señor, para poder ser la persona que Dios quiso que fuera cuando la creó.

Este es el ideal, y Dios quiere que trabaje para regresar a él. Quiere que tenga el espíritu del jardín para que esté en comunión continua con Él. Entonces será capaz de sentirse realizada como ser espiritual creado a imagen de Dios y como mujer, creada para los buenos propósitos de Dios.

Pensamiento del día

Dios quiere que seamos transformados por la renovación nuestra mente y que salgamos del desierto.

27 de marzo

EL DESEO DE DESTACAR

Con tu apoyo me lanzaré contra un ejército; contigo, Dios mío,
podré asaltar murallas.
—2 Samuel 22:30

Dios puso en el hombre lo que los psicólogos llaman el *ego*. A mí me gusta llamarlo el *deseo de destacar*. El ego del hombre es simplemente la actitud vivaz de querer ganar. Dios le dio esa actitud para ayudarle a vencer los obstáculos de la vida. Cada hombre debe tener este espíritu. Cuando no lo tiene, no está funcionando completamente.

Un hombre siempre quiere superar a alguien. Esta es una razón por la cual los hombres son tan competitivos. Los deportes normalmente son más atractivos para los hombres que para las mujeres porque proporcionan una forma de liberar ese deseo de destacar. El hombre no está diseñado para liberar este deseo de destacar sólo en la cancha de baloncesto. Hay hombres que pueden encestar canastas de tres puntos fácilmente pero que no enseñan a sus hijos a confiar en el Señor. Hay hombres que tienen todo tipo de trofeos deportivos pero no han aprendido a tomar su deseo y canalizarlo adecuadamente a través de la Palabra de Dios. Los rasgos de un hombre que conoce a Dios son: "Sé que puedo hacerlo, y nadie me va a detener".

El ego, en sí mismo, no es algo malo. Tener el deseo de destacar es bueno porque es parte de la equipación del hombre para el liderazgo. Si un hombre tiene que ayudar a su familia a pasar por una situación difícil, será mejor que tenga algo de ego. Más le vale creer en sí mismo hasta el punto de poder decir: "Esta situación no podrá conmigo. Mi Dios suplirá todas mis necesidades". Tiene confianza porque confía en la provisión de Dios. Puede ser fuerte porque cree que él es todo lo que Dios dice que es en Cristo. Esa es la definición de un ego redimido.

Pensamiento del día

Dios le dio al hombre el deseo de destacar para ayudarle
a vencer los obstáculos de la vida.

CONFUNDIR PODER CON FORTALEZA

Como los hombres han perdido el conocimiento de aquello para lo cual Dios los creó, a menudo confunden el poder con la fortaleza. Gran parte de la tendencia del hombre a controlar se deriva de un falso entendimiento de cómo debe funcionar su propia naturaleza en el dominio.

Los hombres tienen un deseo profundo de demostrar que son fuertes. Es uno de los asuntos subyacentes que tiene que afrontar todo hombre, ya sea un niño de diez años o un anciano de noventa. La pasión interna del hombre de demostrar su fortaleza es inherente a su naturaleza. Todos los hombres lo tienen de alguna forma o de otra debido al propósito para el que fueron creados. Dios lo puso en ellos para darles la capacidad de cumplir su propósito de guiar, proteger y proveer. El problema es que Satanás y la naturaleza pecaminosa han pervertido y abusado de la pasión del hombre de demostrar su fortaleza.

Debido a este deseo de demostrar su fortaleza, no hay nada más aterrador para la mayoría de los hombres que ser considerados débiles. De nuevo, este temor es un resultado de la caída. Debido a que su verdadera relación con la mujer se ha distorsionado, se sienten vulnerables en esta área de la fortaleza. No quieren que ni los hombres ni las mujeres les vean como alguien incapaz o sin control. Este temor lleva al hombre a sentir que tiene que demostrar continuamente quién es. Es la causa de su espíritu agresivo y su naturaleza a menudo demasiado competitiva. También es la causa de la tendencia que tienen algunos hombres a la violencia. Muchos hombres tienen músculos pero son débiles en su mente, su corazón, su disciplina, su responsabilidad y su espíritu.

Éstos confían en sus carros de guerra, aquellos que confían en sus corceles, pero nosotros confiamos en el nombre del Señor nuestro Dios. (Salmos 20:7)

Pensamiento del día

La pasión interna de los hombres de demostrar su fortaleza fue diseñada por Dios para darles la capacidad de cumplir su propósito de guiar, proteger y proveer.

Un hombre verdaderamente fuerte

Necesitamos un retrato de lo que es un hombre verdaderamente fuerte. Un hombre fuerte es alguien que entiende la fortaleza que Dios le ha dado. Ser un hombre fuerte es maximizar todo su potencial para el propósito para el que fue creado. Jesús fue el Hombre más fuerte que jamás haya vivido; sin embargo, también se le describe como alguien manso. Alguien ha dicho que la mansedumbre es poder controlado. Esa es la verdadera fortaleza. Es poder listo para ser canalizado hacia unos propósitos buenos y constructivos en vez de propósitos irresponsables o egoístas. *"Fortalézcanse con el gran poder del Señor"* (Efesios 6:10).

Los hombres no escogieron su posición; Dios se la dio. Sin embargo, el problema es que muchos hombres han tomado otra posición que no les fue dada. Si votamos para que un hombre se convirtiera en presidente o primer ministro de un país, pero en cambio él se impusiera por la fuerza y se convirtiera en un dictador, estaría adoptando una posición que no recibió. La primera posición se le dio bajo una autoridad legal, y la otra fue impuesta.

Siempre que usted ocupa una posición por la fuerza, ha salido de su posición legal. La diferencia entre un dirigente elegido de una nación y un dictador es muy simple. El primero tiene autoridad y el segundo simplemente tiene poder. Tener autoridad significa tener derecho a gobernar. Por tanto, si un hombre maltrata a su mujer y a sus hijos, y dice: "Soy el hombre de la casa; hago lo que quiero", está abusando de la autoridad; es simplemente poder ejercido sobre otros. Siempre que abuse de su poder, dejará de tener autoridad legítima. Siempre que el hombre comienza a dominar a otro ser humano, está fuera de la voluntad de Dios

Pensamiento del día

Ser un hombre fuerte es maximizar todo su potencial para el propósito para el que ha sido creado.

FUERTE Y VALIENTE

El líder ha sido diseñado para tomar riesgos y afrontar desafíos. Dios a menudo les da a los hombres tareas que parecen demasiado grandes para ellos, y lo son. Se pueden lograr sólo con la ayuda de Dios. Sin embargo, las cualidades de valentía, fortaleza y osadía capacitan a los hombres para dar los pasos de fe necesarios para provocar la intervención de Dios.

Es imposible ser el líder de la familia y de la sociedad si no es fuerte y valiente. Cuando Moisés murió, el Señor le dijo a Josué: *"Sé fuerte y valiente, porque tú harás que este pueblo..."* (Josué 1:6). ¡Josué tenía que dirigir a una "familia" de tres millones de personas! Dios le dio a este joven israelita un trabajo diseñado para un hombre. Dios añadió algo a este mandato que le dio a Josué. Dijo: "Ocúpate de obedecer todos los mandamientos" (véase v. 7).

Un hombre fuerte tiene que estar sometido a la autoridad de Dios. Ningún hombre puede ser fuerte si no está sometido a alguien más. Un verdadero hombre no ignora la autoridad. Permanece en el jardín de la presencia de Dios, orando y leyendo la Palabra de Dios, para poder entender y obedecer sus mandamientos. Como hombre de Dios, debe usted saber que no le encomendaron una posición de liderazgo por ser grande, fuerte o capaz. Recibió esa posición debido a su propósito. Su fortaleza tiene la función de apoyar ese propósito.

Algunos hombres usan su valentía y fortaleza imprudentemente. Cuando un hombre se aparta de Dios, se ocupa de su propia vida y no combina la valentía con el sentido común, puede hacer que él y su familia tengan muchos problemas. El valor y la fortaleza verdaderos se obtienen sólo a través de la confianza en la fidelidad de Dios y creyendo en su Palabra.

Pensamiento del día

Las cualidades de valentía, fortaleza y osadía capacitan a los hombres para dar los pasos de fe necesarios para provocar la intervención de Dios.

---

31 de marzo

EL CORAZÓN DE UN SIERVO

Un verdadero hombre, un verdadero líder, es un siervo, y no un gobernante. Cuida de otros antes que de sí mismo. Jesús dijo:

Jesús los llamó y les dijo: Como ustedes saben, los gobernantes de las naciones oprimen a los súbditos, y los altos oficiales abusan de su autoridad. Pero entre ustedes no debe ser así. Al contrario, el que quiera hacerse grande entre ustedes deberá ser su servidor, y el que quiera ser el primero deberá ser esclavo de los demás; así como el Hijo del hombre no vino para que le sirvan, sino para servir y para dar su vida en rescate por muchos. (Mateo 20:25–28)

El apóstol Pablo se hizo eco de este tema cuando escribió: *"Cada uno debe velar no sólo por sus propios intereses sino también por los intereses de los demás"* (Filipenses 2:4), y *"Esposos, amen a sus esposas, así como Cristo amó a la iglesia y se entregó por ella"* (Efesios 5:25). ¿Cómo amó Cristo a su iglesia? En primer lugar, entregándose por ella. Esto significa que un hombre debe dejar a un lado sus deseos personales, privados, ambiciosos y egoístas para poder servir a su esposa y su familia. Tiene que emular la naturaleza de Cristo.

Un verdadero líder tiene *humildad*, estando dispuesto a aprender de otros y a ser corregido cuando sea necesario. Algunos de los mejores momentos de mi vida son aquellos en los que mi esposa me corrige, me da ideas u otra perspectiva sobre algo que yo no he sido capaz de hacer bien. Mi esposa tiene unos recursos asombrosos en su interior. Se necesita un verdadero hombre para someterse a la ayuda. Se necesita un necio para rechazarla. Dios está buscando un líder que sea fructífero dejándose podar cuando sea necesario para dar una cosecha mayor y más saludable.

Pensamiento del día

Un verdadero líder tiene *humildad*, estando dispuesto a aprender de otros y a ser corregido cuando sea necesario.

Creados para proveer

Dios Señor tomó al hombre y lo puso en el jardín del Edén para
que lo cultivara y lo cuidara.
—Génesis 2:15

El trabajo se le encomendó al hombre (1) para llevar a cabo los propósitos de Dios, (2) para que el hombre se sintiera realizado al usar las habilidades y destrezas que Dios le había dado, y (3) para que el hombre fuera capaz de proveer para sus propias necesidades y también para las necesidades de aquellos de quienes es responsable.

La primera prioridad de un hombre es permanecer continuamente en la presencia de Dios. Es a través de la adoración y la comunión con Dios como el hombre recibe la visión, la vocación y el trabajo de su vida. Algunos hombres han olvidado que la adoración es antes que el trabajo. Cuando su trabajo interfiere en su adoración, usted dejar de cumplir el propósito de un verdadero hombre.

Recuerde que el hombre recibió el trabajo antes de que la mujer fuera creada. Esto significa que antes de que el hombre necesite una mujer, y antes de que esté listo para el matrimonio, necesita trabajar. Necesita descubrir qué es a lo que Dios le está llamando. Entonces puede usar su vocación y trabajo para proveer para su futura esposa e hijos.

Dios le dio al hombre la responsabilidad de ser el principal proveedor de su familia. Un hombre está hecho para este propósito. En general, está hecho físicamente más fuerte que la mujer, en particular el tronco superior, debido al mandamiento de Dios de que trabajara. Una mujer debe casarse con alguien que realmente ya sea capaz de proveer. Si lee el Antiguo Testamento, la manera en que el pueblo de Dios se casaba indica lo que Dios les mandó hacer con respecto al matrimonio. El novio tenía que demostrar que podía suplir el estándar de vida que demandaba el padre de la novia, o de lo contrario debía ganar más dinero si quería pedir su mano en matrimonio.

Pensamiento del día

Es a través de la adoración y la comunión con Dios como el hombre recibe la visión, la vocación y el trabajo de su vida.

---

2 de abril

DISEÑADO PARA TRABAJAR

Hagan lo que hagan, trabajen de buena gana, como para el Señor y no como para nadie en este mundo, conscientes de que el Señor los recompensará con la herencia. Ustedes sirven a Cristo el Señor.
—Colosenses 3:23–24

La naturaleza del trabajo que el hombre recibió no fue una labor mecánica, fue cultivar. Recuerde que *cultivar* significa hacer que algo crezca y produzca una cosecha mayor. *Cultivar* también significa hacer algo fructífero, desarrollarlo hasta su perfección. El hombre debe desarrollar y producir fruto. Como Dios le dio esta tarea al hombre antes de crear a la mujer, y antes de que naciera el primer niño, el propósito del hombre es desarrollar y cultivar tanto a las personas como las cosas para la gloria de Dios.

Dios mismo trabajó cuando creó el mundo, y sigue trabajando para llevar a cabo sus propósitos. Pablo dijo en Filipenses 2:13: *"Pues Dios es quien produce en ustedes tanto el querer como el hacer para que se cumpla su buena voluntad".* Como usted ha sido hecho a imagen y semejanza de Dios, está diseñado para trabajar. El trabajo debe incluir creatividad y cultivo, no pesadez. También hay que mantenerlo en su lugar debido. En Génesis 2, la Biblia dice que Dios trabajó duro y terminó su obra, y luego dejó de trabajar y descansó. No trabajó hasta muy entrada la noche, ni siete días a la semana sólo por trabajar. Dejó de trabajar cuando fue apropiado, y nos dijo que hiciéramos lo mismo (véase Éxodo 20:9–10).

Pensamiento del día

El trabajo debe incluir creatividad y cultivo, no pesadez.

La importancia del trabajo

Qué importancia tiene el trabajo? En primer lugar, el trabajo saca a la luz el potencial de un hombre. Usted no puede demostrar lo que tiene en su interior a menos que tenga exigencias, y las exigencias las pone el trabajo.

En segundo lugar, el trabajo le permite a un hombre reflejar la naturaleza de Dios. Dios le dio al hombre el trabajo porque tiene que ver con su propósito. Su propósito es permanecer en la presencia del Señor y aprender a gobernar y gestionar la tarea que Dios le ha dado. De esta forma, finalmente puede cumplir el plan completo de Dios para él, que es ejercer dominio sobre la tierra.

En tercer lugar, como hemos descubierto, el trabajo capacita al hombre para proveer para aquellos de quienes es responsable en su posición como visionario y líder. *Proveer* viene de una palabra en latín que significa "ver lo que está delante". El hombre debería ser un visionario. Debe tener una visión para su vida, y debe trabajar para que se cumpla, tanto para él como para su familia y otras personas que pudiera tener bajo su cuidado.

Una vez le pregunté a Dios: "Señor, con todas las responsabilidades que nos has dado a los hombres, ¿cómo sabemos que podemos cumplirlas?". Su respuesta fue muy, muy simple. Me dijo: "Yo proveo para todo lo que pido". Dios es el máximo Proveedor. Y es cierto. Dios proveerá todo lo que necesitemos para cumplir con nuestras responsabilidades. *"Todo lo puedo en Cristo que me fortalece"* (Filipenses 4:13).

Pensamiento del día

El trabajo saca a la luz su potencial.

FUNDAMENTAL PARA EXISTIR

Muchas mujeres no entienden el efecto mental, emocional y espiritual que tiene para un hombre perder su trabajo. No pueden entenderlo del todo, porque no están diseñadas para ser proveedoras; están diseñadas para ser productoras. Cuando un hombre pierde su trabajo, es como si su vida se hubiera venido abajo. Algunos hombres incluso terminan perdiendo la cabeza tras haber perdido su trabajo. ¿Por qué tienen una reacción tan extrema? Es porque para ellos no es sólo un trabajo, sino su medio de proveer. Se les ha privado de uno de los propósitos para los que existen.

Algunos hombres no aguantan la presión de proveer, así que huyen de su responsabilidad. Quizá un hombre tiene seis hijos y no puede alimentarlos, y se siente inútil, un fracaso, así que se va. Este comportamiento lo llamamos negligente o irresponsable. Aunque este comportamiento está mal, debemos saber que el hombre está tratando algo interno que quizá no esté entendiendo, algo fundamental para su existencia.

Suponga que un hombre llama a su esposa y le dice: "Cariño, tengo malas noticias para ti. Me acaban de despedir del trabajo". Así es como reaccionarían algunas mujeres: "No me extraña. No has sido capaz de mantener un trabajo en los últimos seis meses". ¿Qué ha provocado decir eso? Que él se sienta humillado y no querido. En cambio, ella debería haber dicho algo como: "No te preocupes, cariño, Dios dice que Él es nuestra Fuente. Siempre he creído que si Dios te puso como mi cobertura, Él proveerá para ti a fin de que puedas proveer para nosotros. Te amo por lo que eres, no por el trabajo que tienes".

El amor... todo lo sufre, todo lo cree, todo lo espera, todo lo soporta. El amor nunca deja de ser.

(1 Corintios 13:4, 7–8 RVR)

Pensamiento del día

Un hombre necesita que su esposa respete su deseo de proveer.

CREADO PARA PROTEGER

El hombre es como el "guardia de seguridad" de Dios. Cuando aparece, todos deben sentirse protegidos y a salvo. Recuerde que la atmósfera del jardín de Dios es su presencia. Por tanto, Dios esencialmente le dijo a Adán: "Protege el jardín, pero protege también la presencia que hay en él. No dejes que nada perturbe mi presencia aquí". Depende de los hombres mantener la presencia de Dios: en sus casas, trabajos y cualquier otro lugar de la sociedad. Ellos deben ser protectores.

Oigo que algunos hombres dicen: "Estoy deseando casarme para practicar lo que está enseñando". No espere hasta entonces. Un hombre no necesita estar casado para ser responsable de las mujeres. Empiece a ser el protector de cada mujer que esté en su presencia, porque usted fue creado para ser responsable de ella.

Toda mujer debería sentirse segura con usted cuando entienda que su propósito es protegerla, guardarla y guiarla a las cosas de Dios. ¿Qué ocurriría si una mujer acudiera a usted derrumbada, destrozada, deprimida, triste o vulnerable, y le pidiera ayuda? El espíritu de protección debería venir sobre usted, guiarla a Dios, mostrarle a Jesús, y luego ejemplificar el carácter de Él tratándola de manera paternal o fraternal.

Hombres, cuando estén en una cita con una mujer, no la protejan quitándose su propia armadura. No la lleven a dar un paseo nocturno en el auto y se estacionen en un lugar solitario. Mantengan las luces encendidas, que en el estéreo suene la Palabra de Dios, que su conversación sea en la luz de Él. Un verdadero hombre mantiene sus manos quietas. Eso es verdadera fortaleza.

Pensamiento del día

Un hombre debe ser el protector de cualquier mujer que esté en su presencia.

6 de abril

UN PROTECTOR NATURAL

El hombre es un protector natural. Su estructura ósea y la fortaleza de su tronco superior están diseñados para defender, proteger y guardar. Ahora bien, aunque un hombre no sea alto o extremadamente musculoso, parece tener recursos físicos internos que le capacitan para defender. La esposa de un hombre debe ser capaz de acudir a él siempre que lleguen los problemas.

El lugar más seguro para una mujer debería ser los brazos de su esposo. Sin embargo, una de las cosas más tristes que existen es que los hombres abusen de su fuerza. En lugar de usarla para proteger a las mujeres, la usan para destruirlas. Cuando pienso en un hombre que golpea a una mujer, todo mi cuerpo hierve de indignación. Dios le dio músculos para protegerla, no para dañarla. *"Así también los maridos deben amar a sus mujeres como a sus mismos cuerpos"* (Efesios 5:28 RVR).

La esposa e hijos de un hombre deben sentirse totalmente tranquilos en su presencia. Cuando él aparece, todo está en orden. Cuando oyen su voz, todo está bien. Cuando su hija se siente mal, la presencia de su padre le hace sentirse mejor. Cuando su hijo se va a la universidad, siente nostalgia, como si su vida se estuviera deshaciendo, y puede llamar a su padre y oír que le dice: "Hijo, todo va a estar bien". De repente, todo vuelve a estar en su sitio porque Papá le dio una palabra de afirmación. Cuando una esposa se frustra o se pone emotiva por lo que está ocurriendo en la familia, su esposo puede decir: "Dios dice que Él estará aquí con nosotros, y yo también estaré aquí en esta situación". Esa es la responsabilidad de un hombre.

Pensamiento del día

Un hombre parece tener recursos físicos internos que
le capacitan para defender.

7 de abril

PROTECCIÓN TERRITORIAL

Con frecuencia los hombres muestran un espíritu de lucha, el cual Dios les dio para proteger y defender a aquellos de quienes son responsables. Jesús mostró una naturaleza fuerte y protectora. En Mateo 18:6, habló de proteger a los que creían en Él. Básicamente dijo: "Si alguien intenta arrebatarme a mis hijos, mejor sería que tal persona se atara una cuerda alrededor del cuello, atara a una piedra en el otro extremo, se fuera al mar y se arrojara a él. Sería mejor para él hacer eso que yo le pusiera mi mano encima".

Un hombre tiene un espíritu dentro que le dice: "Tengo que proteger lo que me pertenece". Y lo dice refiriéndose a "mi esposa", "mi casa" y "mi auto". Esta actitud posesiva no es negativa en sí misma; es algo de Dios. Sin embargo, cuando no está sometida al propósito de Él, a menudo se usa para dominar o controlar a otros.

Algunos jóvenes no saben qué hacer con su espíritu de posesión y competición, así que terminan formando bandas y compitiendo contra otros vecindarios o contra quienes no usan el mismo sombrero o chaqueta que ellos. Necesitan unos buenos modelos masculinos que les enseñen lo que deben hacer con su protección territorial.

Jesús se enojó, pero su enojo estaba dirigido contra la injusticia y la hipocresía. La Biblia dice: *"Para esto apareció el Hijo de Dios, para deshacer las obras del diablo"* (1 Juan 3:8 RVR). Los hombres no deberían luchar contra otros hombres, sino contra las fuerzas espirituales que intentan robar lo que Dios les dijo que protegieran.

Pensamiento del día

Los hombres deben luchar contra el pecado y Satanás,
no contra carne y sangre.

8 de abril

BENDECIDO PARA SER UN PROTECTOR

No hay nada en el mundo que pueda bendecir más a un hombre que sentirse responsable de la seguridad de su familia. Algo ocurre en un hombre cuando puede darle una casa a su esposa y a sus hijos. Les ha provisto de un lugar que les mantiene a salvo de la meteorología, y se siente orgulloso. Cuando un hombre provee un auto para su esposa y el auto se avería, al instante siente el instinto de protección. No puede soportar pensar que ella pueda estar fuera bajo las inclemencias del tiempo, así que inmediatamente se ocupa de la situación.

A un hombre le duele sentir que no tiene parte en cuanto a proteger a su esposa e hijos, sentir que está de visita en su propia casa, comiendo y durmiendo allí pero sin contribuir al bienestar de su familia. Es importante que los hombres participen en resolver los problemas familiares. Cuando algo ocurre en el hogar o a los niños, la esposa debería contárselo a su marido. ¿Por qué? Él necesita cumplir su propósito de ejercer dominio como protector.

Algunos hombres han perdido de vista su responsabilidad de proteger hasta tal punto que cuidan de sus inversiones con más frecuencia que de comprobar si toda su familia está bien. Esos hombres están usando su don natural de protección, pero lo están usando con los objetos equivocados. Un hombre debería llamar cada día a su esposa, para asegurarse de que todo va bien. También debería llamar para ver cómo van sus hijos, para que ellos sepan que su padre está ahí para lo que necesiten. El espíritu de protección territorial de un hombre debe usarse principalmente para proteger a su familia y a todos los que estén bajo su cuidado.

Pensamiento del día

No hay nada en el mundo que pueda bendecir más a un hombre que sentirse responsable de la seguridad de su familia.

REFLEJAR LA VERDADERA NATURALEZA DE DIOS

Y hay cuerpos celestiales, y cuerpos terrenales; pero una es la gloria de los celestiales, y otra la de los terrenales. Una es la gloria del sol, otra la gloria de la luna, y otra la gloria de las estrellas, pues una estrella es diferente de otra en gloria.
—1 Corintios 15:40–41 (RVR)

Cuando pensamos en la *"gloria"*, a menudo pensamos en una nube llena de luz. Sin embargo, la gloria en el sentido en el que estamos hablando aquí, tiene que ver más con la naturaleza de algo. En su significado más amplio, se puede atribuir la palabra *gloria* a todo. *La gloria de algo es la mejor expresión de ese algo.*

Una de las definiciones de *gloria* es "una cualidad o atractivo distinguido". Usted puede ver una flor en toda su gloria cuando ha florecido del todo. Puede ver un leopardo o un león en toda su gloria cuando muestra su mayor fuerza. Puede ver el sol en toda su gloria a mediodía; después, su luz comienza a debilitarse. La gloria de algo es cuando está en su máximo esplendor. Por tanto, la gloria se refiere a la manifestación o muestra de la verdadera naturaleza de algo.

Cuando la Biblia dice que el propósito de la humanidad es manifestar la gloria de Dios, no significa sólo levantar sus manos y decir: "¡Aleluya!". Eso es alabanza, pero no gloria en el sentido en que estamos hablando. *Reflejar la gloria de Dios significa reflejar su verdadera naturaleza.* La gloria de Dios a menudo se manifiesta mejor cuando respondemos de forma piadosa en una situación difícil. En ese momento, Dios le está diciendo: "Deja que salga ahora la gloria. Que la gente vea cómo actúa Dios bajo presión".

Pensamiento del día

Reflejar la gloria de Dios significa reflejar su verdadera naturaleza.

DIFERENTES TIPOS DE GLORIA

El hombre no debe cubrirse la cabeza, ya que él es imagen y gloria de Dios, mientras que la mujer es gloria del hombre.
—1 Corintios 11:7

La mujer y el hombre tienen diferentes tipos de gloria. El hombre debe reflejar la *"imagen y gloria de Dios"*, mientras que *"la mujer es gloria del hombre"*.

La Palabra de Dios está declarando algo muy profundo. Las mujeres reflejan a los hombres, y no siempre es una imagen positiva. Por supuesto, cada individuo es responsable ante Dios de sus propias acciones. Por ejemplo, una mujer puede reflejar su propio egoísmo en lugar de la amabilidad de su esposo. Salomón dijo: *"La mujer ejemplar* ["virtuosa" RVR] *es corona de su esposo; la desvergonzada es carcoma en los huesos"* (Proverbios 12:4). Este versículo muestra la poderosa influencia que una mujer puede ejercer sobre la vida de un hombre. Sin embargo, los hombres tienen la gran responsabilidad de reflejar la gloria de Dios, de modo que pueda reflejarse en las mujeres que hay en su vida y ellas, a su vez, puedan reflejar la gloria de Dios.

Usted puede saber cómo son los hombres en nuestra sociedad observando a las mujeres. Mire nuestros hogares; ¿quién los dirige? Las mujeres a menudo los dirigen solas. ¿Qué nos dice eso sobre el hombre? No está siendo el responsable espiritual porque no está cumpliendo su propósito y posición como cabeza del hogar. Mire a nuestros hijos; ¿cuál es su esperanza para el futuro? Muchos de ellos no tienen rumbo. ¿Qué le dice esto sobre el hombre? No les está dando una visión. Mire a las mujeres; hay más mujeres trabajando que hombres. ¿Qué le dice esto acerca del hombre? No está cumpliendo su propósito como proveedor. La mujer, y a menudo también los hijos, revelan cómo es el hombre.

Pensamiento del día

La mujer y el hombre tienen un tipo diferente de gloria.

La novia refleja a Jesús

Este mandamiento nuevo les doy: que se amen los unos a los otros. Así como yo los he amado, también ustedes deben amarse los unos a los otros. De este modo todos sabrán que son mis discípulos, si se aman los unos a los otros.
—Juan 13:34–35

Jesús tiene una novia que debe reflejar su naturaleza. En el original griego, su nombre es *Ecclesia*. La traducción en español de la palabra es "iglesia". Jesús envió a la iglesia al mundo para ser un reflejo de Él mismo. Le dijo a su Padre: *"Yo les he dado la gloria que me diste, para que sean uno, así como nosotros somos uno"* (Juan 17:22). Jesús le dijo a su novia: "El mundo sabrá quién soy y que mi Padre me envió por la manera en que ustedes actúen, por su unidad los unos con los otros. El mundo no va a acudir a mí a descubrir cómo soy; el mundo irá a la novia. Si no se aman unos a otros, ellos nunca sabrán como soy".

¿Sabe por qué la gente del mundo no acude a Jesús tanto como debiera? Es porque la iglesia en general a menudo es un testigo pésimo, y porque muchos matrimonios cristianos no están reflejando la gloria de Dios. No estamos viviendo en el amor y la unidad que Cristo dijo que revelarían su naturaleza al mundo. Por tanto, aunque la iglesia debe reflejar a Cristo como su novia, a menudo no lo hace. La Biblia nos dice que esto no es natural. Jesús es el Esposo perfecto y merece que su novia refleje su verdadera naturaleza. La gloria del Señor debe estar en la iglesia.

Pensamiento del día

Jesús envió a la iglesia al mundo para ser un reflejo de Él mismo.

REFLEJAR A DIOS AL MUNDO

*Así, todos nosotros, que con el rostro descubierto reflejamos como en
un espejo la gloria del Señor, somos transformados a su semejanza
con más y más gloria por la acción del Señor, que es el Espíritu.*
—2 Corintios 3:18

A menudo se dice que un matrimonio es una iglesia dentro de la
iglesia. Si el mundo no ve la naturaleza de Cristo a través de la
iglesia como debiera, quizá deberíamos comenzar a corregir este
problema mirando primero la relación entre los maridos y sus
esposas, los padres y sus hijas, y los hermanos y hermanas en
nuestros hogares. Deberíamos después analizar la naturaleza de
la relación entre hombres y mujeres en la iglesia.

La función de la mujer como reflectora del amor y la naturaleza del hombre puede revelar de forma poderosa el extraordinario
amor de Dios por la humanidad. Ella le puede mostrar a su familia, su comunidad y el mundo lo que significa ser amada por Dios
y llevar la imagen del Creador. Ella puede ser testigo al mundo de
la compasión de Dios y el sacrificio por el hombre, y del gozo y la
sanidad que podemos recibir a través del amor de Él.

Jesús les dijo a sus discípulos sobre los perdidos del mundo:
*"¡Abran los ojos y miren los campos sembrados! Ya la cosecha está
madura"* (Juan 4:35). Si los hombres y las mujeres entendiesen
el poderoso impacto que tienen sus relaciones en la salvación del
mundo, orarían y considerarían seriamente cómo se podría llevar
a cabo el mandamiento de ejercer dominio dando y reflejando el
amor y la naturaleza de Dios en sus relaciones diarias.

Pensamiento del día

Si los hombres y las mujeres entendiesen el poderoso impacto
que tienen sus relaciones en la salvación del mundo, darían y
reflejarían el amor de Dios en sus relaciones diarias.

LA BUENA IDEA DE DIOS

Dios no creó a la mujer como una ocurrencia de última hora sino como una parte integral de su plan en la creación. Como tal, Él la diseñó y la hizo en su amor y con un particular esmero. Su peculiaridad es un reflejo de los propósitos y el diseño de Dios para ella.

Mujeres, no entienden lo especiales que son. No fue Adán quien se imaginó a la mujer, sino Dios el que pensó en ella particularmente. En Génesis 2:18, Dios dijo: *"No es bueno que el hombre esté solo. Voy a hacerle una ayuda adecuada"*. Adán andaba entre los matorrales pensando en nombres para los animales. Dios dijo: "Esto no es bueno. Este hombre necesita ayuda". Así que fue Dios quien dijo que el hombre necesitaba a la mujer. Usted es una buena idea de Dios y su creación única.

Una mujer es producto de Dios; esto le hace ser propiedad de Dios. Cuando trata con una mujer, está tratando con una idea de Dios. Si maldice a una mujer, está maldiciendo la idea de Dios. Si golpea a una mujer, está golpeando en la cara la idea de Dios. Si abandona a una mujer, está abandonando la idea de Dios.

Mujeres, a pesar de lo que digan los hombres sobre ustedes, a pesar de lo que piensen de ustedes mismas: ustedes son una buena idea. La mente de Dios pensó en ustedes, y el Espíritu de Dios les hizo existir. Ustedes son el resultado de la idea de Él, y eso les hace ser muy valiosas para Él.

Pensamiento del día

Dios creó a las mujeres como una parte integral de
su plan en la creación.

LA MUJER FUE SITUADA EN EL JARDÍN

Cuando el día comenzó a refrescar, oyeron el hombre y la mujer que Dios andaba recorriendo el jardín.
—Génesis 3:8

Dios situó a la mujer específicamente en el jardín del Edén junto con el hombre. En Génesis 3:8, leemos que Dios recorría el jardín en el frescor del día para encontrarse con Adán y Eva. El jardín representa la relación del hombre con Dios, el lugar de comunión.

Usted no puede ser el tipo de mujer que debe ser fuera de Dios, al igual que el hombre no puede ser nada aparte de Dios. Cualquier mujer que no esté en relación con el Señor es una mujer peligrosa, al igual que cualquier hombre que no tenga una relación con el Señor es peligroso. Usted puede ser quien Dios creó, y puede cumplir el propósito para el que fue creada sólo en la medida en que permanezca en el jardín de la comunión con Dios. Pablo amonesta en Efesios 5:17–18: *"Por tanto, no sean insensatos, sino entiendan cuál es la voluntad del Señor... sean llenos del Espíritu"*.

La mujer no puede convertirse en lo que Dios quiere a menos que esté continuamente en comunión con Él, llena de su Espíritu, conociendo su voluntad y obedeciendo su Palabra. Muchas mujeres hoy no llevan buenas vidas. Se han rebelado contra el plan de Dios. Están viviendo fuera del jardín en el desierto. Si esto describe su vida, regrese al jardín de la comunión con Dios hoy. Su Padre celestial le está esperando. *"Les daré un corazón que me conozca, porque yo soy el Señor. Ellos serán mi pueblo, y yo seré su Dios, porque volverán a mí de todo corazón"* (Jeremías 24:7).

Pensamiento del día

Una mujer no puede cumplir su propósito a menos que tenga una relación con Dios.

¿Recibió la mujer una maldición?

Cuando Adán y Eva se rebelaron, Dios le dijo algunas cosas concretas a la mujer. Quiero decir enfáticamente que esas declaraciones no fueron maldiciones. La Biblia no dice que Dios maldijera ni al hombre ni a la mujer. Dios dijo: *"¡Maldita será la tierra por tu culpa! Con penosos trabajos comerás de ella todos los días de tu vida. La tierra te producirá cardos y espinas, y comerás hierbas silvestres"* (Génesis 3:17–18). En otras palabras, Dios le dijo a Adán que la tierra sufriría por su desobediencia, y tendrían que luchar para sobrevivir en ella. Es más, Dios no maldijo a la mujer haciendo que diera a luz hijos (véase v. 16). Él no dijo: "Por esto, ahora vas a tener hijos, y te va doler".

La idea siempre fue que Adán y Eva tuvieran hijos. Eva ya tenía la capacidad de tener hijos para que la humanidad pudiera reproducirse según su especie. Esa capacidad fue establecida antes de que entrara el pecado en escena. Así que tener hijos no es una maldición. Más bien, cuando usted tiene un hijo, está cumpliendo parte del propósito de Dios para la humanidad. Sin embargo, Dios le dijo a Eva que, debido al pecado, ahora iba a tener dolor al dar a luz. Dios le dijo muy claramente que el dolor, y no la capacidad de tener hijos, sería la consecuencia de la caída.

Muchas mujeres en la actualidad piensan que tener y educar hijos es una carga porque no reciben el apoyo necesario de sus esposos. La Biblia dice en Génesis 1:28: *"Y los bendijo con estas palabras: Sean fructíferos"*. La idea es que ambos fueran fructíferos, lo cual significaba que a ambos les pertenecería la tarea de amar y cuidar de todos los bebés que tuviera Eva.

Pensamiento del día

Cuando tiene un hijo, está cumpliendo parte del propósito de Dios para la humanidad.

Principios de la particularidad de la mujer

Repase estos principios de la particularidad de la mujer en la creación y medite en cómo puede aplicarlos a su vida diaria, directamente para usted si es una mujer, y en sus relaciones con las mujeres si es un hombre.

1. Reflejar la gloria de Dios significa reflejar su naturaleza al mundo.

2. El hombre y la mujer tienen diferentes tipos de gloria. El hombre debe reflejar *"la imagen y gloria de Dios"*, mientras que *"la mujer es gloria del hombre"* (1 Corintios 11:7).

3. La función de la mujer como reflectora del amor y la naturaleza del hombre puede revelar poderosamente el excepcional amor de Dios por la humanidad.

4. Dios no creó a la mujer como un pensamiento de última hora, sino como una parte integral de su plan para la creación.

5. Dios puso específicamente a la mujer en el jardín del Edén, el lugar de comunión con Él. Una mujer no puede cumplir su propósito a menos que esté en relación con Dios.

6. Dios no maldijo ni a la mujer ni al hombre; maldijo la tierra.

7. Tener hijos no es una maldición. Desde el principio la idea fue que Adán y Eva tuvieran hijos.

8. Antes de la caída, Eva ya tenía la capacidad de tener hijos para que la humanidad pudiera multiplicarse según su especie. Tener hijos es cumplir parte del propósito de Dios para la humanidad.

Y Dios creó al ser humano a su imagen; lo creo a imagen de Dios. Hombre y mujer los creo, y los bendijo.
(Génesis 1:27–28)

Padre celestial, tú has creado a la mujer como reflectora de amor y como parte integral de tu plan para la humanidad. Que las mujeres que te aman busquen lo mejor que tienes para sus vidas. Que su deseo sea morar en tu presencia como en el jardín. Ayúdales a ver su particularidad como un regalo de un Padre amoroso que pueden usar para tus buenos propósitos y gloria. En el nombre de Jesús, amén.

17 de abril

DESEO Y DOMINIO

Tras la caída, Dios le dijo a Eva: *"Desearás a tu marido, y él te dominará"* (Génesis 3:16). Este fue un cambio en cuanto a su anterior forma de relacionarse. Esta declaración enfatiza el hecho de que el hombre y la mujer originalmente fueron creados para gobernar juntos. Fueron diseñados para funcionar juntos igualmente. Dios les había dicho: *"Llenen la tierra y sométanla"* (Génesis 1:28). La idea era que ambos fueran gobernantes.

Aunque el hombre y la mujer seguían aún reinando, su relación se distorsionó. En primer lugar, Dios le dijo a Eva que, debido al pecado: *"Desearás a tu marido"*. Cuando una mujer se casa, tiene un deseo, un anhelo por su marido. A veces ese deseo puede volverse controlador. A la mayoría de mujeres no les gusta admitir que tienen este deseo; sin embargo, muchos consejeros matrimoniales pueden confirmar que existe. Han aconsejado a mujeres que han sufrido abusos a manos de hombres, y se han preguntado cómo se lo han tomado esas mujeres. Aunque muchas mujeres tienen un límite en cuanto a su tolerancia del comportamiento abusivo, la mujer tienen *tendencia* a seguir anhelando a su marido, a querer agradarle a toda costa.

Dios también le dijo a Eva que el hombre desarrollaría una actitud de dominio sobre ella. *"Y él te dominará"*. Él sentiría como si tuviera que dominarla. Esto no formaba parte del plan original de Dios. Sin embargo, debido al pecado, la percepción torcida de la vida que adquirió el hombre le hizo querer dominar a la mujer.

En el plan de creación de Dios, Él nunca dijo que el hombre tuviera que dominar a la mujer. Dijo que el hombre, tanto varón como hembra, ¡tenía que dominar la tierra!

Pensamiento del día

Tras la caída, el hombre desarrolló un deseo distorsionado de dominar a la mujer.

RESTAURADOS POR LA REDENCIÓN

*Él nos libró del dominio de la oscuridad y nos trasladó al reino de
su amado Hijo, en quien tenemos redención, el perdón de pecados.*
—Colosenses 1:13–14

Jesucristo restauró a la humanidad a los propósitos y el plan de
Dios. Yo defino el plan de Dios de manera muy simple. Los dos
primeros capítulos de Génesis son una descripción del programa
perfecto para el hombre-espíritu y su manifestación como varón y
hembra. El capítulo 3 revela cómo y por qué ese programa quedó
destruido. Desde Génesis 3 hasta Apocalipsis 21, el último capítulo de la Biblia, se explica lo que Dios ha hecho y sigue aún haciendo para restaurar la humanidad a su programa original (e incluso
más allá). La Biblia es un relato del plan de restauración de Dios,
el cual llevó a cabo a través de varios pactos con su pueblo.

La vida, muerte y resurrección de Cristo obtuvo la redención
del hombre. El sacrificio del Hombre perfecto hizo expiación por
los pecados del hombre caído y restauró a la humanidad para que
volviera a tener la comunión con Dios que había disfrutado en el
jardín del Edén. Esto significa que la maldición del pecado es qui-
tada de las vidas de las personas cuando reciben la obra redentora de Cristo y nacen de nuevo. El propio Espíritu de Cristo viene
a morar en ellos, son restaurados para los propósitos de Dios y
pueden amar y servir a Dios nuevamente.

Bajo la obra redentora de Cristo, la mujer es restaurada no
sólo para tener comunión con Dios, sino también para ocupar la
posición de compañera de su homólogo el hombre. Por tanto, el
hombre no debe dominarla, porque si lo hace, significaría que la
obra redentora de Cristo no había tenido éxito.

Pensamiento del día

Bajo la obra redentora de Cristo, la mujer es restaurada no sólo
para tener comunión con Dios, sino también para ocupar la
posición de compañera de su homólogo el hombre.

Hablar la verdad de parte del Padre

Cuando venga el Consolador, que yo les enviaré de parte del Padre, el Espíritu de verdad que procede del Padre, él testificará acerca de mí. Y también ustedes darán testimonio porque han estado conmigo desde el principio.
—Juan 15:26–27

De parte del Padre a *través* del Hijo *por* el Espíritu, se nos enseña la verdad, la cual nosotros a su vez enseñamos a otros. Esto es parte de la tarea de dominar del hombre llevada a cabo por hombres y mujeres redimidos. La única instrucción que debemos dar procede del Padre. El Padre, a través de Jesús, da instrucciones por el Espíritu Santo a la novia: la iglesia. Después la iglesia toma las instrucciones del Señor, Esposo y Padre Eterno, y las declara con autoridad como mandamientos.

Este es el principio que hay tras las declaraciones de Jesús a los creyentes concernientes a la autoridad. Jesús le ha dado a su Novia, la iglesia, la autoridad para usar el nombre de Él sobre la enfermedad, los demonios y las montañas. *"Habiendo reunido a los doce, Jesús les dio poder y autoridad para expulsar a todos los demonios y para sanar enfermedades. Entonces los envió a predicar el reino de Dios y a sanar a los enfermos"* (Lucas 9:1–2) (véase también, por ejemplo, Mateo 17:20; Marcos 16:17–18).

Como novia de Cristo, la iglesia tiene la instrucción, autoridad y poder del Padre para declarar y actuar con valentía en el mundo. La novia de Cristo tiene el poder de declarar cosas. "Te ato" es un mandamiento, no una instrucción. "Te libero" es un mandato (véase, por ejemplo, Mateo 16:19). "Sal de él" es un mandato. La iglesia ata, libera y sana, no como enseñanza, sino como mandamientos bajo la autoridad de nuestro Maestro y Esposo: Jesucristo.

Pensamiento del día

El Padre, a través de Jesús, le da instrucciones por medio del Espíritu Santo a la novia: la iglesia.

20 de abril

EL HOMBRE COMO FUNDADOR

En las Escrituras no existe alguien que sea hijo de dos padres. Dios siempre habla del linaje en términos de un hombre: el padre. ¿Por qué es esto importante? Porque en el momento en que se comienza a incluir otro linaje, se divide la paternidad. Sólo puede haber una fuente. Por eso la Biblia dice: *"Por eso dejará el hombre a su padre y a su madre..."* (Mateo 19:5). No dice que lo haga la mujer, porque cuando se casa, hereda otro "padre". El esposo se convierte en responsable de su esposa al cien por ciento. Él provee, sostiene, alimenta, mantiene y apoya.

La palabra *padre* también implica autoría, así como autoridad legítima de algo. "Padre" tiene inherentemente el sentido de autoridad.

Además, el concepto de padre incluye "fundador" o "fundamento". Por eso las empresas, instituciones y movimientos usan la palabra *padre* para describir a la persona que estableció la organización, institución o movimiento. A los hombres que fundaron los Estados Unidos de América se les conoce como los "padres fundadores". A Nelson Mandela se le conoce como el "padre de la nueva Sudáfrica". Si alguien funda algo, se le llama el padre de ello. ¿Por qué? Él lo generó. Dios creó al hombre para fundar futuras generaciones y para ser el fundamento sobre el que se desarrollan. Durante los próximos días exploraremos estas características esenciales del hombre como fundador y fundamento.

Pensamiento del día

Dios creó al hombre para fundar futuras generaciones.

El padre de la sociedad humana

En el plan de creación de Dios, el hombre es el padre de la sociedad humana y de las relaciones sociales. Del hombre salió la mujer y el matrimonio. Del matrimonio salieron los hijos. De todo esto tenemos la familia. Cuando las familias se reúnen, tenemos una comunidad. Cuando se reúnen múltiples comunidades, tenemos una nación y una sociedad.

El hombre es la fuente de la familia humana. Esto vierte una increíble responsabilidad sobre el hombre como esposo y padre. El hombre es la fuente, sustentador, proveedor y protector de la mujer porque Dios sacó a la mujer del hombre.

Dios no creó a la mujer de nuevo de la tierra. ¿Por qué? No quiso que la tierra sostuviera a la mujer. Dios hizo a Adán para que fuera un padre. Dios quería un padre que le representara a Él en la tierra. De un padre, Adán, produjo una mujer a la que el hombre sostendría y mantendría. Así, Dios creó al hombre para que fuera un padre como Él. Juntos, el hombre y la mujer se unirían en matrimonio. De nuevo, las Escrituras nunca dijeron que la esposa dejara a su padre. ¿Por qué? Su marido debía ser su "padre" en el sentido de ser su fuente y sustentador.

En nuestra sociedad, a demasiadas mujeres se les otorga la demanda de hacer el trabajo de un padre. Las mujeres no fueron creadas para sostener. Demasiados hombres han abandonado a sus mujeres y las han dejado solas teniendo que sostenerse a sí mismas y a la descendencia que los hombres les han dado. El hombre debe mantener y sostener todo lo que produzca.

Pensamiento del día

El hombre es la fuente de la familia humana.

EL FUNDAMENTO DEL HOGAR

Los hombres fueron creados para ser la fuente y el sustentador de la familia humana. Ellos son los que sustentan no sólo sus hogares, sino también sus iglesias, comunidades y naciones. Hombres, el ser la fuente y sostén no les da permiso de dominar a los demás, o que necesariamente ustedes tengan que dirigir todas las cosas. Significa que ustedes son los *responsables* de todo.

El reino de Dios enseña que el hombre es el fundamento del hogar, él lo lleva todo. Como esposo, usted es el fundamento de su matrimonio. Como padre, usted es el fundamento de su hogar. Como pastor, usted es el fundamento de su ministerio.

La paternidad es la manera de Dios de edificar y sostener a la familia humana. Su plan es cumplir su visión de la tierra como una extensión de su reino celestial. Esto ocurre cuando el hombre funciona como fundamento del hogar, permitiendo que todos aquellos que él es responsable de proteger crezcan y prosperen como Dios quiso.

Los seres humanos no conocen la naturaleza de su verdadero propósito, y eso incluye la paternidad. El rey David describió la raíz de nuestra confusión: *"Ellos no saben nada, no entienden nada. Deambulan en la oscuridad; se estremecen todos los cimientos de la tierra"* (Salmos 82:5). Oscuridad implica ignorancia. La falta de conocimiento y entendimiento promueve la ignorancia, lo cual pone en peligro los fundamentos mismos de la sociedad. Cuando la gente carece del conocimiento y el entendimiento de lo básico, las leyes fundamentales de Dios, toda la vida se sale del carril y termina en fracaso. La verdadera paternidad es la respuesta para reasegurar los fundamentos de nuestras sociedades.

Pensamiento del día

Como fundamento que son,
los hombres son los responsables de todo.

ASÍ COMO EL PADRE ES FIEL

Al viajar por todo el mundo, veo que la maldad está por todas partes. A veces, hago la misma pregunta que hizo Jeremías: *"¿Por qué prosperan los malvados?"* (Jeremías 12:1). Hay promotores de drogas, proxenetas, ladrones y empresarios deshonestos por todo el mundo que poseen grandes mansiones, autos caros, barcos y mucho dinero. ¿De dónde obtienen en última instancia todo lo que poseen? ¿Cómo sostienen sus vidas?

La respuesta a estas preguntas es por lo general la misma respuesta a por qué prospera el justo. El Padre (Sustentador) envía la lluvia sobre el justo y el injusto porque todos y todo es suyo (véase Mateo 5:45). ¿Por qué? Porque Dios es un Padre bueno, fiel y paciente; Él sostiene, provee y protege. Él *"tiene paciencia con ustedes, porque no quiere que nadie perezca sino que todos se arrepientan"* (2 Pedro 3:9).

Jesús comprendió que si Dios era continuamente su Fuente, sólo le ocurrirían cosas buenas. Los líderes religiosos criticaron a Jesús por hacer milagros, diciendo que era del diablo. Sin embargo, Él respondió a sus críticas diciendo: *"¿Quién de ustedes que sea padre, si su hijo le pide un pescado, le dará en cambio una serpiente? ¿O si le pide un huevo, le dará un escorpión? Pues si ustedes, aun siendo malos, saben dar cosas buenas a sus hijos, ¡cuánto más el Padre celestial dará el Espíritu Santo a quienes se lo pidan!"* (Lucas 11:11–13).

¿Qué nos enseña Jesús? Simplemente esto: el sustento de Dios no depende del comportamiento o de cómo se recibe. Él sostiene lo que crea porque es bueno. Nuestro Padre celestial les da a los hombres un ejemplo extraordinario de su función como sustentadores y proveedores de sus familias.

Pensamiento del día

Dios es un Padre bueno, fiel y paciente; Él sostiene,
provee y protege.

---

24 de abril

"Papá es el destino"

Papá es el destino". Las palabras procedían de una página de *U.S. News & World Report*[1] y explotaron en mi mente como una bomba atómica. No podía creer lo que estaba leyendo. Incluso más sorprendente era la fuente de donde estaba leyendo esas palabras, palabras que parecían salir del corazón de uno de mis seminarios.

Durante treinta años he enseñado y aconsejado a miles de personas sobre el tema de las relaciones, el desarrollo familiar y el matrimonio. Una de las grandes preocupaciones que he tenido durante estos años es la crisis del hombre que afrontan la mayoría de nuestras comunidades. Creo firmemente que la clave para la restauración y preservación de una sociedad sana y saludable es recuperar al hombre, especialmente como padre responsable. Leer esas palabras en un periódico tan popular me animó mucho.

Es una fuente de enorme consuelo y alivio ver que los científicos de la conducta, psicólogos y cuerpos gubernamentales contemporáneos finalmente concuerdan con lo que los líderes cristianos han sabido desde siempre.

La frase "Papá es el destino" engloba tanto el problema como la solución para la mayoría de las enfermedades de la sociedad. En ella reside la clave de la salvación y la restauración de la raza humana. Hace unos dos mil quinientos años, el profeta Malaquías habló de la obra y el propósito del Mesías que vendría, declarando: *"Él hará que los padres se reconcilien con sus hijos y los hijos con sus padres"* (Malaquías 4:6). En este versículo vemos la evaluación divina del problema fundamental del hombre: ¡una sociedad sin un padre!

Pensamiento del día

La frase "Papá es el destino" engloba tanto el problema como la solución para la mayoría de las enfermedades de la sociedad.

---

[1] Joseph P. Shapiro, Joannie M. Schrof, Mike Tharp, y Dorian Friedman, "Honor Thy Children", *U.S. News & World Report*, 27 febrero 1995.

25 de abril

Un problema fundamental

La iglesia no puede arreglar los problemas de la sociedad si el fundamento está fuera de su lugar. Como leemos en los Salmos: *"Cuando los fundamentos son destruidos, ¿qué le queda al justo?"* (Salmos 11:3). A pesar de cuánto trabaje la iglesia para corregir las enfermedades sociales, si el fundamento que Dios ha establecido para la familia no está en su lugar, ni siquiera el trabajo del justo tendrá éxito. Al diablo no le importa mucho que la iglesia esté llena de mujeres, porque mientras los hombres no vuelvan a su Padre celestial, las mujeres y sus hijos no tendrán padre. La paternidad es el fundamento de la familia, la iglesia y la cultura.

Si las sociedades y las naciones tienen problemas con las drogas, madres solteras, embarazos en adolescentes, corrupción y violencia, deben regresar al fundamento para resolver estos problemas. Si tienen un problema nacional, deben regresar a las comunidades para encontrar el problema. Los problemas de las comunidades están arraigados en las familias que componen esas comunidades. Cuando echamos un vistazo para ver cuáles son los problemas de las familias, debemos mirar a los matrimonios. Cuando examinamos el estado de nuestros matrimonios, descubrimos que los esposos y las esposas están divorciados, las madres han sido abandonadas y los hombres no sostienen a sus familias.

¿En qué desemboca todo esto? ¡Hermanos, estamos ante la raíz del problema que afecta a las naciones! La fuente fundamental tiene un problema: Dios creó a los hombres para que fueran padres, y ellos no lo están siendo.

Pensamiento del día

La iglesia no puede arreglar los problemas de la sociedad si el fundamento está fuera de su lugar.

26 de abril

¿QUIÉN ES LA ROCA?

Cuando estuve en Londres dando una charla hace unos años, observé que estaban excavando los cimientos para un nuevo hotel no muy lejos del Millennium Dome. Desde mi habitación en el hotel, podía ver el lugar de la construcción. Tomé una foto porque pensé que sería un bonito recordatorio de lo que se necesita para construir un edificio alto, y quería usarlo como una ilustración en mis seminarios.

Cuando se construye un edificio, ¿qué se hace primero? Se construye *hacia abajo*. Eso es algo notable, ¿no es así? Al observar a los hombres que lo estaban construyendo, vi que seguían cavando y cavando, y pensé: *Dios mío, ese hoyo equivale a unos cinco pisos por debajo del nivel de la tierra. ¿Que están buscando?* Roca sólida.

De forma similar, aunque un hombre debe ser un fundamento estable para su familia, ¿quién está soportando realmente toda la estructura? Un edificio físico descansa sobre sus cimientos, pero los cimientos descansan sobre la roca. Por tanto, si quiere ser un verdadero hombre, tiene que descansar sobre la Roca sólida.

Si está pensando que ser un fundamento es demasiada responsabilidad para usted, tiene razón. No es suficiente conocer su función como hombre; tiene que saber en quién apoyarse para soportar las tormentas. Ahora bien, el hombre es el fundamento, pero el hombre no es la Roca. ¿Quién es esa Roca? Es Jesucristo.

Si el Señor no edifica la casa, en vano se esfuerzan los albañiles. (Salmos 127:1)

Pensamiento del día

El hombre es el fundamento, ¡pero el hombre no es la Roca!

Aférrese a la Roca

Jesús dijo que no puede edificar su casa sobre la arena, pues su casa se derrumbará (véase Mateo 7:24–27). Por tanto, no puede decir: "Soy un hombre. Tengo esto, y soy aquello, así que todo va a estar bien". Eso no es suficiente.

Yo soy pastor, empresario, consejero gubernamental, inversor, conferenciante, facilitador de seminarios y autor, pero cuando llega mi tormenta, tengo que aferrarme a la Roca que es más fuerte que yo. Como dijo el rey David: *"Desde los confines de la tierra te invoco, pues mi corazón desfallece; llévame a una roca donde esté yo a salvo"* (Salmos 61:2). A pesar de cuánto éxito logre, mejor será que encuentre la Roca porque su familia depende de usted para su supervivencia.

Cuando se aferra a la Roca en medio de cualquier crisis que afronte, su fundamento permanecerá seguro. Entonces, como dijo Pablo, podrá edificar sobre ello un templo a Dios. *"En él todo el edificio, bien armado, se va levantando para llegar a ser un templo santo en el Señor"* (Efesios 2:21). En Jesús, todo el edificio se sostiene.

Si su edificio es puro, ¿quién mora en él? Dios viene a morar en una vida y en una familia bien edificadas. Si Él es su Roca, Él vive en usted. Y si usted es es un fundamento fuerte en Él, Él vive en todo aquello que usted soporte, ya sea un matrimonio, una familia, una iglesia o una empresa. Se convierte en una morada santa para Él.

Pensamiento del día

Cuando se aferra a la Roca en medio de cualquier crisis que afronte, su fundamento permanecerá seguro.

VIGILE LAS GRIETAS

En él [Jesús] *todo el edificio, bien armado, se va levantando para
llegar a ser un templo santo en el Señor.*
—Efesios 2:21

Hemos visto que la clave para construir cualquier edificio son
los cimientos de la estructura, porque el fundamento soporta el
peso del edificio. La calidad del cimiento determina la estabilidad
y el valor de lo que se construye encima. Por tanto, tener las características de un fundamento fuerte es esencial para cualquier
hombre.

Un edificio puede tener varios problemas y no ser declarado
ruinoso, pero si se descubre una grieta en los cimientos, a pesar
de lo bonito que tenga su interior, el edificio necesitará una reparación seria y quizá sí pueda ser declarado ruinoso. Hombres,
debemos tener cuidado de no permitir que haya grietas en nuestro carácter. Si ve que se está formando una grieta, ¡arréglela de
inmediato! No deje que se haga mayor, o toda la estructura podría derrumbarse. Quizá piense que los fallos de carácter sólo le
afectan a usted, pero también afectan a aquellos a quienes le han
encomendado proteger, enseñar y cuidar. Fortalezca su carácter,
y fortalecerá toda su familia.

> *Precisamente por eso, esfuércense por añadir a su fe, vir-
> tud; a su virtud, entendimiento; al entendimiento, domi-
> nio propio; al dominio propio, constancia; a la constancia,
> devoción a Dios; a la devoción a Dios, afecto fraternal;
> y al afecto fraternal, amor. Porque estas cualidades, si
> abundan en ustedes, les harán crecer en el conocimiento
> de nuestro Señor Jesucristo, y evitarán que sean inútiles
> e improductivos.* (2 Pedro 1:5–8)

Pensamiento del día

Los fallos de carácter no sólo le afectan a usted, sino a aquellos
a quienes le han encomendado proteger, enseñar y cuidar.

29 de abril

UN FUNDAMENTO SEGURO

Él será la seguridad de tus tiempos, te dará en abundancia salvación, sabiduría y conocimiento.
—Isaías 33:6

La parte más importante de un edificio es la parte que no se puede ver. Usted puede ver las paredes, las puertas, la iluminación y el mobiliario de un edificio, pero no puede ver los cimientos una vez que se ha edificado encima. De igual forma, los hombres deben ser como Jesús, como un "fundamento sólido" para sus familias. Y deben hacer lo que sea necesario por quienes les rodean sin atraer la atención hacia ellos mismos.

Usted no puede ver los cimientos. ¿Por qué? Están demasiado ocupados soportándolo todo. Los hombres de verdad no pregonan su responsabilidad. Los hombres de verdad no van por ahí contándole a todo el mundo, sus esposas incluidas, lo que están haciendo por ellos. Los hombres de verdad no anuncian en su comunidad lo que están haciendo por sus familias. Sólo se ve a la familia funcionando bien y trabajando junta. La palabra inglesa para esposo se deriva de una palabra del antiguo escandinavo que significa *sostén de la casa*. Podemos decir que el marido está para "mantener la casa" intacta. Él es el pegamento que mantiene unida a su familia. De igual forma, un buen pastor no les dice a los miembros de su congregación todo lo que está haciendo por ellos; la comunidad tan sólo ve o experimenta los resultados de su obra.

Los verdaderos hombres son callados. Simplemente llevan a cabo la responsabilidad. Conviértase en un hombre sobre el que puedan estar seguros su familia, su comunidad y su nación, sabiendo que, en Cristo, usted no se derrumbará bajo su peso, independientemente de las fuerzas que lleguen contra usted.

Pensamiento del día

Conviértase en un hombre sobre el que puedan estar seguros su familia, su comunidad y su nación.

30 de abril

PRINCIPIOS DEL HOMBRE COMO FUNDAMENTO

Hoy, repase estos principios del hombre como fundamento y medite en cómo puede aplicarlos a su vida cotidiana, directamente para usted si es un hombre, y en sus relaciones con los hombres si es una mujer.

1. El concepto de padre incluye "fundador" y "fundamento".

2. El hombre es el padre de la sociedad humana y de las relaciones sociales.

3. El reino de Dios enseña que el hombre es el fundamento del hogar, soportándolo todo.

4. La evaluación divina del problema fundamental del hombre es una sociedad sin padres (véase Malaquías 4:6).

5. El hombre es el fundamento, pero no es la Roca. Jesucristo es la Roca.

6. Un hombre necesita tener cuidado de no permitir que aparezca ninguna grieta en los cimientos de su carácter, lo cual podría llevar al desastre de su familia.

7. Un fundamento funciona sin ser visto. Como los cimientos, los hombres deben hacer todo lo necesario por quienes les rodean sin atraer la atención hacia ellos mismos.

En él [Jesús] *todo el edificio, bien armado, se va levantando para llegar a ser un templo santo en el Señor.*

(Efesios 2:21)

Padre celestial:
Gracias por dar a Jesús como la Roca y el fundamento firme de nuestras vidas en esta tierra y por la eternidad. Ayúdanos a aferrarnos siempre a Él como la Roca más alta que nosotros. Ayúdanos a de-sarrollar su carácter para poder ser fundamentos sólidos de nuestras familias. En su precioso nombre, amén.

1 de mayo

Bueno y mejor

Los hombres y las mujeres pueden cumplir los propósitos que Dios les ha dado entendiendo cómo ser eficaces en la vida. Hemos visto que la eficacia no significa sólo hacer cosas buenas, sino más bien hacer *lo correcto*. ¿No sería triste ser serio, comprometido y fiel con algo equivocado? Sería terrible estar ocupado haciendo las cosas incorrectas toda su vida.

Es posible hacer buenas cosas pero no las cosas que mejor se ciñan a los propósitos de Dios para usted. Una de las grandes armas del diablo contra mi vida es mantenerme ocupado haciendo cosas que son buenas pero que no son lo apropiado y lo mejor para mí.

Dios nos creó a cada uno con un propósito, y ese propósito es hacer lo apropiado para nosotros. Suponga que Jesús se hubiera convertido en un sacerdote del Sanedrín: el consejo y el tribunal más elevado de los judíos. Hubiera sido algo bueno. Suponga que se hubiera hecho miembro de los fariseos y hubiera sido uno de los líderes de la estructura social de galileos y judíos. Hubiera sido algo bueno. Suponga que se hubiera convertido en un trabajador social, ayudando a los pobres, alimentando a multitudes de personas cada día con pan y pescado. ¿Hubiera sido eso algo bueno? Seguro que sí. Suponga que hubiera dedicado cada hora de su tiempo a sanar a los enfermos y resucitar a los muertos. Eso hubiera sido algo bueno, ¿verdad? Sin embargo, ninguna de esas cosas habría sido lo correcto y apropiado para Él en el cumplimiento de su propósito principal de ser el Salvador de la humanidad.

Jesús siempre pudo decir: "Conozco el propósito de mi vida. No me distraigan con cosas que son solamente buenas, porque debo perseguir el propósito más alto".

Pensamiento del día

Es posible hacer algo que es bueno pero que no es lo correcto.

Apartado de su propósito en la vida

No ha llegado el momento de dejar de malgastar su vida? Descubrir nuestro propósito nos permite dejar de malgastar nuestra vida y comenzar a cumplir nuestro potencial. Debemos tener cuidado de no apartarnos de nuestro propósito en la vida durante el camino. La mejor forma de destruir a alguien es distrayéndole de su verdadero propósito.

En el Antiguo Testamento, Nehemías cumplió un propósito importante en la vida, pero podía haberse apartado de su propósito. Estaba en el exilio trabajando como copero del rey de Persia cuando oyó que Jerusalén aún estaba en una condición desalentadora. Eso le angustió mucho y dijo: "Tengo que reparar la ciudad". Así que oró, y obtuvo el permiso del rey para reconstruir los muros de Jerusalén. El favor de Dios estaba en sus planes porque ese era el propósito para el que había sido creado. Fue y comenzó a reedificar los muros con la ayuda del remanente de los judíos de Jerusalén.

A algunos hombres de los alrededores de Jerusalén no les gustó lo que estaba haciendo Nehemías, e intentaron detenerle. Le ridiculizaron y difamaron, pero él siguió con la obra. Conspiraron para matarle, pero él armó a algunos de los trabajadores y desbarató el complot. Intentaron atemorizarle para que huyera para salvar su vida, pero él se mantuvo firme. Una de las últimas cosas que intentaron suele ser el medio más efectivo para apartar a las personas de su propósito. Dijeron: "Vamos, tengamos una reunión; hablemos sobre lo que estás haciendo. Quizá podamos ayudarte" (véase Nehemías 1–6). Sin embargo Nehemías no se dejó engañar, y les dijo: *"Estoy ocupado en una gran obra, y no puedo ir. Si bajara yo a reunirme con ustedes, la obra se vería interrumpida"* (Nehemías 6:3).

¡No se distraiga del propósito de Dios para usted!

Pensamiento del día

Descubrir nuestro propósito nos capacita para dejar de malgastar nuestra vida y comenzar a cumplir nuestro potencial.

LOS PADRES Y EL PROPÓSITO

Tuvo Jesús problemas en su adolescencia? La respuesta es muy simple: no. ¿Por qué? Una razón es que su padre terrenal y su madre reforzaron su propósito desde su nacimiento. De algún modo, creo que a Dios le encantaría que todos los padres le conocieran tan bien que tuvieran una idea del propósito en la vida para sus hijos.

El ángel Gabriel le dijo a María: *"Quedarás encinta y darás a luz un hijo, y le pondrás por nombre Jesús. Él será un gran hombre, y lo llamarán Hijo del Altísimo"* (Lucas 1:31–32). Un ángel del Señor le dijo a José: *"Y le pondrás por nombre Jesús, porque él salvará a su pueblo de sus pecados"* (Mateo 1:21). Cuando Jesús nació, José y María pudieron hablar con Él sobre su propósito. Aunque en ese entonces no entendían del todo las implicaciones de su nombre, pudieron decirle: "Vas a ser un Salvador". El significado en hebreo del nombre Jesús es "Jehová salvó" o "el Señor es salvación". Básicamente, el nombre de Jesús significa "Salvador".

No sé cómo enfatizar lo suficiente que conocer su propósito es crucial para el curso de su vida. Cada persona joven experimenta un momento en el que él o ella deja de ser un niño y se hace una persona adulta. En ese momento es cuando los jóvenes intentan descubrir quiénes son y por qué están aquí. Es también el momento en que o bien les perdemos o les ganamos: les perdemos en un estilo de vida destructivo y una vida malgastada o les ganamos para un futuro positivo y prometedor. Por tanto, el propósito es una clave para la efectividad y felicidad en la vida de una persona joven.

Pensamiento del día

José y María reforzaron el propósito de Jesús desde su nacimiento.

---

4 de mayo

No se rinda en el propósito de su vida

Y todos los que le oían, se maravillaban de su inteligencia y de sus respuestas... y le dijo su madre: Hijo, ¿por qué nos has hecho así? He aquí, tu padre y yo te hemos buscado con angustia. Entonces él les dijo: ¿Por qué me buscabais? ¿No sabíais que en los negocios de mi Padre me es necesario estar?
—Lucas 2:47–49 (RVR)

Cuando Jesús tenía doce años, fue a Jerusalén con sus padres para celebrar la fiesta de la Pascua. Cuando terminó la fiesta, sus padres emprendieron el regreso a su hogar, pensando que Jesús iba entre el gran grupo de familiares y amigos que viajaban con ellos. Cuando no le encontraron, regresaron a Jerusalén y finalmente le encontraron en los atrios del templo, y le dijeron: "¿Por qué te has ido, hijo? ¿Por qué nos has hecho esto?" Su respuesta fue muy poderosa. A los doce años de edad, pudo decirles a sus padres: "*¿No sabíais que en los negocios de mi Padre me es necesario estar?*".

¿Todavía se está preguntando qué está haciendo? ¿Aún está pensando en qué tipo de negocio está su Padre y cuál es su parte en la empresa? ¿Todavía está "cambiando su asignatura principal" en la vida cada tres años? ¿Se da cuenta de que no se gradúa aún de la escuela preparatoria en la obra de Dios en el mundo?

Sé que no es fácil analizarse profundamente a uno mismo, pero es necesario si quiere descubrir su verdadero propósito en la vida. Estará ocupado haciendo una obra significativa cuando sepa por qué está aquí. A los doce años de edad, Jesús estaba ocupado con su propósito. ¿No le parece una manera emocionante de vivir? No se rinda en cuanto a alcanzar una vida con propósito, independientemente de cuál sea su edad. Póngase a trabajar en lo correcto.

Pensamiento del día

No se rinda en cuanto a alcanzar una vida con propósito, independientemente de cuál sea su edad.

INDIVIDUALMENTE RESPONSABLES

Hacer lo correcto en la vida siempre comienza por una relación con Dios. Como hemos visto, Dios trata con el hombre-espíritu que hay dentro de nosotros porque *"Dios es espíritu, y quienes lo adoran deben hacerlo en espíritu y en verdad"* (Juan 4:24). Adoramos a Dios con nuestro espíritu, no con nuestro género. Por tanto, espiritualmente, a Dios no le importa si usted es hombre o mujer. Él está interesado en el hombre-espíritu.

Eso significa que si usted es una mujer, delante de Dios su espíritu no depende de su esposo. Si es un hombre, delante de Dios su espíritu no depende de su esposa. Muchos hombres parecen tener esta impresión, dejando a sus esposas en la iglesia porque piensan que ellas les cubrirán. *Ella es la espiritual de la casa,* piensan. *Ella orará por los niños, y también por mí. Yo me iré a jugar al baloncesto.* Sin embargo, el hombre que hay dentro del varón y el hombre que hay dentro de la hembra son cada uno responsables ante Dios.

Muchas mujeres tampoco entienden bien este principio, ya que parecen estar esperando a que sus maridos se conviertan en cristianos para que ellas puedan adorar a Dios. Si a sus maridos no les interesa el tema de Dios, eso no tiene nada que ver con la propia adoración de ellas. La Biblia dice que cada persona debe ser responsable ante Dios. Él tratará con nosotros de Espíritu a espíritu (véase Romanos 14:10).

Para vivir en su propósito, debe tomar su propia decisión de desarrollar una relación coherente y profunda con Dios a través de Cristo. *"Esfuércense para que Dios los halle sin mancha y sin defecto, y en paz con él... Crezcan en la gracia y en el conocimiento de nuestro Señor y Salvador Jesucristo"* (2 Pedro 3:14, 18).

Pensamiento del día

Hacer lo correcto en la vida siempre comienza por una
relación con Dios.

¿QUÉ ES UN ANCLA?

Tenemos como firme y segura ancla del alma una esperanza.
—Hebreos 6:19

El diccionario *Merriam-Webster's 11th Collegiate Dictionary* define *ancla* como "un apoyo fiable o principal: pilar principal" y "algo que sirve para sostener un objeto firmemente". Otra definición es "cualquier cosa que dé estabilidad y seguridad". Usted necesita estabilidad y seguridad en un entorno que es inestable e inseguro. Esta es una descripción del mundo en el que vivimos.

Los hombres no son sólo el fundamento, sino también el ancla de la familia humana. Como verbo, *anclar,* significa "sujetar, detener o descansar". Los hombres deben "sujetar" la sociedad, asegurarla con creencias y principios que no cambien. El hombre también debe detener las cosas que puedan dañar a otros. Me sorprende lo que los hombres permiten que ocurra: en sus hogares, con sus hijos, en sus comunidades. Como anclas, los hombres pueden detener a sus familias para que no sean barridas por las corrientes de inmoralidad, estabilizar a una juventud insegura y hacer que vuelvan el orden y la seguridad a las comunidades. Un ancla también da descanso: cuando las personas tienen un verdadero ancla en sus vidas, experimentan paz interior.

Hombres, deberían ver a su familia como un barco, donde usted es el ancla de ese barco. Un barco no tiene fundamento propio. El casco, los mástiles, las velas, las jarcias e incluso el timón, no pueden cumplir esa función. Su barco puede parecer bonito por fuera, pero en sí mismo no contiene ningún fundamento. Lo único que asegura un barco es el ancla. Cuando el ancla está en su lugar, todo el casco descansa. Aunque el barco sea golpeado por las olas y agitado, un ancla fuerte le impide romperse y le permite soportar las tormentas sin naufragar.

Pensamiento del día

Los hombres deben "sujetar" la sociedad: asegurarla con creencias y principios que no cambien.

¿ES SU ANCLA SUFICIENTEMENTE FUERTE?

Cuando crecía en las Bahamas, donde sigo viviendo, mis amigos y yo teníamos un pequeño bote llamado Boston Whaler. Trabajábamos durante los veranos y nos compramos nuestro propio bote con nuestras ganancias. Salíamos y hacíamos esquí acuático todos los días después de la escuela.

Un día, estábamos esquiando cuando decidimos hacer unos saltos al agua desde un arrecife. Sujetamos el ancla a una roca, pero la corriente era tan fuerte que tiró del ancla y la rompió. Entonces estábamos en peligro; teníamos un bote sin ancla en medio de una corriente. Por fortuna, la corriente llevó al barco a un lugar desde donde pudimos llegar a casa sanos y salvos. Pero la experiencia me dejó claro que tener un ancla no es suficiente. Su ancla debe ser capaz de manejar las corrientes fuertes de la vida.

La única manera de probar verdaderamente un ancla es durante una intensa presión. Hombres, deben saber que si se derrumban bajo la presión, su "barco" se convertirá en una víctima de las corrientes y tormentas de la vida. Del mismo modo que no basta sólo con decir que su barco tiene un ancla muy fuerte, no es suficientemente bueno decir: "Soy un hombre". Tiene que preguntarse: "¿Qué tipo de hombre soy? ¿Qué corrientes y tormentas puedo realmente aguantar?"

La Biblia nos asegura: *"Pero Dios es fiel, y no permitirá que ustedes sean tentados más allá de lo que puedan aguantar. Más bien, cuando llegue la tentación, él les dará también una salida a fin de que puedan resistir"* (1 Corintios 10:13). Quizá sus planes para su vida o su familia se hayan desmoronado. Recuerde la promesa de Dios de que la tormenta no será mayor de lo que usted pueda aguantar con Él. Dios verificará su calidad como ancla por medio de las pruebas que Él permita que experimentemos.

Pensamiento del día

¿Qué corrientes y tormentas puedo realmente aguantar?

Un principio clave de la prueba

Hemos aprendido que un ancla puede ser verdaderamente probada cuando soporta una intensa presión. Al aprender a cumplir los propósitos de Dios para nuestra vida, debemos entender un principio clave de la prueba: nuestras pruebas están diseñadas por nuestras declaraciones. En el momento en que usted declara que va a hacer algo, la vida probará su determinación.

Si un hombre dice: "No voy a tener relaciones sexuales antes del matrimonio", cada antigua novia que tuvo aparecerá en su vida en el plazo de una semana. Y se preguntará qué ocurrió. Lo que hizo fue invitar a las pruebas por medio de su declaración. O quizá diga: "¡Voy a comenzar un negocio!" Esa declaración será probada por medio de obstáculos y reveses para ver si realmente está decidido.

Recuerde la declaración que le hizo Pedro a Jesús: *"Señor,... estoy dispuesto a ir contigo tanto a la cárcel como a la muerte"* (Lucas 22:33). En otras palabras: "Señor, no sé qué harán los demás discípulos, pero yo nunca te dejaré ni te abandonaré". Jesús respondió así: "Pedro, Satanás acaba de solicitar que seas probado por lo que has dicho. He orado para que tu fe no desmaye en medio de la prueba, para que sigas creyendo en lo que te dije" (véase vv. 31–32).

Un ancla se prueba con las tormentas; sólo será tan buena como aquello a lo que sobreviva. En el caso de algunos de ustedes, Dios les dejará pasar por algo grande, y quiere que recuerden estas instrucciones. Deben aprender a sobrevivir a las tormentas pequeñas para que puedan aguantar las más grandes para poder así cumplir la visión. Si Dios le va a confiar algo y a usarle para lograrlo, primero tendrá que probarle.

Pensamiento del día

Dios le probará antes de confiarle algo.

El ancla debe sujetar

Las anclas están diseñadas para sujetar un barco; por eso tienen que ser probadas. Si se prueban en medio de una emergencia, ya es demasiado tarde. Cuando un barco se dirige hacia una costa rocosa, su ancla debe sujetar. De igual forma, cuando las familias de los hombres se encuentran con problemas, *ellos* deben sujetar. Tienen que mantener a sus familias unidas.

Si usted es un hombre que vive en casa con su madre y sus hermanas, y su padre está ausente, usted es el "padre" de ese hogar. Su madre no fue diseñada para cumplir ese propósito. Jesús asumió el liderazgo de su familia tras la muerte de José, y se aseguró hasta el último momento de que su madre fuera cuidada por la casa de Juan después de irse. Le dijo a su madre: *"Mujer, ahí tienes a tu hijo. Luego dijo al discípulo: Ahí tienes a tu madre"* (Juan 19:26–27). Él estaba siendo el sustentador de su madre.

Cuando el ancla de una familia falla, el desastre es inevitable. Si usted abandona su matrimonio, no sólo destruirá su familia, sino también perjudicará a la comunidad. Si es pastor y las cosas no van bien y abandona el púlpito antes de que Dios le llame a dejarlo, causará problemas en el cuerpo de Cristo. Esa ya no es una decisión personal porque usted ha sido llamado a ser el ancla.

Recuerde que las tormentas son sólo temporales. Está siendo probado para asegurar su fortaleza. Saldrá de las tormentas mejor que nunca, de una forma en que otros nunca antes le habían visto. Sus mejores años están aún por llegar. Permita que Dios le refine, y emergerá un nuevo hombre. Usted es un ancla. Proteja su barco durante el viaje para que pueda llegar a su destino sano y salvo.

Pensamiento del día

Cuando el ancla de una familia falla, el desastre es inevitable.

---

10 de mayo

ANCLADO EN LA ROCA

La palabra *Bahamas* significa "aguas poco profundas", pero hay un lugar donde el mar profundiza unos dos mil metros, que se llama la lengua del océano. En una ocasión, mis socios y yo nos fuimos a hacer pesca con arpón, y buceamos en un acantilado que estaba al lado de la lengua. Mientras nuestro barco permanecía en las aguas poco profundas, el ancla sujetaba porque llegaba hasta las rocas del fondo. Pero después el ancla llegó a una zona de arena, y la corriente de la lengua del océano comenzó a tirar del barco.

Cuando el barco se acercó a la lengua, el ancla ya no tenía dónde aferrarse; estaba a miles de metros por encima del fondo del océano. Cuando observamos lo que estaba ocurriendo, estábamos en el acantilado gritándole al capitán para que se acercara, y él intentaba arrancar el motor, ¡pero el motor no arrancaba! Se dirigía a las profundidades del océano.

Ese fue un momento que nunca olvidaré. Estábamos a unos veinte metros de la lengua, donde había grandes tiburones. Estábamos varados en el acantilado, había una fuerte corriente que podía arrastrarnos hacia la lengua, y nuestro único refugio era el barco. En ese momento, el ancla del barco no nos era útil para darnos seguridad porque no tenía nada a lo que aferrarse. Tras estar toda la noche en la oscuridad, finalmente fuimos rescatados. Nuestros familiares habían contactado con el equivalente a los guardias costeros en las Bahamas, y un barco llegó y nos encontró.

Usted no es suficientemente fuerte para mantener el "barco" de su familia seguro si, como ancla, no tiene nada sólido a lo que aferrarse. Si no puede aferrarse con firmeza y queda "perdido en el mar", ¿qué harán ellos? Asegúrese de que está anclado *"firme y seguro"* (Hebreos 6:19) a Jesucristo.

Pensamiento del día

Por muy pesada que sea un ancla, tiene que reposar sobre algo más pesado para poder anclarse con firmeza.

---

11 de mayo

La mujer como dadora de vida

Se dice que la presión ejercida sobre el cuerpo de una mujer durante el alumbramiento mataría a un hombre. Aparentemente, la presión es tan fuerte que el cuerpo de un hombre no podría aguantarlo físicamente. Este fenómeno aporta un nuevo significado al versículo: *"¡Te alabo porque soy una creación admirable! ¡Tus obras son maravillosas, y esto lo sé muy bien!"* (Salmos 139:14). Cuando Dios creó a la mujer para llevar dentro de sí un bebé y alumbrar a ese bebé, ¡le dio unas capacidades extraordinarias! La formó para que ella pudiera hacer aquello para lo que Dios la había diseñado. La mujer fue diseñada para poder gestar: concebir, llevar un bebé y traer una nueva vida a este mundo.

Tras la caída de la humanidad, pero aparentemente antes de que el hombre y la mujer fueran expulsados del jardín, el hombre le dio un nombre a la mujer. *"El hombre llamó Eva a su mujer, porque ella sería la madre de todo ser viviente"* (Génesis 3:20). El nombre de Eva en hebreo es *Chavvah,* y significa "dadora de vida". Es significativo que Dios no hiciera que el hombre y la mujer dejaran el jardín antes de nombrar a Eva. Como mencioné anteriormente, su capacidad para tener hijos, su función como dadora de vida, era parte del diseño original de Dios y no es de ningún modo resultado de la caída.

En el mes de mayo, los Estados Unidos y otros países celebran el Día de la Madre. Es apropiado por diferentes razones, pero ciertamente porque la mujer es en esencia una dadora de vida. Recibió la capacidad de recibir la semilla del hombre y reproducir una nueva vida. Esta es una capacidad asombrosa. Dios le dio a la mujer una poderosa responsabilidad en el mundo.

Pensamiento del día

Dios le dio a la mujer la poderosa responsabilidad de ser una dadora de vida.

LA "INCUBADORA":
TRANSFORMACIÓN Y MULTIPLICACIÓN

El embarazo es un proceso extraordinario que dirige el enfoque y el esfuerzo de todo el cuerpo de la mujer a la tarea de desarrollar la nueva vida que hay en su vientre. Sin embargo, la función de ejercer dominio de la mujer para dar vida no está limitada a tener y dar a luz a un ser humano. El diseño de Dios para la mujer como dadora de vida va más allá de sus capacidades físicas. Se extiende a toda su estructura como mujer.

Podríamos llamar a la mujer una "incubadora", porque su propia naturaleza refleja su inclinación a desarrollar y dar nueva vida a las cosas. Este propósito para la mujer no es sorprendente, porque a menudo lo espiritual se refleja en el mundo físico, como Pablo nos dijo en Romanos 1.

Ya que Dios creó la capacidad de gestación de la mujer como parte integral de su naturaleza, esta capacidad se extiende a todas las áreas de su vida. Tiene un vientre físico, pero también un "vientre" emocional, un "vientre" mental e intuitivo y un "vientre" espiritual. Ella da a luz vida en todas estas áreas de su estructura. Recibe las cosas en su interior, las nutre hasta que maduran, y después las devuelve totalmente desarrolladas.

Todo se remonta al propósito y diseño de Dios. La naturaleza de la mujer es la de recibir, y por eso puede recibir la semilla del hombre para crear un nuevo ser humano. Sin embargo, no sólo es cuestión de recibir, sino también de poder transformar lo que ha recibido de una manera excepcional, lo que le hace ser una incubadora. Un vientre nunca le devolverá sólo lo que recibió. Siempre toma lo que se le ha dado y lo multiplica.

Por tanto, cuando una mujer recibe una idea y la incuba, se convierte en algo mayor: algo más grande, más fuerte y más dinámico.

Pensamiento del día

Una mujer multiplicará todo lo que se le dé.

13 de mayo

LOS PROCESOS CREATIVOS DE UNA MUJER

Como parte de su función de dominio, la mujer está diseñada para concebir, desarrollar y dar nueva vida o "incubar" lo que recibe en su interior. Ha sido dotada de muchas habilidades creativas que pueden ayudar a sus seres queridos, a ella misma y al mundo. Una mujer incuba de las siguientes formas:

- Ve las posibilidades y el potencial.
- Medita en las palabras, acciones y relaciones entre las cosas.
- Procesa palabras, ideas, necesidades y problemas.
- Concibe e inventa.
- Desarrolla ideas, planes y programas.
- Protege lo que ha recibido mientras se desarrolla.
- Produce algo nuevo de lo que recibe.
- Multiplica lo que ha recibido.

Se podría decir que la mujer es todo un departamento de investigación y desarrollo todo en uno. De esta forma, refleja la naturaleza de su Creador, quien *"da vida a los muertos y que llama las cosas que no son como si ya existieran"* (Romanos 4:17). Así como Dios creó al hombre de Él mismo, una mujer produce nueva vida de su propio interior.

Pensamiento del día

La mujer está dotada de muchas habilidades creativas que pueden ayudar a sus seres queridos, a ella misma y al mundo.

La incubación emocional puede herir

Una mujer tiene la capacidad de recibir e incubar no sólo lo bueno, sino también lo que no es sano para ella emocionalmente, psicológicamente o espiritualmente.

Imagine que un hombre le dice a su esposa durante una discusión acalorada: "¡Ojalá nunca me hubiera casado contigo!". La mujer se enoja cuando lo oye, pero se encierra en su habitación emocional. Esa frase llega a su corazón, penetrando al igual que ese único espermatozoide entre millones que llegan al óvulo en la concepción. ¿Sabe lo que hace con él? Lo incuba. Nueve años después, él le dice: "Cariño, me he casado con la mujer más dulce del mundo". Ella dice: "No pensabas eso hace nueve años". Aún lleva consigo el dolor emocional.

Muchos hombres muestran actitudes dominantes o antagónicas hacia las mujeres en sus vidas durante largos periodos de tiempo. Una mujer puede quedar "embarazada" con la amargura que un hombre le ha estado mostrando durante años. En algún punto, su paciencia se acabará, y habrá terminado su embarazo. Ella podría decirle al hombre: "¡Se acabó! Ya he tenido suficiente. Quiero que te vayas". El hombre dirá: "¿Que ha ocurrido? Estoy haciendo lo mismo que he estado haciendo durante los últimos diez años". "Exacto, eso es; ya he tenido suficiente. Vete. Toma tus cosas, todo, y sal de mi casa". Él se pregunta qué le ha ocurrido a ella, pero el "bebé" del dolor emocional ha estado en ella durante un largo tiempo, creciendo y formándose.

La Biblia nos dice en muchos lugares que cuidemos nuestra lengua. Salomón dio un sabio consejo que podemos aplicar a todas nuestras relaciones: *"El charlatán hiere con la lengua como con una espada, pero la lengua del sabio brinda alivio"* (Proverbios 12:18).

Pensamiento del día

Una mujer puede quedar "embarazada" con la amargura que un hombre le ha estado mostrando durante años.

LAS PALABRAS PUEDEN LLEGAR MUY HONDO

Ayer hablamos sobre cómo una mujer tiene la capacidad natural de incubar las palabras que recibe. Si un hombre sabe que una mujer es una incubadora, puede tener más cuidado con lo que le dice. Imagine que un esposo le dice a su esposa que observa que tienen algunos kilos de más. Para él, es tan sólo una frase informal, pero se convierte en algo que la mujer incuba. De repente observa que ella se levanta más temprano para hacer ejercicio cuando nunca antes había hecho ejercicio. Se pregunta qué ha ocurrido, y la causa es que ella ha concebido su comentario. Cada vez que él lo menciona, ella siente que la presión aumenta más y más. Después comienza a sentirse insegura, empieza a preguntarse si él estará mirando a otras mujeres y comparándolas con ella. Esto crece internamente hasta que un día le oye decir algo bueno de otra mujer. Entonces, ¡apártese, porque llega "el bebé"!

Los hombres solteros también tienen que tener cuidado con lo que les dicen a las mujeres solteras. Si un hombre le dice a una mujer: "Hola, preciosa, que guapa estás", probablemente va a tener "un bebé" al cabo de un tiempo. No estoy hablando de un bebé físico. Concebirá un bebé emocional. La mujer le dirá: "¡Pensé que habías dicho que me amabas!".

De nuevo, Salomón nos da un principio que se puede aplicar especialmente a las relaciones entre hombre y mujer: *"Hasta un necio pasa por sabio si guarda silencio; se le considera prudente si cierra la boca"* (Proverbios 17:28).

Pensamiento del día

Si un hombre sabe que una mujer es una incubadora, puede tener más cuidado con lo que le dice.

UNA INCUBADORA ESPIRITUAL

Cuando pasó el sábado, María Magdalena,
María la madre de Jacobo y Salomé compraron especias
aromáticas para ir a ungir el cuerpo de Jesús.
—Marcos 16:1

A qué se debe que muy pocos hombres acudan a las reuniones de oración? Me di cuenta de esto en mi iglesia y comencé a indagar al respecto, y llegué a esta conclusión: "Es porque las mujeres son incubadoras. Si se les presenta alguna idea, necesidad o problema, lo harán suyo y trabajarán hasta que lleguen a una solución".

Al igual que un vientre nutre un feto durante el desarrollo y una incubadora protege a los bebés prematuros o enfermos, una mujer tiene un instinto de nutrición que puede ser una fuente poderosa de ánimo en las vidas de otros. Si un hombre quiere oración por algo, debería decírselo a una mujer. Ella llevará esa circunstancia a su vientre espiritual, donde se reúne con Dios en su ser interior, incubándolo durante meses si es necesario, y dando a luz una solución. No cesará hasta que reciba una respuesta de Dios.

Jesús no dijo que fuera un hombre el que rogaba insistentemente al juez para obtener justicia (véase Lucas 18:2–8). No fue un hombre el que insistió tras el Señor Jesús para que su hija sanara, diciendo: *"Sí, señor; pero hasta los perros comen las migajas que caen de la mesa de sus amos"* (Mateo 15:27). ¿Sabe a quién le dio Dios primero el mensaje de la resurrección? A las mujeres. Fueron las mujeres las que primero vieron a Cristo resucitado y fueron a decírselo a los hombres. ¿Por qué? ¡Porque los hombres se habían encerrado en su cuarto! Observe también que Jesús le dio a la mujer en el pozo un mensaje, y ella lo convirtió en un equipo evangelístico completo (véase Juan 4:4–30). Las mujeres son incubadoras espirituales que dan a luz resultados espirituales en Dios.

Pensamiento del día

Una mujer no cesará en su oración hasta que reciba una respuesta de Dios.

DESARROLLE SUS DONES

La mujer fue creada para dar vida. Esto significa que si necesita algo de vida en su vida, debe conseguir una dadora de vida. Algunos hombres en la actualidad andan deambulando en un intento de ser independientes, manteniendo las mujeres a unos metros de distancia. No saben la vida que se están perdiendo.

Dios creó a la mujer para dar vida, así que siempre que necesite conseguir vida para algo, ella puede hacerlo. ¿Ha estado alguna vez en el apartamento de algún hombre que viva solo? Los colores son apagados. Todo está desordenado. La gente le dice: "Necesitas el toque de una mujer". Cuando el hombre se casa y entra a vivir su esposa, ella cambia el aspecto apagado. Pone cortinas coloridas, cuelga cuadros en las paredes, recoloca los muebles y, enseguida, consigue crear un lugar muy bello. Cuando una mujer entra en una habitación, cambia el aspecto de la misma. Ella le da vida a un lugar.

Señoras, puede que sus esposos no sean capaces de darles un castillo al instante, pero ustedes pueden tomar la provisión que les dan, incubarla y darle vida. Cuando hayan terminado, la casa se habrá convertido en un hogar.

A muchas mujeres les ha golpeado tanto la vida que muy pocas veces han usado sus dones de incubación. Otras personas les han dicho que no tienen nada que dar. Mujeres, yo creo que Dios quiere liberarles para que desarrollen los dones que Él ha puesto en ustedes y las ideas y visiones que les dará. No teman. Dios les ha dado una capacidad tremenda, y pueden ser una bendición para muchos si reflejan la naturaleza de su creador, el Dador de Vida.

Pensamiento del día

Dios quiere liberar a las mujeres para que desarrollen los dones
que Él ha puesto dentro de ellas.

18 de mayo

Principios de la mujer como dadora de vida

Repase hoy estos principios de la mujer como dadora de vida y medite en cómo aplicarlos a su vida cotidiana, directamente para usted si es una mujer, y en sus relaciones con las mujeres si es un hombre.

1. Un aspecto principal de la función de ejercer dominio de la mujer es que es una dadora de vida.

2. La mujer es una "incubadora" porque su naturaleza misma refleja su tendencia a desarrollar y dar nueva vida a las cosas.

3. La capacidad de incubar de la mujer se extiende a todas las áreas de su vida. Tiene un vientre físico, pero también un "vientre" emocional, un "vientre" mental e intuitivo y un "vientre" espiritual.

4. Cuando un hombre sabe que una mujer es una incubadora, puede tener más cuidado con lo que le dice.

5. Una mujer tiene un instinto para nutrir que puede ser una fuente poderosa de ayuda y ánimo en las vidas de otros.

6. Dios quiere liberar a las mujeres para que desarrollen los dones que Él ha puesto en su interior y las ideas y visiones que les dará.

El hombre llamó Eva a su mujer, porque ella sería la madre de todo ser viviente. (Génesis 3:20)

Padre celestial:
Tú eres el verdadero Dador de Vida. Es por ti que caminamos en una vida fructífera hoy. Por favor, capacítanos para desarrollar nuestros dones al máximo mientras buscamos tu voluntad para nuestras vidas. Queremos ser usados por ti y desarrollar las cosas que nos has dado de una forma que bendiga tu reino. En el nombre de Jesús, amén.

AME A LA MADRE DE SUS HIJOS

Después de amar a Dios, lo más importante que un hombre puede hacer por sus hijos es *amar a su madre*. Muchos hombres compran regalos para sus hijos, como bicicletas y computadoras, cuando lo que los niños realmente más quieren y necesitan es ver cómo su padre ama a su madre. No hay nada más precioso para un niño que el hecho de ver que sus padres se tratan con afecto y cariño. Creo que los niños se sienten seguros cuando ven eso.

Hombres, mostrar consideración y respeto por su esposa es extremadamente importante. *"Más bien, sean bondadosos y compasivos unos con otros, y perdónense mutuamente, así como Dios los perdonó a ustedes en Cristo"* (Efesios 4:32). ¿Es usted demandante e impaciente con su cónyuge, o le trata con ternura y comprensión? ¿Que está modelando ante sus hijos con respecto a lo que significa ser un esposo? Los niños absorben todo lo que ven, y sus hijos observan la manera en que usted trata a su esposa más de lo que usted cree. Un niño con frecuencia perderá el respeto por su padre si no le ve dándole a su madre la consideración y el amor que ella merece.

Como hemos visto, la manera en que los hombres tratan a sus esposas afecta también a la manera en que Dios les ve. La Palabra dice que si un esposo no trata a su esposa con respeto, sus oraciones se verán obstaculizadas (véase 1 Pedro 3:7). Cuando ama a la madre de sus hijos, trae paz y felicidad a su hogar, y enseña a sus hijos lo que significa ser un verdadero hombre.

Pensamiento del día

No hay nada más precioso para un niño que ver que sus padres se tratan con afecto.

20 de mayo

AME A SUS HIJOS

Porque el Señor disciplina a los que ama, y azota a todo el que recibe como hijo.
—Hebreos 12:6

El amor no es comprar regalos. El amor es que *usted sea ese regalo*. La Biblia nos dice que nuestro Padre celestial amó tanto al mundo que Él se convirtió en la revelación de ese amor en Jesucristo. Por tanto, si un hombre es realmente un padre, no sólo envía regalos, sino que se envía a sí mismo, porque esa es la esencia del amor.

Amor también significa corregir, castigar y reprender a sus hijos cuando lo necesiten. Algunos niños están suplicando que les corrijan, pero sus padres no parecen darse cuenta de ello. Algunos niños odian a sus padres porque les dejan hacer todo lo que quieren. Los padres creen que los hijos lo harán todo bien por sí solos. Piensan: *Mis hijos ya son lo bastante mayores para saber qué hacer*, a la vez que sus hijos piensan: *¡Papá, necesito ayuda! No tengo valores en mi vida. No tengo estándares con los que juzgar. Estoy esperando que me des algunas pautas, y tú me dices que decida por mí mismo.*

Amar a sus hijos significa establecer estándares para ellos. La vida en la actualidad es muy compleja y confusa. Los hijos necesitan alguien que les diga: "Esta es la manera en que debes actuar". Tiene que darles a sus hijos un amor que les aporte valores eternos. He hablado con padres preocupados porque su hijo era caprichoso. "No sabemos qué ha ocurrido. Le dimos todo lo que quería", dicen. Ese es el problema. No puede darle a su hijo todo lo que quiera. Tiene que darle lo que necesita: amor incondicional, una buena disciplina y valores eternos por los que vivir.

Pensamiento del día

El amor es que usted sea el regalo.

21 de mayo

SEA RESPONSABLE DE SUS HIJOS

Nuestros padres nos disciplinaban por un breve tiempo, como mejor les parecía; pero Dios lo hace para nuestro bien, a fin de que participemos de su santidad.
—Hebreos 12:10

Muchos padres realmente no quieren tomar la responsabilidad de sus hijos, porque los hijos consumen mucho tiempo y energía. Por tanto, dejan que se las arreglen solos.

¿Cuánto tiempo pasa usted con sus hijos? ¿Quién es el que realmente les está criando? Quizá usted y su esposa se vayan a trabajar en la mañana temprano y no regresen hasta la noche. Otra persona les ha criado durante todo el día. Sepa que todo lo que esa persona representa entrará en sus hijos. Aprenderán su idea de Dios, su concepto de ellos mismos y su filosofía de vida de su cuidadora.

La responsabilidad de un padre también incluye disciplinar a sus hijos, pero algunos hombres no tienen coraje para hacerlo. Temen corregir a sus hijos, así que se lo dejan a sus esposas. La Biblia no dice que la madre corrija a los hijos; dice que el padre les discipline. Sin embargo, ¿cuántos padres dejan la disciplina a sus esposas? Algunos padres no corrigen a sus hijos porque quieren caerles bien. No se dan cuenta del efecto que esto tiene sobre sus familias. Sus hijos piensan: *Realmente papá no me ama.* Quizá también crezcan creyendo que disciplinar a los hijos no es tarea de un padre, así que ellos mismos no serán buenos agentes de corrección de sus propios hijos. Hay veces en que el amor tiene que ser severo. Si ama usted a sus hijos, les corregirá.

Equilibrar todas las demandas de la vida puede ser difícil para un padre, pero sus hijos deben estar los primeros de la lista, después de su esposa.

Pensamiento del día

¿Quién está criando realmente a sus hijos?

ENSEÑE A SUS HIJOS

Yo fui quien enseñó a caminar a Efraín; yo fue quien lo tomó de la mano. Pero él no quiso reconocer que era yo quien lo sanaba. Lo atraje con cuerdas de ternura, lo atraje con lazos de amor. Le quité de la cerviz el yugo, y con ternura me acerqué para alimentarlo.
—Oseas 11:3–4

"Yo *fui quien enseñó a caminar a Efraín*". Dios estaba hablando de su pueblo. Dios estaba diciendo: "Yo siempre he estado contigo. Desde que eras un 'niño', he estado trabajando contigo. Cuando te caías, te levantaba. Te estaba enseñando". Nuestro Padre celestial se toma un interés personal en nuestra enseñanza. De igual forma, nosotros debemos enseñar personalmente a nuestros hijos.

Proverbios 19:18 dice: "*Corrige a tu hijo mientras aún hay esperanza; no te hagas cómplice de su muerte*". Esto es algo serio. El versículo dice: "Disciplina y enseña a tu hijo ahora porque hay esperanza en esa disciplina, esperanza en esa enseñanza". ¡Usted le está dando esperanza a su hijo cuando le disciplina y corrige porque *le está dando un sistema de valores para el resto de su vida*!

El versículo de arriba hace una declaración contundente diciendo que si no hace usted eso, puede ser cómplice de la muerte de su hijo. Proverbios 29:15 dice: "*El hijo malcriado avergüenza a su madre*". Observe a los niños en los reformatorios. Observe a los encarcelados. Mire a las personas que viven en la calle. Observe a los jóvenes que carecen de dirección alguna o moralidad. A muchos de ellos les dejaron que se las arreglaran por sí solos cuando eran niños, sin nadie que les enseñara sobre el carácter y los valores. Si usted no corrige o disciplina a su hijo cuando lo necesite, entonces si no le va bien en la vida usted será el responsable.

Pensamiento del día

Cuando disciplina y corrige a su hijo le está dando un sistema de valores para el resto de su vida.

CONDICIONE A SUS HIJOS

Mi corazón está con los padres solteros que tienen que cumplir tanto el papel de padre como el de madre. Quiero animarle con todas mis fuerzas a no dejar que su hijo le enseñe. No le permita que invierta los papeles de padre e hijo. Quizá usted no lo sepa todo en la vida, ¡pero sabe más que él! Y eso es suficiente para mantenerse al mando. No me importa cuántos años tenga su hijo; si usted paga la hipoteca, proveyendo así para sus necesidades, usted pone las reglas. Si el hijo desobedece las reglas, tiene que asegurarse de que sufra las consecuencias.

"Instruye al niño en su camino, y aun cuando fuere viejo no se apartará de él" (Proverbios 22:6 RVR). La palabra para "instruir" en este versículo es la misma palabra usada para condicionar. La Biblia está diciendo: "Condicione a su hijo en su manera de comportarse". ¿Por qué? Porque él no puede condicionarse a sí mismo. Nació con un espíritu rebelde. Usted no tiene que enseñar a sus hijos a maldecir, mentir, robar, cometer adulterio o tener resentimiento y amargura. Ya está en ellos. Si no les condiciona, naturalmente se convertirán en personas caprichosas. Tiene que instruirles. Si busca y confía en Dios, el Señor proveerá todo lo que necesite para ayudarle a cumplir con esta función, esté en una familia compuesta de papá y mamá o sea padre o madre solteros. *"Padre de los huérfanos y defensor de las viudas es Dios en su morada santa"* (Salmos 68:5).

Pensamiento del día

Quizá usted no lo sepa todo, ¡pero sabe más que sus hijos!

Disciplinado por mis padres

Ciertamente, ninguna disciplina, en el momento de recibirla, parece agradable, sino más bien penosa; sin embargo, después produce una cosecha de justicia y paz para quienes han sido entrenados por ella.
—Hebreos 12:11

Si instruye a sus hijos, ellos llegarán a conocer los caminos de Dios y tendrán paz en sus corazones. Las cosas que los niños aprenden de sus padres nunca las olvidan. Aún me acuerdo de lo que mi padre y mi madre me enseñaron. Las mismas tentaciones que tiene cualquier joven yo también las tuve. Lo que me mantuvo equilibrado en la quilla fueron los valores y la moral que ellos instauraron en mí. Se dieron situaciones en las que, si no hubiera sido por la instrucción de mis padres, yo habría sucumbido. Lo que me mantuvo seguro fue el carácter que aprendí de su enseñanza y corrección. Amo a mis padres porque me disciplinaron.

La versión inglesa King James de la Biblia usa la palabra *"castigo"* en vez de *"disciplina"* en Hebreos 12:11. La palabra *castigar* significa "corregir", "reprender", o "disciplinar". A algunos niños se les castiga pero no se les corrige. A menudo los padres confunden los términos. Sus hijos necesitan disciplina. Disciplinar significa inculcar moral y carácter mental, darle valores a una persona. Usted no da valores castigando, sino corrigiendo.

Mis padres tenían una forma maravillosa de sentarme y decir: "Mira, te estamos disciplinando por esto". No se limitaban a castigarme; me corregían. Decían: "Si sigues así, ocurrirá esto", y "Si vas con estas personas, este será el resultado". Disciplinar a sus hijos será doloroso tanto para usted como para sus hijos, pero los resultados serán positivos y saludables.

Pensamiento del día

Usted no da valores castigando, sino corrigiendo.

Aliente a sus hijos

Saben también que a cada uno de ustedes lo hemos tratado como tratar a un padre a sus propios hijos. Los hemos animado, consolado y exhortado a llevar una vida digna de Dios, que lo llama a su reino y a su gloria.
—1 Tesalonicenses 2:11–12

Los hijos necesitan que les alienten. Algunos niños nunca oyen una palabra de ánimo de boca de sus padres. ¿Oye como algunos padres hablan a sus hijos? Actúan como si sus hijos no hicieran nada bien. No se acuerdan de lo que es ser un niño, y esperan que sus hijos tengan habilidades de adulto. Un niño de diez años está lavando los platos, cuando su padre llega y dice: "¿No sabes lavarlos mejor?". El pequeño al menos lo está intentando, así que anímele. Quizá se deje un poco de jabón en la encimera o la vitrocerámica. No se fije en lo que ha dejado, sino en lo que ha limpiado. Anímele.

Quizás su hija no pueda leer tan rápido como lo hacía usted cuando tenía su edad. No la critique. Anímela. Algunos niños se esfuerzan por intentarlo. A veces un niño intenta ayudar con las tareas y rompe algo sin ninguna intención. Su madre entra en la habitación y grita: "¿Qué estás haciendo?". Y recibe una charla, yéndose a su cuarto con el corazón roto, el espíritu deprimido y un ego dañado, pensando: *¡Nunca más volveré a ayudar!* Algunos padres no ven la intención de sus hijos. Sólo ven su propia ira y frustración. Por tanto, corrija e instruya a su hijo con paciencia, y reconozca sus esfuerzos.

Pensamiento del día

Algunos niños nunca oyen una palabra de ánimo de
boca de sus padres.

26 de mayo

CONSUELE A SUS HIJOS

Alabado sea el Dios y Padre de nuestro Señor Jesucristo, Padre misericordioso y Dios de toda consolación, quien nos consuela en todas nuestras tribulaciones para que con el mismo consuelo que de Dios hemos recibido, también nosotros podamos consolar a todos los que sufren.
—2 Corintios 1:3–4

Los hijos necesitan consuelo. Usted debe animarles cuando hagan algo positivo, y cuando quiera que mejoren en algo. Pero habrá momentos en que se desanimen, les dañen, estén confusos o desilusionados, y será entonces cuando necesiten consuelo.

¿Cómo puede consolar a sus hijos? Diciéndoles que les ama, aún cuando cometan errores o no logren alcanzar sus expectativas; escuchando sus luchas y problemas con amabilidad y entendimiento; dándoles un caluroso abrazo y palabras de amor cuando estén tristes; recordándoles las veces en que Dios le ha consolado a usted en su angustia y dándoles a ellos ese mismo consuelo.

Para poder ser un consolador, necesita ser accesible para sus hijos. Tiene que saber lo que está ocurriendo en sus vidas para poder saber cuándo están pasando por dificultades y soledad. Los niños reciben consuelo al saber que usted está disponible para ellos y que aprecia pasar tiempo con ellos. Su consuelo también les ayudará a saber que su Padre celestial es un Consolador, como Él lo afirma en su Palabra: *"Nuestro...Padre misericordioso y Dios de toda consolación, quien nos consuela en todas nuestras tribulaciones"*.

Pensamiento del día

Consolar a sus hijos les ayudará a saber que su Padre celestial es un Consolador.

ACONSEJE A SUS HIJOS

La Biblia indica que los padres concienzudos exhortan a sus hijos *"a llevar una vida digna de Dios"* (1 Tesalonicenses 2:12). Es responsabilidad de los padres advertir a sus hijos sobre las consecuencias de rechazar a Dios. "Hijo, hay un infierno eterno. Te advierto que todo lo que siembres en la tierra lo cosecharás en la eternidad". "Hija, te advierto que de todo aquello en lo que participes puede quedarse en tu memoria para siempre". Estos son ejemplos de exhortación espiritual.

Los padres deben instar o aconsejar a sus hijos que vivan de manera justa. Sin embargo, ¿cuántos padres confunden la exhortación con la amenaza? "¡Te voy a matar si no dejas de hacer eso!". Algunos padres no tienen tacto alguno porque no saben hacerlo mejor. Un niño interpreta una advertencia como un acto de amor, pero ve la amenaza como una forma de odio.

Muchos padres aconsejan a sus hijos, pero sus hijos no les escuchan porque ellos mismos no están dando un buen ejemplo. Si usted anda en los caminos de Dios cuando aconseja a sus hijos, ellos llegarán a respetar al Dios de sus padres, y dirán: "Si obedezco a mis padres, estoy obedeciendo a Dios. Sé que mis padres saben qué es lo mejor para mí porque veo cómo Dios está obrando en sus vidas. Obedeceré a mis padres porque quiero que Dios también obre en mi vida".

Aconseje a sus hijos. Es su responsabilidad. *"A este Cristo proclamamos, aconsejando y enseñando con toda sabiduría a todos los seres humanos, para presentarlos a todos perfectos en él"* (Colosenses 1:28).

Pensamiento del día

Aconseje a sus hijos. Es su responsabilidad.

---

28 de mayo

¿SE ESTÁ ACERCANDO A DIOS O ALEJÁNDOSE DE ÉL?

A pesar de haber conocido a Dios, no lo glorificaron como a Dios ni le dieron gracias... Por eso Dios los entregó a los malos deseos de sus corazones.
—Romanos 1:21, 24

Está usted siendo un buen ejemplo para sus hijos andando en los caminos de Dios? ¿Qué están ellos observando sobre su manera de vivir la vida y las consecuencias de sus acciones?

Cuando la humanidad rechazó a Dios, Él les dio lo que querían. Les entregó a sus pasiones, lo cual no es algo tan simple como puede parecer. Si Dios sólo nos hubiera entregado a lo que queríamos, las implicaciones podrían haber sido que podríamos tener éxito separados de Él. Pero cuando Dios nos entregó, también nos dejó experimentar los inevitables resultados de nuestras acciones. Dios no sólo nos dijo: "Está bien, adelante", sino que dijo: "Si siguen adelante, terminarán depravados, porque así es como les hice" (véase Romanos 1:28).

El principio aquí es que no puede alejarse usted de Dios y tener éxito. No puede cortar su relación con el Fabricante y querer encontrar piezas originales en otro lugar. Cualquier pieza que encuentre por voluntad propia no funcionará adecuadamente.

Dios dice que cuando rechazamos sus propósitos, Él nos entrega a una mente depravada. En otras palabras, nos dice: "Sin mí, su mente no va a mejorar; empeorará". Por tanto, si pensamos que podemos saber cómo ser mejores hombres o mujeres sin Dios, estamos en problemas, porque las consecuencias son serias. Cuando creemos que no necesitamos a Dios, empeoramos cada vez más. Si no quiere vivir en los propósitos de Dios para la humanidad, terminará haciéndose daño a usted mismo.

Pensamiento del día

No puede alejarse del plan de Dios y tener éxito.

¿Cómo está usando su vida?

Aunque la humanidad en general se ha alejado de Dios, Él sigue creándonos con dones y talentos para utilizarlos en el cumplimiento de sus propósitos. Sin embargo, ya que no entendemos cómo usarlos, tomamos los talentos que Él nos ha dado y los usamos en contra de nosotros mismos y de otros.

Por ejemplo, Romanos 1:29 dice que una de las manifestaciones de una mente depravada es la injusticia o la maldad. Algunas de las personas más malas del mundo son sabios cuando se trata de información. Son personas brillantes; saben ser malos con clase. Algunas personas tienen dones, pero los usan de una forma tan malvada que sus víctimas no saben qué fue lo que les golpeó hasta que todo ha terminado. Nuestros dones, los cuales Dios creó para bien, los podemos torcer y usar para propósitos malos.

Algunas personas culpan al diablo de los resultados de sus actos. No culpe al diablo; él tan sólo se está aprovechando de las decisiones que usted toma. El diablo no puede dominarle ni forzarle a hacer nada. En cambio, lo que hace es esperar a que usted decida. Cuando usted toma una mala decisión, él lo aprovechará hasta el final, o todo lo que pueda, e intentará destruirle. Satanás no es el chivo expiatorio. El chivo expiatorio es su rechazo o ignorancia del propósito de Dios. Usted no conoce el propósito de Dios para su vida y, por tanto, abusa de ella. Tenga cuidado; el abuso podría incapacitarle o matarle.

Debemos descubrir el propósito de Dios para nuestras vidas y usar nuestros dones para su gloria.

Toda buena dádiva y todo don perfecto descienden de lo alto, donde está el Padre que creó las lumbreras celestes... Por su propia voluntad nos hizo nacer mediante la palabra de verdad, para que fuéramos como los primeros y mejores frutos de su creación. (Santiago 1:17–18)

Pensamiento del día

Dios nos crea con dones para utilizarlos en el cumplimiento de sus propósitos.

LA CAUSA DEL CONFLICTO

¿De dónde surgen las guerras y los conflictos entre ustedes? ¿No es precisamente de las pasiones que luchan dentro de ustedes mismos?
—Santiago 4:1

Los propósitos de Dios son vitales para tener vidas y relaciones de éxito. Cuando no entendemos ni apreciamos las diferencias entre las personas dadas por Dios, inevitablemente tenemos conflicto con los demás.

El mal entendimiento y la discordia entre hombres y mujeres podemos ilustrarlo por la manera en que muchas personas llegan hoy al matrimonio. La mayoría no están preparados para una relación matrimonial. Llegan de la misma manera que acuden a comprar un auto. Cuando usted quiere comprar un nuevo auto, se acerca a varios concesionarios, compara los modelos y las características, toma su decisión, firma los papeles y luego se lleva su auto nuevo a casa. El mero acto de casarse es como comprar un auto nuevo; es relativamente simple de hacer. Usted mira las opciones, encuentra alguien que le guste, acude a un ministro o a un juzgado para realizar la ceremonia, recibe su certificado matrimonial y se va a casa con su nueva esposa.

Sin embargo, comprar un auto es una cosa y conducirlo y mantenerlo es otra. Del mismo modo, casarse es una cosa, mientras que mantener y crecer en la relación es otra. Muchos maridos y esposas han estado intentando funcionar sin entender o abordar las necesidades individuales del cónyuge. Cada uno ha intentado funcionar basado sólo en lo que él o ella necesita. Por eso muchas relaciones están estancadas. Para resolver los conflictos entre hombres y mujeres debemos aprender, entender y apreciar los diseños particulares del otro.

Pensamiento del día

Cuando no entendemos ni apreciamos las diferencias dadas por Dios, inevitablemente tendremos conflicto.

El porqué dicta el diseño

Ayer hablamos acerca de la importancia de aprender, entender y apreciar los diseños específicos de los hombres y las mujeres para poder resolver los conflictos entre ellos. A menudo suponemos que un hombre necesita lo que necesita una mujer, y que una mujer necesita lo que necesita un hombre. En muchas maneras, no es así. A pesar de las similitudes, cada uno tiene un diseño y necesidades únicas.

Considere estas preguntas: ¿Por qué los seres humanos son diferentes de los animales? ¿Por qué un pájaro es diferente de un pez? ¿Por qué el sol es diferente de la luna? ¿Por qué las mujeres son diferentes de los hombres? Todo es como es debido al *porqué* de su creación. El *porqué* dicta el diseño. Dios creó todo con la capacidad de cumplir su propósito. Sus propósitos fueron planeados siempre con antelación; todo estaba ya "creado" en la mente del Hacedor antes de crearlo.

Como Dios es un Dios de propósito, nunca creó nada *esperando* que llegara a ser algo viable. Primero *decidió* lo que iba a ser, y *luego* lo creó. Él siempre comienza con un producto terminado en mente. Esto significa que Dios nunca le da un propósito a algo *después* de haberlo creado; sino que *construye* todo para que cumpla el propósito específico que Él ya tenía en mente para ello. Dios diseñó todo para que funcionara en su propósito, y todo es como es porque su propósito requiere que sea así.

El diseño y las necesidades únicas de los hombres y las mujeres les permiten cumplir el propósito para el cual Dios los creó. La próxima vez que comience a tener conflicto con el sexo opuesto debido a sus diferencias, recuerde que el diseño único de la otra persona se lo dio Dios y es vital para cumplir sus propósitos.

Pensamiento del día

Todo es como es debido al *porqué* de su creación.

---

1 de junio

LAS FUNCIONES DE MIS PADRES

Soy uno de once hijos, y mi familia era la típica de un pasado no muy lejano. Mi padre se levantaba en la mañana antes de que nosotros nos levantásemos, y llegaba a casa después de habernos ido a la cama. Pasó toda su vida trabajando, intentando alimentarnos y darnos un techo y ropa para vestir. Era un trabajo de veinticuatro horas al día. Mi madre tenía que quedarse en casa, y su trabajo era tan duro como el de mi papá. Tenía que cuidar de sus once hijos: hacer la comida, bañarnos, lavar nuestra ropa, arreglarnos para ir a la escuela, disciplinarnos. Era una vida muy dura. Se trataba de sobrevivir.

Históricamente, las necesidades básicas de la supervivencia requerían que los hombres y las mujeres desarrollaran diferentes funciones y habilidades, las cuales se transmitían a las siguientes generaciones. Hasta la época de sus abuelos o incluso la época de sus padres, tanto hombres como mujeres conocían su función y tenían habilidades iguales a dicha función. El marido y la esposa sabían lo que tenían que hacer, y lo hacían.

Aunque la supervivencia era difícil, las relaciones eran comparativamente fáciles porque no había confusión acerca de las funciones de género. Un hombre y una mujer no tenían que preguntarse si uno estaba infringiendo el territorio del otro. La función de ella era ocuparse del hogar, cocinar y cuidar de los hijos. La tarea de él era cazar o cultivar la tierra y edificar un lugar para proveer de alimento y techo para la familia. La vida era sencilla, y en ese sentido, las relaciones eran menos complicadas que en la actualidad.

Cientos y miles de años de tradición se han dejado a un lado en una o dos generaciones. Tengamos paciencia el uno con el otro mientras distinguimos las funciones del propósito y aprendemos a vivir como Dios quiere.

Pensamiento del día

Las necesidades básicas de supervivencia requerían que los hombres y las mujeres tuvieran funciones y habilidades distintas.

2 de junio

FUNCIONES CONTEMPORÁNEAS

La vida es tatamente distinta para los hombres y las mujeres hoy día porque ya no dependemos tanto el uno del otro para la seguridad y la supervivencia. Nuestras funciones y estrategias realmente han cambiado.

Los hombres solían tener una función muy clara, la cual no compartían con sus esposas. ¿Cómo se medía la hombría? A los jóvenes se les decía: "Consíguete un trabajo, hijo, para que puedas proveer para tu familia, y ten algunos hijos". Ser el proveedor del hogar y tener la capacidad de procrear era la medida de un hombre. Pero la forma en que la sociedad ve a los hombres está en transición, y esos ya no se consideran los rasgos principales de la hombría. Algunas familias aún siguen el patrón tradicional del marido como trabajador y la esposa en casa con los hijos, especialmente mientras los hijos son pequeños. Sin embargo, incluso esos matrimonios normalmente están influenciados por las ideas contemporáneas en vez de las tradicionales de cómo los hombres y las mujeres se relacionan entre sí.

La biología no determina las funciones del hombre y la mujer como solía hacerlo. En la actualidad, debido al predomino del trabajo de ambos y el control de natalidad, esposo y esposa pueden decidir no tener hijos. Si tienen un hijo, no significa necesariamente que la esposa sea quien se quede en casa cuidando de él todos los días.

Este cambio está causando nuevas formas de estrés a la familia. Por ejemplo, como la función principal de la mujer de criar a los hijos era lo que anteriormente le otorgaba el respeto de su marido, el hombre ahora tiene que honrar a su esposa de formas diferentes. De igual forma, como la función principal del hombre como proveedor era lo que solía dar al hombre el respeto de su esposa, una mujer trabajadora tiene que entender cómo honrar a su esposo.

Las relaciones en el siglo XXI son difíciles, pero podemos aprender a vivir de una manera en que se honre tanto a Dios como el uno al otro.

Pensamiento del día

La biología no determina las funciones del hombre y la mujer como solía hacerlo.

¿Qué quiere una mujer?

Por primera vez en la historia registrada, los hombres y las mujeres se miran el uno al otro principalmente buscando amor y compañía en lugar de supervivencia y protección. Nuestras prioridades como seres humanos han cambiado. Las personas buscan algo más: felicidad, intimidad y pasión duradera son ahora requisitos para las relaciones. Sin embargo, entender cómo proveer estas cosas a sus esposas a menudo no resulta tarea fácil para los hombres.

Las funciones tradicionales del hombre ya no son suficientes para hacer feliz a su compañera. ¿Qué pueden hacer los hombres para hacer felices a sus esposas hoy? Ese es el reto. Alguna vez habrá oído a un hombre decir: "¿Qué quiere una mujer?". En el pasado, el hombre solía decirle a su esposa: "Mujer, ¿qué más quieres de mí? Te he dado un techo y hay alimento en la cocina". ¿Se acuerda cuando los hombres decían eso? Esos días han pasado.

En estos tiempos, las mujeres quieren compañía y atención para ser felices. Mi padre no podía llevar a mi madre a pasear al parque o a cenar a un restaurante, porque no había tiempo para ello. Hacía feliz a mi madre simplemente asegurándose de que la familia tuviera alimento, cobijo, ropa y agua corriente.

Las mujeres también quieren intimidad y comunicación. "Habla conmigo. No me has dicho que me amas en todo el día". Hombres, así es como las mujeres piensan. "Miras a todo el mundo excepto a mí. No te has fijado en mi vestido". Los hombres están intentando descubrir cómo desarrollar mayor intimidad y comunicación en sus relaciones. En estos tiempos desafiantes en nuestra cultura, las mujeres tienen que mostrar entendimiento al hombre de su vida. En los días siguientes, veremos formas específicas para desarrollar la intimidad y la comunicación en las relaciones.

Pensamiento del día

Felicidad, intimidad y pasión duradera son ahora requisitos para las relaciones.

4 de junio

Una mujer que conoce su propósito

El corazón humano genera muchos proyectos, pero al final
prevalecen los designios del Señor.
—Proverbios 19:21

Muchos son los planes, opiniones, doctrinas y conceptos que hay en nuestro corazón, pero lo que cuenta es el propósito de Dios. Cuando confiamos en nuestro propio entendimiento de nuestros propósitos, tenemos dificultades. Sin embargo, cuando entendemos los propósitos de Dios para nosotros, podemos manejar las situaciones que llegan a nosotros con esos propósitos. De esta forma, podemos tener vidas realizadas.

Muchos hombres tienen problemas en su vida actualmente por dos razones. En primer lugar, no conocen su propio propósito; en segundo lugar, definitivamente no entienden el propósito de la mujer. Que los hombres no conozcan su propio propósito ni el propósito de la mujer tiene un efecto negativo sobre la mujer, causándole tanto estrés como sufrimiento. Sin embargo, cuando una mujer entiende su propósito y cómo está relacionado con el propósito del hombre, ella puede aportar mucha sanidad y realización a sus relaciones. Incluso puede ser capaz de aliviar algunas de las situaciones de mal uso e incluso abuso en su vida. Se sorprendería de lo que puede llegar a ser una mujer que conoce su propósito. He conocido a muy pocos hombres que puedan manejar a una mujer que conoce su propósito.

Y Dios creó al ser humano a su imagen; lo creó a imagen de Dios. Hombre y mujer los creó, y los bendijo con estas palabras: Sean fructíferos y multiplíquense; llenen la tierra y sométanla. (Génesis 1:27–28)

Porque somos hechura de Dios, creados en Cristo Jesús para buenas obras, las cuales Dios dispuso de antemano a fin de que las pongamos en práctica. (Efesios 2:10)

Pensamiento del día

Cuando una mujer entiende su propósito y cómo está relacionado con el propósito del hombre, ella puede aportar mucha sanidad y realización a sus relaciones.

5 de junio

EL PROPÓSITO DE LA PATERNIDAD

La prioridad del propósito tiene sus orígenes en nuestro Creador, y tiene aplicaciones prácticas importantes para nosotros como seres humanos. Cuando nuestro Creador hizo la humanidad, diseñó a los hombres y las mujeres para cumplir sus funciones específicas y les dio las cualidades y características que les permitirían desarrollar el propósito que Dios quería. La naturaleza de algo está determinado por su propósito. Si un hombre no conoce, entiende o cumple su propósito dado por Dios, entonces surgirán problemas tanto a nivel de identidad como de relaciones.

En la Escritura podemos ver que Dios creó al varón con un propósito particular en mente. Ya hemos hablado sobre algunas de sus principales responsabilidades como primer ser humano creado, como el hecho de ser fundamento y ancla. Relacionado con estas ideas está el concepto de paternidad. Dios quiso claramente que los hombres fueran *padres*; por tanto, los diseñó para que fueran eso. La naturaleza del varón como padre es providencial, esencial y útil para el cumplimiento de su propósito particular en la vida.

La "paternidad" tiene un significado mucho más amplio que sólo la producción biológica de hijos. La paternidad no es una opción para el varón sino algo inherente a su naturaleza misma. Los hombres están diseñados para proveer y proteger todo aquello bajo su esfera de influencia. *Cada* hombre es un padre, y su satisfacción personal está ligada al cumplimiento de ese propósito. El propósito es la fuente de todo verdadero cumplimiento y define su propia existencia.

Examinaremos la paternidad durante los siguientes días, así como en otros meses de este devocional, debido a la parte vital que los padres tienen en la sanidad de nuestras familias, comunidades y naciones. Quiero presentarle el propósito de la paternidad según el "Manual del Fabricante" (la Biblia). Comenzaremos mañana con un entendimiento de Dios como Padre.

Pensamiento del día

La esencia del varón es la paternidad.

---

6 de junio

El padre de vida

Jesús nos enseñó a orar así: *"Padre nuestro que estás en el cielo, santificado sea tu nombre"* (Mateo 6:9 RVR). El Padre en el cielo no era sólo el Padre de Jesús; es también el nuestro. Isaías 63:16 declara: *"Tú, Señor, eres nuestro Padre; ¡tu nombre ha sido siempre nuestro Redentor!"*. Cuando usamos el término Padre *nuestro* haciendo referencia a Dios, debemos recordar que no es tanto un nombre sino un título resultado de una función. Podemos decir que Dios es nuestro Padre en dos maneras principales: a través de la creación y a través de la redención.

Dios es la Fuente y el Sustentador de todo lo que creó, lo cual le hace ser el Padre de todas las cosas. Ya sea material o espiritual, Dios sigue siendo su Padre. Él es Padre en virtud de su voluntad creativa. Santiago 1:17 revela que Dios es *"el Padre que creó las lumbreras celestes"*. Eso significa que estrellas, soles, lunas y todo lo que existe en el universo provino de Dios. Toda la creación provino de Dios. Todo provino de Él, pero Él mismo no proviene de ninguna otra fuente. La palabra *Dios* significa el que se sustenta a sí mismo, es autosuficiente. Dios es vida y da vida a todo.

Dios es también nuestro Padre a través de nuestra redención en Jesucristo. Por medio de su vida sin pecado y su sacrificio en la cruz, Jesús restauró a los seres humanos caídos a su Padre celestial. Tras la resurrección de Jesús, les dijo a sus discípulos: *"Subo a mi Padre y a vuestro Padre, a mi Dios y a vuestro Dios"* (Juan 20:17 RVR). Podemos llamar al Creador nuestro Padre de nuevo debido a la reconciliación provista a través de Cristo.

Tenemos que recordar que la paternidad de Dios es un indicativo de su naturaleza; es la manera en que Él desea relacionarse con nosotros. *"Sino que habéis recibido el espíritu de adopción, por el cual clamamos: ¡Abba, Padre!"* (Romanos 8:15 RVR).

Pensamiento del día

Dios es nuestro Padre en virtud de la creación y la redención.

---

7 de junio

Diseñado para ser un padre

De un solo hombre hizo todas las naciones para que habitaran toda la tierra; y determinó los períodos de su historia y las fronteras de sus territorios.
—Hechos 17:26

En este versículo vemos que Dios creó al varón para que funcionara como padre sobre la tierra. Génesis 1:27 nos dice que el hombre fue creado a imagen de Dios, y que el término general hombre se refiere tanto al hombre como a la mujer. Pero Adán fue creado primero (véase Génesis 2:7–8, 18–23), y el resto de la humanidad, incluida Eva, salieron de él. Por eso, en la genealogía de Jesús narrada en Lucas 3, el linaje termina con: "*... hijo de Set, hijo de Adán, hijo de Dios*" (v. 38). Adán provino de Dios.

Recuerde que, en Génesis, Dios creó sólo a un ser humano de la tierra. Él nunca regresó a la tierra para crear a Eva ni a ningún otro ser humano, sino que situó toda la humanidad sobre ese primer hombre: Adán. Esto es un misterio. Todo lo que Dios quería para la raza humana estaba en ese hombre. Dios fue a la tierra, sacó un hombre, sopló hálito de vida en él, creó de ese hombre a la mujer y después dijo: "Ahora sean fructíferos" (véase Génesis 1:28).

La paternidad es el diseño y destino del varón. Dios quiso que el varón fuera la fuente de todas las personas. El varón es padre, no por votación o posición cultural, sino en virtud de su disposición en el proceso de la creación. Eso se debe a que tenía que representar a Dios. Dios Padre es el Modelo, Ejemplo y Mentor perfecto para todos los hombres que deseen ser verdaderos padres. Así como Dios es el Padre de todo ser viviente, Él hizo que el varón fuera el padre de la familia humana.

Pensamiento del día

La paternidad es el diseño y destino del varón.

¿QUÉ SIGNIFICA PADRE?

Debemos entender muy bien el significado de "padre" porque uno de los grandes peligros de la sociedad es un mal entendimiento de lo que es la verdadera paternidad. Las definiciones determinan las interpretaciones; así, hemos de comenzar por aquí. En el Antiguo Testamento, las consonantes hebreas usadas para "padre", *aleph y beth*, crean la palabra *ab*. *Abba*, que significa "papi", viene de esta palabra hebrea para padre. En el Nuevo Testamento, la palabra griega para padre es *pater*. Así, tenemos *ab* y *abba* en el Antiguo Testamento hebreo y *pater* en el Nuevo Testamento griego.

¿Qué significan *ab* y *pater*? Estas palabras denotan lo siguiente: fuente, el que alimenta, sustentador, partidario, fundador y protector. La fuente de algo es su *ab* o padre. Como fuente, el *ab* sostiene y mantiene. Otro significado de la palabra padre es "sostén". El padre es la fuente que sostiene todo lo que procede de él.

No puede usted ser un verdadero padre a menos que esté dispuesto a sostener aquello que salga de usted. Dios sostiene todo lo que salió de Él. A través del Hijo, Dios Padre hizo el universo y sostiene todas las cosas por el poder de su Palabra (véase Hebreos 1:2–3).

Otras palabras que describen la naturaleza de la paternidad son progenitor y antepasado. *Progenitor* viene del latín, y significa "engendrar". También denota "originador". Un padre es el iniciador o fuente. Dios creó al hombre para que fuera padre: el progenitor, fuente y sustentador de generaciones. Las palabras *antepasado* y *ascendencia* provienen del mismo verbo en latín *antecedere*, que significa "ir antes" o "preceder". Al comienzo de una línea genealógica está el padre. Él comienza la herencia para toda su descendencia. Esto es muy importante. El hombre (padre) recibió la responsabilidad no sólo de comenzar y proporcionar la futura generación, sino también de dar una identidad a esa generación.

Pensamiento del día

No puede usted ser un verdadero padre a menos que esté dispuesto a sostener lo que salga de usted.

Aspectos fundamentales de la paternidad

Los hombres deben entender los principios básicos de la paternidad para ser unos padres eficaces. Hemos descubierto que el padre es la fuente que sostiene, alimenta y aporta identidad a todo aquello que produce. Revisemos los principios que distinguen a los hombres en su función de padre:

El hombre es la fuente de la mujer. Primera de Corintios 11:8 dice: *"De hecho, el hombre no procede de la mujer sino la mujer del hombre"*. Por tanto, la gloria del hombre es la mujer (véase v. 7). En otras palabras, el hombre es responsable de lo que sale de él. Como la mujer salió del hombre, los hombres son responsables de las mujeres y de cómo las traten.

El hombre es la fuente de la semilla. El hombre ofrece el esperma. Es el iniciador de la vida humana, mientras que la mujer es la incubadora de la vida. Es la mujer la que da vida a la semilla del hombre.

El hombre es el que alimenta el fruto. La semilla de un árbol se planta, y después se convierte en otro árbol que da fruto. Todo lo que salga de la semilla es fruto; por tanto, los padres son responsables de nutrir el fruto.

El hombre está diseñado para proteger. Dios les dio a los hombres fortaleza física y psíquica. Su estructura ósea es más pesada y mayor que la de la mujer, no para golpearla, sino para protegerla.

El hombre mantiene su descendencia. El principio de la paternidad es mantener. El hombre es responsable de la seguridad, mantenimiento y desarrollo de su semilla. Paternidad significa mantenimiento.

El hombre enseña a su semilla. Un hombre es un buen padre cuando asume la responsabilidad de su semilla y le da conocimiento. La fuente debe enseñar e instruir a sus recursos. Eso es paternidad.

Pensamiento del día

El padre es la fuente que sostiene, protege, alimenta y provee identidad a todo aquello que produce.

SE NECESITAN BUENOS PADRES

El mes de junio, mes durante el que muchas personas celebran el Día del Padre, es un buen momento para alentar a los hombres en su tarea como padres. Parece que nunca antes hemos tenido tanta necesidad de buenos padres como en la actualidad. Cuando Dios creó al varón y le dio sus tareas de ejercer dominio, incluyó la responsabilidad de cultivar y proteger su descendencia. Sin embargo, hoy día hay una generalizada falta de entendimiento acerca de la naturaleza de la paternidad. Los hombres de todas las naciones y razas carecen de las habilidades para ser buenos padres.

Algunos hombres piensan que su capacidad para producir hijos les hace ser hombres. Cualquier varón puede tener un hijo, pero el hecho de tener un niño no es garantía de que sea usted un verdadero hombre, un verdadero padre. Esos hombres no conocen el significado de ser cobertura, protección y modelo a seguir para sus hijos.

Muchos hombres nunca han aprendido lo que significa ser un buen padre, y sus propios padres no les dieron un buen ejemplo. Cuando los padres son una influencia negativa para sus hijos, ellos crecen con el concepto erróneo de lo que es el matrimonio y la paternidad. El resultado de eso son relaciones y familias rotas.

En un gran número de hogares, actualmente los padres están ausentes debido a la separación, el divorcio y el creciente número de nacimientos extramatrimoniales. Otros padres viven en casa pero están ausentes de su familia, para cualquier efecto y propósito. Han olvidado su responsabilidad debido a la persecución de su carrera y su egocentrismo, al poner sus propios placeres por delante del bienestar de sus hijos. Esto significa que muchos hijos no tienen el beneficio de un buen padre.

Siempre existe una gran demanda de buenos padres. Hombres, ¿se comprometerán a ser aquello para lo que Dios les creó y diseñó? ¿Se comprometerán a ser padres?

Pensamiento del día

Siempre existe una gran demanda de buenos padres.

Un llamado tremendo

Hombres, tenemos un llamado tremendo por delante de nosotros. Nuestra tarea conlleva cambiar no sólo nuestra propia perspectiva de la paternidad, sino también la de nuestros hijos, especialmente de los hijos varones. Dios quiere que cada hijo crezca para convertirse en un padre. De hecho, en cada niño hay integrado un padre. De nuevo, no estoy hablando sólo de la capacidad biológica del varón para ser padre de una descendencia. Ser "padre" es algo que está arraigado en la imagen de Dios, porque Dios es Padre, y Él no está satisfecho hasta que el padre salga del niño.

Tenemos que comunicarles a nuestros hijos los estándares de Dios, para que la tendencia que describí ayer se pueda revertir. Pero tenemos que empezar por nosotros mismos. Debemos descubrir y poner en práctica lo que la Palabra de Dios dice sobre los padres y a los padres. Entonces podremos enseñar esos principios a otros hombres y niños. La verdad de Dios sobre los padres será la salvación de nuestras comunidades y naciones.

Dios siempre ha sido muy específico en su Palabra acerca de las responsabilidades de un padre. Esta función tiene una particular importancia para Él, porque los padres están para representarle a Él ante sus hijos. Cuando los padres no muestran el amor y el carácter de Él a sus hijos e hijas, el concepto de los niños acerca de Dios sufre, lo cual afecta su relación con Él. Ahora bien, no ha existido aún un padre terrenal perfecto, pero Dios ha provisto una abundante instrucción sobre cómo ser padres en su Palabra. Cuando los hombres buscan la guía y fortaleza de Dios, pueden cumplir sus responsabilidades y ser un importante reflejo de la paternidad de Dios ante sus hijos.

Y ustedes, padres, no hagan enojar a sus hijos, sino críenlos según la disciplina e instrucción del Señor.

(Efesios 6:4)

Pensamiento del día

Los padres representan a Dios ante sus hijos.

CONOZCA A SU PADRE CELESTIAL

Después que Jesús resucitara de los muertos, hizo esta maravillosa declaración: *"Vuelvo a mi Padre, que es Padre de ustedes; a mi Dios, que es Dios de ustedes"* (Juan 20:17). Gracias a la muerte y resurrección de Jesús por nosotros, podemos conocer a Dios no sólo como nuestro Creador, sino también como nuestro Padre.

Un hombre no podrá entender lo que significa ser un buen padre a menos que conozca a su Padre celestial. Un hombre también debe tener fe en Dios como su Padre, sabiendo que Él amará, protegerá y proveerá para él. La confianza en Dios es lo que un padre tiene que modelar ante sus hijos. Ellos deben ver un firme caminar de fe en la vida de su padre, cuando las cosas van bien y cuando la vida se llena de dificultades. La mayor herencia que un hombre puede dejar a sus hijos no es dinero o propiedades, sino fe. Una casa se puede quemar, o alguien puede venderla, pero nadie puede destruir la fe que usted haya instaurado en sus hijos. Además, el niño podrá usar su fe para obtener otra casa, porque ha sido enseñado a confiar en Dios como su Proveedor.

En la Biblia, a menudo verá variaciones de la frase "el Dios de tu padre" (véase, por ejemplo, Génesis 26:24; 32:9; 2 Crónicas 17:4; Isaías 38:5). Si sus hijos han visto a Dios reflejado en usted, entonces les habrá mostrado la vida y el carácter de Él y, al hacerlo, les habrá dado una verdadera herencia espiritual.

"Les escribo a ustedes, padres, porque han conocido al que es desde el principio" (1 Juan 2:13).

Pensamiento del día

La mayor herencia que un padre puede dejar a sus hijos no es dinero o propiedades, sino fe.

¿A QUÉ TIPO DE DIOS REPRESENTA?

El padre hará notoria tu verdad a los hijos.
—Isaías 38:19 (RVR)

Por qué los hijos de los patriarcas siguieron al Dios de sus padres? Porque Él cumplió sus promesas y cuidó de ellos. En Génesis 12:2, Dios le dijo a Abraham: *"Haré de ti una nación grande, y te bendeciré; haré famoso tu nombre, y serás una bendición"*. Después, el siervo de Abraham constató: *"El SEÑOR ha bendecido mucho a mi amo y lo ha prosperado. Le ha dado ovejas y ganado, oro y plata, siervos y siervas, camellos y asnos. Sara, la esposa de mi amo, le dio en su vejez un hijo, al que mi amo le ha dejado todo lo que tiene"* (Génesis 24:35–36).

Isaac, el hijo de Abraham, vio de primera mano que el Dios de su padre era real, y tomó una decisión: "Yo también voy a servir al Dios de mi padre". En la actualidad, muchos niños se están alejando del Dios verdadero porque la fe de sus padres es débil, y por tanto creen que el Dios de sus padres también es débil.

Si usted es padre, su representación de Dios en el hogar probablemente decidirá si sus hijos creen en Él o no. ¿Dirán ellos: "Serviré al Dios de mi padre"? ¿O dirán: "No vale la pena servir al Dios de mi padre"? Yo quiero que mis hijos vean la fidelidad de Dios a través de mi vida. Quiero que digan: "El Dios al que mi padre y mi madre sirven es real. Seguiré al Dios de mis padres porque Él es fiel".

Hombres, si tienen una meta en la vida, que sea esta: antes de morir, que oigan a sus hijos decir: "Sirvo al Dios de mi padre".

Pensamiento del día

Su representación de Dios en el hogar probablemente determinará lo que sus hijos crean acerca de Él.

Principios de la paternidad

Repase hoy estos principios de paternidad que hemos aprendido durante los últimos dos meses y medite en cómo puede aplicarlos en su vida cotidiana, directamente para usted si es un hombre, y en sus relaciones con los hombres si es una mujer.

1. Un buen padre ama a la madre de sus hijos; ama a sus hijos; es responsable de sus hijos; enseña, instruye, disciplina, anima, consuela y aconseja a sus hijos.

2. La "paternidad" es mucho más que tan sólo la producción biológica de hijos. Dios ha diseñado a los hombres para proveer y proteger todo lo que esté bajo su esfera de influencia.

3. Dios es nuestro Padre en dos formas principales: a través de la creación y a través de la redención.

4. La palabra *padre* denota alguien que es la fuente, que alimenta, sostiene, apoya, fundador y protector, y alguien que aporta identidad a lo que produce.

5. Un buen padre conoce al Padre celestial.

6. La representación de Dios de un padre en el hogar probablemente decidirá lo que creerán sus hijos acerca de Él.

7. Un buen padre deja un legado espiritual fuerte para sus hijos.

Así que el obispo debe ser... moderado, sensato, respetable, hospitalario, capaz de enseñar; no debe ser borracho ni pendenciero, ni amigo del dinero, sino amable y apacible. Debe gobernar bien su casa y hacer que sus hijos le obedezcan con el debido respeto.

(1 Timoteo 3:2-4)

Padre celestial, no hay nadie como tú. Nos amas, sostienes, provees para nosotros y nos equipas para hacer avanzar tu reino sobre la tierra. Te amamos y ponemos toda nuestra confianza en ti. Oramos para que tú enseñes a los padres a representarte ante sus hijos, y que los hijos quieran seguir al Dios de sus padres. En el nombre de Jesús, amén.

DISEÑOS PERFECTAMENTE COMPLEMENTARIOS

Dios creó a los hombres y a las mujeres con diseños perfectamente complementarios. El hombre es perfecto para la mujer, y la mujer es perfecta para el hombre. Cuando los hombres y las mujeres esperan que el otro piense, reaccione y se comporte igual, es decir, cuando no conocen o aprecian las diferencias dadas por Dios, es cuando experimentan conflictos. Sin embargo, cuando entienden y valoran los propósitos del otro, consiguen unas relaciones gratificantes, y pueden mezclar de forma armoniosa sus diseños particulares para la gloria de Dios.

Muchos esposos y esposas no se dan cuenta de que las necesidades de su cónyuge son diferentes de las suyas. ¿Se acuerda del principio de que el propósito determina la naturaleza, y que la naturaleza determina las necesidades? Si una mujer quiere ayudar al hombre a cumplir su propósito, debe aprender cuál es su naturaleza, cómo funciona él y cuáles son sus necesidades. No puede darle lo que ella necesita, porque las necesidades de él suelen ser diferentes a las de ella. Es exactamente igual a la inversa. Un hombre debe conocer las necesidades de una mujer e intentar suplirlas. Piense en esta ilustración: usted llena el depósito de su auto de gasolina para que ande. Sin embargo, no pone gasolina en sus plantas para que crezcan. Cada cosa necesita lo que es apropiado para su propia naturaleza y necesidades. El mismo principio es aplicable a hombres y mujeres.

Dios le ha dado fortalezas a la mujer que el hombre no tiene, y viceversa. Hasta que no reconozcan la naturaleza que Dios le ha dado a cada uno de ellos, serán débiles en ciertas áreas, porque cada uno fue diseñado para suplir lo que al otro le falta. Los hombres y las mujeres tienen fortalezas diferentes, y ninguno puede funcionar plenamente sin el otro.

Pensamiento del día

Cuando los hombres y las mujeres entienden y valoran los propósitos del otro, pueden tener unas relaciones gratificantes.

SUPLIR LAS NECESIDADES DE OTROS

Ya hemos dicho que los diseños de los hombres y las mujeres gobiernan las necesidades que cada uno debe tener suplidas para sentirse realizados, contentos y poder vivir en los propósitos de Dios para la creación. El problema es que muchas personas no son del todo conscientes de sus propias necesidades, y mucho menos de la necesidades de otros. Nuevamente, muchos maridos y esposas no saben que la necesidades de su cónyuge son diferentes a las suyas.

Aunque algunas personas son conscientes de sus necesidades, a menudo viven frustradas porque sus necesidades no están siendo suplidas. Terminan demandando que otra persona las satisfaga o sufriendo en silencio, sin esperar nunca vivir una vida totalmente plena.

Durante los próximos dos días, exploraremos las necesidades sumamente importantes de la mujer y del hombre que contribuyen a tener una relación satisfactoria: la necesidad que ella tiene de amor, conversación y afecto, y la necesidad que él tiene de respeto, compañía recreativa y satisfacción sexual. Por favor, tenga en mente que la necesidades expuestas como necesidades de las mujeres y las necesidades expuestas como necesidades de los hombres también son necesidades de ambos. Sin embargo, lo veremos en el contexto de las necesidades *primordiales* de cada uno.

A medida que lleguemos a entender la necesidades del otro y trabajemos para suplirlas, nuestro corazón y nuestra mente serán renovados, y serán restaurados en nuestra vida los propósitos de Dios para la creación en mayor medida. Las mujeres y los hombres deben entender que sólo se pueden sentir realizados cuando trabajan juntos para suplir las necesidades del otro. En este esfuerzo, es vital el gran principio de Jesús: *"Hay más dicha en dar que en recibir"* (Hechos 20:35). Cuando da para suplir las necesidades del otro, usted es bendecido, y como consecuencia también serán suplidas muchas de sus propias necesidades.

Pensamiento del día

Dar a los demás para satisfacer sus necesidades le aportará una verdadera realización.

LA NECESIDAD PRINCIPAL DE LA MUJER ES AMOR

Esposos, amen a sus esposas.
—Colosenses 3:19

No sé cómo enfatizar más este punto: la necesidad principal de la mujer es amor. Hemos aprendido que la mujer fue *diseñada* para recibir amor. Esta verdad es tan central para las necesidades emocionales de una mujer que si llegara a ser la única que pudieran aprender y aplicar los hombres, marcaría una gran diferencia en las vidas de las mujeres y, por consiguiente, en las suyas propias.

Una mujer no sólo quiere amor; verdaderamente lo *necesita* por su diseño. Por este motivo un hombre puede darle una casa y regalos muy caros y aun así ella no se sentirá satisfecha. El hombre dirá: "¿Qué te pasa? No puedo hacer nada para complacerte. Te estoy dando todas estas cosas, y aun así no eres feliz". Y ella responderá: "Lo que realmente quiero no es un abrigo de visón o una casa. Te quiero *a ti*. Quiero que me digas que soy importante, especial y única para ti, y que soy todo aquello con lo que habías soñado. Quiero que me digas que me amas".

El amor no se puede reemplazar. Amar significa apreciar, cuidar y mostrar afecto. Apreciar a una mujer no es equivalente a comprarle regalos caros; significa llamarla varias veces al día y decirle que usted la ama.

Cuidar significa salir de su camino para asegurarse de que ella tiene todo lo que necesita. Significa soltar todo lo que usted está haciendo para asegurarse de que ella está bien. El amor no dice: "Ahora mismo estoy ocupado. Te hablaré después". Cuidar es hacer que otras personas esperen mientras usted suple las necesidades de su esposa.

Pensamiento del día

Una mujer no sólo quiere amor;
verdaderamente lo *necesita* por diseño.

18 de junio

LA NECESIDAD PRINCIPAL DEL HOMBRE ES RESPETO

El apóstol Pablo enfatizó las necesidades principales de hombres y mujeres cuando dijo: "*Cada uno de ustedes* [esposos] *ame también a su esposa como a sí mismo, y que la esposa respete a su esposo*" (Efesios 5:33). Un hombre tiene que *saber* que se le respeta tanto como una mujer necesita *sentirse* amada. Ser respetado ocupa el centro de su autoestima, y afecta a todas las demás áreas de su vida.

Algunas mujeres piensan que como la cultura ha cambiado, no tienen que respetar a su esposo como líder de la familia. Quizá una mujer le diga a su marido: "Déjame decirte algo. Tengo un título universitario, y tú solamente la enseñanza secundaria. Podría pagar esta casa yo sola, así que no te necesito". Aunque el marido tenga menos educación formal o gane menos dinero que su esposa, necesita que ella le respete como su esposo.

Una esposa puede suplir la necesidad de admiración y respeto de su marido entendiendo su valor y sus logros más que ninguna otra persona. Tiene que recordarle sus capacidades y ayudarle a mantener su autoconfianza. Ella debiera estar orgullosa de su marido, no por obligación sino como una expresión de sincera admiración por el hombre con el que ha escogido compartir su vida.

Debemos recordar que un hombre soltero necesita respeto tanto como un hombre casado. Necesita el respeto y la afirmación de las mujeres porque está diseñado para necesitarlo. Las mujeres pueden suplir la necesidad de un hombre soltero reconociendo su valor y sus logros como hombre y alentándole en sus talentos y su trabajo.

Pensamiento del día

Un hombre necesita *saber* que se le respeta tanto como una mujer necesita *sentirse* amada.

---

19 de junio

NECESIDADES PRINCIPALES DIFERENTES

*Cada uno debe velar no sólo por sus propios intereses sino
también por los intereses de los demás.*
—Filipenses 2:4

Como la necesidad principal de la mujer es amor, a menudo piensa
que la necesidad principal del hombre también es amor. Él necesita
amor, pero su necesidad de respeto es aún mayor.

Si una mujer le expresa amor a un hombre pero no suple su
necesidad de respeto, él podría no responder de la forma en que
ella espera que lo haga. Podría mostrarse distante. Por ejemplo,
una mujer se preguntaría por qué su marido no parece satisfecho en la relación cuando ella ha estado amablemente intentando
ayudarle manteniendo la casa en orden y supliendo sus necesidades materiales. Quizá una mujer incluso le escriba a su marido
notas de amor y le dé mucho afecto, y aun así observe que él sigue
sin parecer feliz. Ella se pregunta: "¿Qué más puedo hacer por
este hombre?".

Sin embargo, un hombre se siente con esas cosas de la misma forma en que se siente una mujer con la provisión de una casa
que hace el hombre. Él está agradecido de que sus necesidades
materiales y emocionales estén cubiertas, y aprecia los esfuerzos
de su esposa. Sin embargo, esas cosas no satisfacen su necesidad
principal. Un esposo debe amar y cuidar a su esposa. Una esposa
debe respetar y honrar a su esposo. De esta forma, las necesidades principales de ambos estarán constantemente cubiertas.

Por lo tanto, esforcémonos... a la mutua edificación.
(Romanos 14:19)

Pensamiento del día

Edifique a su cónyuge supliendo su necesidad principal.

¿Qué hago mientras tanto?

Uno de los problemas que puede afrontar una mujer es que su esposo no sepa que debe amarla de las maneras en que hemos estado hablando. Aunque una mujer pudiera estar honrando y estimando a su esposo, puede que él no le esté mostrando amor porque realmente no sabe cómo hacerlo. Este es un problema muy real para muchas esposas, que puede que se pregunten: *¿Que hago mientras tanto?* Aunque los hombres y las mujeres necesitan entenderse y suplir las necesidades el uno del otro, si la mujer entiende las necesidades tanto de los hombres como de las mujeres pero su esposo no, es importante que tenga paciencia. Ella tiene que responder a su esposo según lo que él sabe.

Si yo sé que una persona es ignorante, no puedo enojarme con ella. Jesús en nuestro modelo más alto. Él dijo: *"Padre..., perdónalos, porque no saben lo que hacen"* (Lucas 23:34). La dificultad llega cuando usted sabe que una persona es consciente de lo que se supone que debe hacer pero aun así no lo hace. En este caso, es necesario algún tipo de reprimenda. Dependiendo de la situación, una mujer podría apelar directamente a su marido; o podría apelar al pastor, a una amiga de confianza o incluso a un familiar para que hablara con su marido por ella. Sin embargo, su mejor opción es orar por su esposo y permitir que el Señor le cambie.

Se puede reprender a una persona que tiene conocimiento, pero, de nuevo, hay que pasar por alto las faltas de una persona que sea ignorante. Esto impedirá que la amargura se asiente en su corazón. Evite culpar a la otra persona, viva de manera responsable delante de Dios y asegúrese de llevar a cabo sus propias responsabilidades hacia su cónyuge. *"De modo que si algunos de ellos no creen en la palabra, puedan ser ganados más por el comportamiento de ustedes que por sus palabras"* (1 Pedro 3:1).

Pensamiento del día

Confíe en que Dios le enseñará a su pareja como
suplir sus necesidades.

LA NECESIDAD DE CONVERSACIÓN DE LA MUJER

Además de amor, una mujer necesita conversación. Disfruta hablando con otros, y aunque suene como algo simple, es una necesidad real basada en su naturaleza. Una mujer necesita que un hombre hable con ella. Observe que he dicho *con* ella y no *a* ella. Debido a que los hombres tienen una mentalidad de liderazgo, a veces sus conversaciones con sus esposas se convierten en instrucciones en lugar de ser un diálogo en el que se da y se toma. Un hombre debe darle importancia al hecho de conversar con su esposa. Los regalos costosos no significan nada para una esposa si su marido se los entrega y se va. Ella prefiere mantener una conversación.

El hombre puede suplir la necesidad de conversación íntima de la mujer buscando la manera de comunicarse con ella continuamente. Para suplir verdaderamente su necesidad, debería hablar con ella a nivel de *sentimientos* y no sólo a nivel de información y conocimiento. Ella necesita que él oiga sus actitudes acerca de los sucesos del día con sensibilidad, interés y preocupación. Todas sus conversaciones con ella deberían llevar impreso el deseo de entenderla, no de cambiarla. Esto significa que él no necesariamente debería intentar solucionar sus problemas de manera inmediata. Debe ofrecerle toda su atención y entendimiento en lugar de soluciones rápidas.

Después de darle un tiempo adecuado para expresar sus sentimientos, él debiera llevar la conversación a término con cortesía y apertura, mirándole a los ojos y diciéndole lo que él realmente piensa y siente. Debería compartir sus planes y acciones de forma clara y completa con ella, porque él considera que debe rendirle cuentas y pedirle su opinión. Esto hará que ella pueda confiar en él y sentirse segura.

Pensamiento del día

Un hombre debería mostrar el deseo de entender a su esposa, no de cambiarla.

LA NECESIDAD DE COMPAÑÍA RECREATIVA DEL HOMBRE

Un hombre se siente feliz cuando una mujer se involucra en sus actividades recreativas. No sé cómo enfatizar bien lo importante que es esto. Debido al diseño del hombre, es como si tuviera una necesidad innata de proteger su "territorio" de amenazas del mundo exterior. Por eso necesita sentirse como si siempre estuviera ganando en la vida (ustedes, mujeres, ¡quizá ya hayan observado este rasgo!). Esta necesidad se traduce en un deseo de ganar la competición en un evento deportivo o de dominar un área concreta de interés o pericia. Es su naturaleza territorial lo que le lleva a esa necesidad de tener una compañía recreativa. Necesita estar involucrado en actividades que supongan un reto, y aunque le gusta ganar, también le gusta compartir esas experiencias con otros.

Si una mujer participa en algo que al hombre le gusta hacer (jugar al tenis, visitar lugares históricos, tocar un instrumento, diseñar programas de computadora) y le permite que le hable de esas cosas, fortalecerá su relación con él. Él se sentirá bien cuando ella se interese por lo que a él le interesa.

He oído a mujeres decir cosas como la siguiente sobre sus esposos: "Ese viejo tonto; siempre está en el campo jugando al fútbol. Ojalá lo dejara y viniera a casa y fuera un esposo". Esta actitud no ayudará a arreglar la situación. Él tiene una necesidad que está supliendo en el terreno de juego. ¿Por qué pasaría un hombre horas en algo a menos que necesitara suplir una necesidad por medio de ello? En lugar de luchar contra algo que aporta realización al hombre, la mujer debería descubrir por qué es importante para él. Entonces, si es posible, ella debería participar en ello para que ambos puedan experimentarlo juntos, edificando así entendimiento, compañía e intimidad en su relación.

Pensamiento del día

Un hombre se siente feliz cuando una mujer se involucra en sus actividades recreativas.

---

23 de junio

NECESIDADES INTERRELACIONADAS DE AFECTO Y SEXO

Una mujer necesita afecto. No sólo quiere afecto, ¡lo necesita! Sin embargo, aunque una de sus necesidades principales es el afecto, una de las necesidades principales del varón es el sexo. Si estas dos necesidades interrelacionadas no se entienden y equilibran, pueden causar los peores conflictos en el matrimonio.

Lo que los hombres y las mujeres tienen que entender es que *el afecto crea el entorno para la unión sexual* en el matrimonio, mientras que *el sexo es el acto*. La mayoría de los hombres entienden esto, y por eso inmediatamente quieren el acto. No saben lo que significa crear un entorno de afecto, y se centran únicamente en su necesidad. Las mujeres necesitan que el afecto preceda a la intimidad sexual.

El hombre es el proveedor de la semilla y, por tanto, su inclinación natural es proveer esta fuente. Esta es una de las razones por las que él se concentra en el acto del sexo. La mujer, por el contrario, es la que gesta la nueva vida. Su función es proveer un entorno cálido y seguro en el que la vida pueda creer y desarrollarse. Como incubadora, el enfoque natural de la mujer está en las esferas de la vida sensorial, intuitiva y emocional, y por eso tiene una necesidad equivalente de afecto. Ella necesita un entorno de afecto para sentirse amada y realizada.

El problema es que la mayoría de los hombres no son naturalmente afectivos. Muchos hombres simplemente no entienden cómo darle afecto a su esposa. ¿Cómo puede un hombre darle a una mujer lo que ella necesita cuando siente que no tiene lo que ella necesita? Puede aprender a ser afectivo. Puede llegar a conocer el diseño de la mujer y entonces suplir su necesidad de afecto tal como está relacionada con su diseño. Si un esposo no está seguro de cómo ser afectuoso, debería sentarse con su esposa y preguntarle de manera amable y sincera.

Pensamiento del día

El afecto crea el entorno para la unión sexual en el matrimonio, mientras que el sexo es el acto.

---

24 de junio

ESTACIONES DE AMOR

Los hombres deben ser considerados y respetuosos con sus esposas en los asuntos sexuales. Pablo escribió: *"A los jóvenes, exhórtalos a ser sensatos"* (Tito 2:6), y *"A los ancianos, enséñales que sean moderados, respetables, sensatos, e íntegros en la fe, en el amor y en la constancia"* (v. 2). Pedro escribió: *"De igual manera, ustedes esposos, sean comprensivos en su vida conyugal, tratando cada uno a su esposa con respeto"* (1 Pedro 3:7).

Los hombres tienen que ser conscientes de que el diseño de la mujer está relacionado con su propósito. Ella está diseñada para reproducir y, por tanto, su cuerpo tiene un ciclo reproductivo. Aunque el hombre es quien planta la semilla, tiene que plantarla durante el periodo correcto para la mujer. Dios la diseñó de manera distinta al hombre debido a su propósito en la reproducción. El hombre debe cooperar con este propósito para que ambas partes puedan ser bendecidas. Al mismo tiempo, es importante que la mujer reconozca la necesidad de sexo de su marido y sea sensible a ella.

Aunque el hombre siempre está listo sexualmente, la mujer no siempre está preparada para las relaciones sexuales. Muchas personas creen que Dios diseñó a las mujeres para estar en un ciclo de cuatro estaciones dentro de cada mes: verano, invierno, otoño y primavera. Sus hormonas determinan cuándo aparece cada una de esas estaciones.

Siempre se puede saber cuándo es verano. El sol brilla al mediodía, hace calor. Dios la hizo así. Luego llega el otoño. El otoño es cuando la temperatura empieza a refrescar y la mujer comienza a actuar de manera un tanto más reservada. Luego llega el invierno, y el hombre siente que se ha quedado solo a la intemperie. Sin embargo, el invierno pasa y de repente llega la primavera, y empieza a calentar, y todo es nuevo otra vez. Un hombre debe entender las estaciones de una mujer. Puede que él esté listo, pero para ella, puede que aún no sea la estación adecuada.

Pensamiento del día

Los maridos tienen que entender las estaciones de una mujer, y las esposas deben ser sensibles a la necesidad de sexo de su marido.

---

25 de junio

PRINCIPIOS DE LAS NECESIDADES PRINCIPALES

Repase hoy estos principios de las necesidades principales de las mujeres y de los hombres y medite sobre cómo aplicarlas a su vida cotidiana.

1. La necesidad principal de la mujer es amor, mientras que la necesidad principal del varón es respeto.
2. Amar significa apreciar, cuidar y mostrar afecto.
3. Si un esposo ignora la necesidad de amor de su esposa, es importante que ella sea paciente y confíe en que Dios le revelará a él esta necesidad mientras evita amargarse.
4. Una necesidad principal de la mujer es la conversación, mientras que una necesidad principal del hombre es la compañía recreativa.
5. Para suplir verdaderamente la necesidad de conversación de la esposa, el marido debería hablar con ella a nivel de *sentimientos* y no sólo a nivel de conocimiento e información.
6. Una mujer puede crear oportunidades para conversar con su esposo desarrollando un interés por su trabajo, sus actividades y sus aficiones.
7. Una necesidad principal de la mujer es el afecto, mientras que una necesidad principal del hombre es el sexo.
8. El afecto crea el entorno para la unión sexual en el matrimonio, mientras que el sexo es el acto.

En todo caso, cada uno de ustedes ame también a su esposa como a sí mismo, y que la esposa respete a su esposo. (Efesios 5:33)

Padre celestial:
Tú has hecho a los hombres y las mujeres distintos en sus necesidades principales, y sin embargo hemos sido creados para poder complementarnos el uno al otro. Por favor, guíanos al intentar suplir las necesidades del otro sin pensar siempre primero en nuestra propia necesidad. Ayúdanos a entender y caminar en tus propósitos para nuestras relaciones. En el nombre de Jesús, amén.

CONOCER LA PALABRA

Si un hombre no tiene el conocimiento y la capacidad de enseñar a una mujer la Palabra de Dios, realmente no está preparado para el matrimonio. Pasar la pubertad no le hace estar listo para el matrimonio. Conseguir un trabajo o un título universitario no le hace estar preparado. Estoy hablando acerca de los requisitos de Dios. Para Dios, usted está listo para el matrimonio cuando es capaz de enseñar a su familia su Palabra. Si ya está casado pero no conoce la Palabra, debería hacer que el estudio y el conocimiento de la Biblia sean una prioridad en su vida. Debería ir a una iglesia donde pueda aprender las Escrituras, para poder obedecer lo que Dios le ha ordenado hacer como hombre. No podrá enseñar lo que no sabe.

¿Cómo puede enseñar la Palabra de Dios a su familia si lo único que ve en la televisión son comedias o programas de actualidad o partidos? ¿Cómo puede enseñar a su familia la Palabra de Dios si lo único que lee es *Superman* y *Los cuatro fantásticos* o el periódico? ¿Cómo puede enseñar a su familia la Palabra de Dios si no ha pasado tiempo aprendiéndola para usted mismo?

Muchos hombres saben más acerca de deportes que acerca de la Biblia. Puede nombrar todos los equipos de fútbol y quiénes juegan en ellos, pero no conocen la Palabra. Pueden enseñar a sus hijos a jugar al baloncesto, pero no saben cómo enseñarles a ser santos. Puede que alguien diga: "La Biblia está bien, pero yo le estoy enseñando a mi hijo a ser un *verdadero* hombre". ¿Qué le está enseñando verdaderamente?

Se necesita a un verdadero hombre para enseñar a un niño la Palabra de Dios, para instruirle en los valores y principios por los que vivirá cuando se acabe el partido.

Pensamiento del día

Si un hombre no puede enseñar la Palabra, no está preparado para matrimonio.

---

27 de junio

PERMITA QUE EL SEÑOR LE ENSEÑE

Dichoso el que halla sabiduría, el que adquiere inteligencia.
—Proverbios 3:13

Hombres, deben adquirir sabiduría y entendimiento de la Palabra de Dios para poder guiar a su familia con sabiduría, integridad y confianza. Recuerde que los esposos y padres deben enseñar y alimentar. Esto significa que son quienes proveen "nutrientes" y recursos que desarrollan, enriquecen, expanden y hacen crecer lo que sale de ellos. Una de las mayores responsabilidades del hombre es enseñar. Muchos hombres tienen carencia en esta área de la enseñanza y se sienten intimidados por las mujeres con las que se casan, que parecen tener más conocimiento de las cosas espirituales que ellos.

Permítame decirle algo: el hombre está diseñado para enseñar, así que no tiene que preocuparse en exceso sobre las técnicas de enseñanza. A los hombres, por naturaleza, les encanta dar instrucciones. El instinto paternal de enseñar es inherente a ellos. A propósito, por eso los hombres a menudo resisten los intentos que hacen las mujeres de enseñarles. Los hombres son maestros, pero deben tener algo digno de enseñar. Adquiera sabiduría y entendimiento de la Palabra de Dios para que puede enseñar sus principios.

Pídale a Dios que le instruya en su Palabra por el poder del Espíritu Santo. Él desea darnos su sabiduría, conocimiento y entendimiento: *"Porque el SEÑOR da la sabiduría; conocimiento y ciencia brotan de sus labios"* (Proverbios 2:6). *"Adquiere sabiduría, adquiere inteligencia; no olvides mis palabras ni te apartes de ellas"* (Proverbios 4:5). Jesús dijo: *"Pero el Consolador, el Espíritu Santo, a quien el Padre enviará en mi nombre, les enseñará todas las cosas y les hará recordar todo lo que les he dicho"* (Juan 14:26).

Pensamiento del día

Dios quiere darnos su sabiduría, conocimiento y entendimiento.

Lavado con la Palabra

Esposos, amen a sus esposas, así como Cristo amó a la iglesia y se entregó por ella para hacerla santa. Él la purificó, lavándola con agua mediante la palabra, para presentársela a sí mismo como una iglesia radiante, sin mancha ni arruga ni ninguna otra imperfección, sino santa e intachable. Así mismo el esposo debe amar a su esposa como a su propio cuerpo.
—Efesios 5:25–28

En este pasaje, Pablo estaba diciendo: "Jesús es un buen Esposo. Un hombre debiera amar a su esposa como Jesús amó a la iglesia. Él se dio a sí mismo por ella para limpiarla mediante el lavamiento de la Palabra".

Si el hombre ha de lavar a su esposa con la Palabra, así como Cristo lava a su novia con la Palabra, no cabe duda de que necesita estar lleno de la Palabra, así como Cristo está lleno de la Palabra. Usted no puede lavar si no tiene agua.

Jesús enfatizó la importancia de la Palabra en nuestras vidas. Un varón que quiera ser un verdadero hombre —el hombre que Dios creó— tiene que estar lleno de la Palabra de Dios. Sólo hay una manera de conseguir agua clara: ir al pozo. Usted no puede lavar con el agua sucia del mundo. Cuando llena su mente y su corazón sólo con cosas como la televisión o los eventos deportivos, eso es barro. Algunos hombres están lavando a sus esposas con barro. Si usted quiere el agua que el Fabricante quiere que tenga, necesita estar conectado al pozo de Dios, que está lleno de la Palabra. Esto significa constantemente leer, estudiar, meditar y obedecer las Escrituras; también significa mantener su relación con Jesús y manifestar su naturaleza y carácter, porque Jesús es la Palabra (véase Juan 1:1).

Pensamiento del día

Un varón que quiera ser un verdadero hombre tiene que estar lleno de la Palabra de Dios.

DAR UNA PALABRA POSITIVA

Qué significa que un esposo lave a su esposa con la Palabra? Cristo es nuestro ejemplo de esto. Cada vez que tenemos una experiencia negativa, Jesús llega inmediatamente con una palabra positiva y lava la negativa. Los maridos deben hacer lo mismo por sus esposas.

Por ejemplo, cuando los discípulos tuvieron miedo, Jesús les dijo: *"¡Tened ánimo!"* (Mateo 14:27 RVR). Cada vez que ellos se ponían nerviosos, Él les decía que tuvieran calma. Siempre que tenían miedo por una tormenta, Él les decía que se relajaran. Él siempre estaba ahí para lavar cualquier temor, para lavar cualquier duda. Cuando se preguntaban cómo iban a alimentar a los cinco mil, Él les dijo que tuvieran fe. Cuando le dijeron que Lázaro había muerto, Él dijo: "No se preocupen; está durmiendo". Él siempre estaba lavando a su iglesia con la verdad de Dios.

¿Qué clase de hombre necesitamos en la actualidad? Cuando su esposa diga: "No vamos a poder pagar la hipoteca", usted diga: "Cariño, servimos al Dios de Abraham, Isaac y Jacob, el Dios de mis abuelos y mis padres. Sigamos firmes en la Palabra, porque todo va a ir bien". Cuando su esposa sienta un poco de dolor en su cuerpo y comience a imaginarse todo tipo de cosas, como un cáncer, usted tiene que estar ahí y decir: "Cariño, Dios es el Dios que sana. Ven y déjame orar por ti". Esto es lavar a su esposa.

Dios quiere hombres que se levanten en su fe, diciendo: "Caerán mil a mi derecha, y diez mil a mi izquierda, pero no tocarán nuestra casa. Mi casa está cubierta por la Palabra de Dios. Yo y mi casa vamos a estar bien". Eso es un hombre; eso es alguien que lava, ¡que está lleno de la Palabra de Dios!

Pensamiento del día

Dios quiere hombres que se levanten en su fe.

¿Le conoce Dios?

Abraham era un hombre que asumió su responsabilidad como cabeza del hogar muy seriamente. Y el Señor dijo: "Conozco a Abraham" (véase Génesis 18:19). Me pregunto: ¿Le conoce Dios a usted? ¿Puede decir acerca de usted: "*Sé* que enseñarás a tu familia la Palabra de Dios"?

Si quiere que Dios le considere su amigo, entonces hágase maestro en su hogar. De nuevo, debe llenarse de la Palabra para poder darla a su familia. Muchos hombres aún no entienden ni aprecian el valor que la Palabra de Dios tiene para el cumplimiento de su propósito.

Hemos hablado acerca de que muchos hombres dejan a sus esposas e hijos en la iglesia porque no quieren ser responsables de su formación espiritual. Abraham conocía la Palabra, y la enseñaba. Recuerde que Dios dijo: "No le ocultaré nada a Abraham" (véase Génesis 18:17). ¿No le gustaría ser de esa clase de hombres de los que Dios dice: "Voy a contarle mis secretos"?

Un hombre que instruye a su casa en las Escrituras atrae a Dios. No importa cuánto ore y vaya a la iglesia y cante himnos, si no enseña en su casa los caminos de Dios, si no le da a la Palabra de Dios la importancia debida en su hogar, Dios le ve como un hombre débil. Dios dijo: "Si algún hombre quiere ser líder en la iglesia, que primero ordene su casa" (véase 1 Timoteo 3:12).

Dios no mide su capacidad de guiar sobre la base de sus calificaciones religiosas o académicas, sino que la mide por sus calificaciones domésticas. Si usted cuida de sus hijos, entonces Dios dice: "De acuerdo, ahora puedes guiar a mi iglesia". Si usted puede dirigir su casa, entonces puede dirigir la casa de Dios.

Pensamiento del día

Muchos hombres aún no aprecian el valor de la Palabra de Dios para el cumplimiento de su propósito.

Diseñada para adaptarse

Luego Dios el Señor dijo: "No es bueno que el hombre esté solo. Voy a hacerle una ayuda adecuada".
—Génesis 2:18

Otra palabra para *adecuada* es *apropiada*, que significa "adaptada a un fin o diseño". La mujer fue diseñada en la creación con la capacidad de adaptarse al hombre. Esto significa que tiene internamente diseñada una energía y "circuitos" para adaptarse a la visión del hombre a fin de ayudarle a cumplirla.

La adaptabilidad de una mujer también significa que cuando entra en una nueva situación o entorno, tiene mayor tendencia a adaptarse al mismo que el hombre. Este rasgo puede ser una tremenda bendición, pero también puede ser peligroso. Esto explica por qué las mujeres deben tener cuidado de no abrirse a todos los entornos que encuentren.

La mujer es más emocional que el varón porque le afectan más los estímulos ambientales. Por ejemplo, una mujer se emocionará al entrar a un servicio en la iglesia en el cual el Espíritu de Dios sea muy fuerte. Un hombre entrará con ella al mismo tiempo, se sentará al fondo y observará. Si a ella le preguntan si le gustaría integrarse en esa iglesia, lo hará en cuestión de tres semanas, mientras que él quizá podría esperar tres años. El hombre está diseñado para ser más lógico que emocional, por eso quiere una explicación de todo.

Estos rasgos complementarios, actuando juntos, le permiten al hombre y a la mujer lograr la visión que Dios les ha encomendado. Mientras el hombre ve la visión general y los hechos relacionados con ella, la mujer ve las posibilidades y se pone a trabajar. La mujer es capaz de ver cómo puede implementarse la visión del hombre, y usará sus dones y habilidades con entusiasmo para hacer que se convierta en una realidad.

Pensamiento del día

La mujer tiene diseñada una energía y "circuitos" internos para adaptarse a la visión del hombre.

Usando sus dones para ayudar

Dios les ha dado a las mujeres muchos dones fantásticos, y de hecho dice: "Les he dado todas estas cosas no sólo para su propio disfrute y enriquecimiento, sino también para que puedan usar estos dones en su posición como colíder y ayudadora del hombre".

Si usted es mujer, ¿cómo está usando sus dones? Quizá tenga talento, educación, experiencia, elocuencia y porte. ¿Está usando esos bienes para demostrarles a los hombres que es tan buena como ellos? Eso no es de ayuda; eso es competir. El plan de Dios es que los hombres y las mujeres trabajen juntos para el beneficio mutuo.

Sin embargo, a menudo las mujeres tienen que ejercitar una sabiduría especial al ayudar a los hombres, porque lo último que quieren los hombres es admitir que *necesitan* ayuda. Ellos no entienden que Dios ha diseñado a las mujeres para ayudarles. Por eso, cuando una mujer intenta ayudar a un hombre, quizá el hombre interprete su ayuda como una intromisión. Por ejemplo, quizá una mujer esté intentando decirle a su marido: "La visión de Dios es que tú seas el líder espiritual mío y de los niños, pero no podrás ser un líder espiritual si no desarrollas tu vida espiritual". Así, al día siguiente, ella le dice: "¿Cuándo vamos a orar?", a lo que él responde: "No me molestes ahora. El Señor me dirá cuándo tenemos que orar".

El hombre debe apreciar la función de la mujer como ayudadora, y la mujer debe discernir cuándo dar ayuda. Si el hombre hace algo mal o se equivoca, la mujer no debería patearle cuando está en el piso. Los ayudantes levantan a las personas y las limpian. ¿Sabe cuántos hombres están donde están en la actualidad porque sus ayudantes se aseguraron de que llegaran ahí? Puede que su hombre no sea aún el mejor marido, quizá no sea aún espiritualmente maduro, pero anímele y ayúdele a convertirse en aquello para lo cual Dios le creó.

Pensamiento del día

¿Cómo está usando sus dones?

Una animadora espiritual

Una mujer puede ayudar mucho a un hombre en su vida espiritual. Por ejemplo, si su marido no ora, no le diga: "¿Por qué no oras?". En cambio, ore *por* él. Después anímele siempre que muestre algún interés por las cosas espirituales. No le haga sentir que él no es espiritual.

Muchos hombres intentan acercarse a Dios, pero sus esposas en realidad les alejan de Él. He visto a mujeres que no saben cómo ayudar a sus maridos cuando ellos reciben al Señor. Por ejemplo, una mujer ora por su marido durante veinte años, y finalmente él se convierte en cristiano. Ella alaba a Dios por esa oración respondida, y después de repente, se deprime. ¿Por qué? Quizá su marido oye una declaración de las Escrituras, y pregunta: "¿En qué parte de la Biblia está eso?". Ella se avergüenza de su falta de conocimiento. Quizá él ora a un volumen un poco elevado durante las reuniones de oración, y ella se siente avergonzada porque cree que su marido no sabe cómo comportarse. Lo mejor que ella puede hacer para ayudarle es dejarle hacer sus preguntas, dejarle que aprenda a orar y ser agradecida por las cosas maravillosas que Dios está haciendo en la vida de él.

O quizá una mujer ve a su marido recién convertido leyendo la Biblia, y dice: "¿Por qué no sacas la basura?". Así no está ayudando. La basura puede esperar un poco. Incluso quizá ella sienta celos y diga: "Ahora que eres salvo, te sientas a leer la Biblia tres horas seguidas. ¿Crees que eres más espiritual que yo?". En cambio, debería decir: "Cariño, hoy te ayudo a sacar la basura". ¿Por qué? De esta forma, estará ayudándole a convertirse en el líder espiritual del hogar, y eso será una bendición para ella. Una esposa tiene que ayudar en el crecimiento espiritual de su esposo.

Pensamiento del día

Una mujer puede ayudar mucho a un hombre en su vida espiritual.

Nada a lo que adaptarse

El mundo está lleno de mujeres frustradas que viven con hombres que no van a ningún lado. La primera pregunta que una mujer debería hacerle a un hombre después de que se le declare es: "¿Dónde vas en la vida?" Si él no puede responder esa pregunta, ella debería decirle que busque un mapa y decirle que hablará con él más adelante. Una mujer es demasiado valiosa como para malgastar su tiempo sentada en casa frustrada durante veinte años. Me rompe el corazón ver el precioso y valioso potencial de la mujer ahogado por un hombre que no sabe lo que está haciendo.

Dios creó a la mujer para ser capaz de adaptarse al hombre; sin embargo, es duro para una mujer adaptarse a alguien que no está dirigiendo. No puede seguir a alguien que no va a ningún lado, que no sabe qué está haciendo. Por tanto, si un hombre quiere que una mujer se adapte a él, tiene que darle algo a lo que adaptarse. Hay muchos hombres deambulando que no tienen nada que hacer, y pidiéndoles a las mujeres que les ayuden en ello. En el plan de Dios, eso es ilegal. Dios le dijo al hombre: "Tú serás el proveedor. Proveerás una visión". El hombre fue creado para tener una visión. La mujer fue creada para ayudarle a cumplirla. Pero si él no tiene una visión, ¿cómo puede ella ayudarle?

Porque los pastores se infatuaron, y no buscaron a Jehová; por tanto, no prosperaron, y todo su ganado se esparció. (Jeremías 10:21 RVR)

Pensamiento del día

El mundo está lleno de mujeres frustradas viviendo con hombres que no van a ningún lado.

5 de julio

Apoyar, no comparar

La mujer está diseñada para bendecir, apoyar y honrar al hombre, y el hombre está hecho para ser cabeza, cobertura y protección para ella. De esta forma, se ayudan el uno al otro para ser todo lo que Dios quiere que sean. Sin embargo, estos propósitos se derrumban cuando el hombre y la mujer no conocen o no suplen las necesidades del otro.

Una mujer que lucha con la falta de visión de su esposo o su inmadurez espiritual puede comenzar a compararle con otros hombres cristianos. Lo peor que una mujer puede hacer es comparar a su esposo con otro hombre. Mujeres, por favor no les digan a sus esposos: "¿Por qué no eres como nuestro pastor?", o "¿Por qué no eres como Fulanito?". Eso es lo más peligroso, y ridículo, que una mujer puede decirle a un hombre. Cada hombre es él mismo y tiene su propia imagen de sí mismo. De nuevo, usted tiene que apoyarle, aun cuando no sea perfecto; usted tiene que ser de ánimo y estímulo para su vida.

Por ejemplo, un hombre siempre quiere sentirse como el líder. Intente hacer que su marido sienta que ha contribuido significativamente al éxito de su familia. Cuando hace sentir a un hombre que es importante en lo que se ha logrado, que él es el máximo responsable o que su iniciativa fue necesaria para el éxito de algo, tendrá a alguien que le sirve, porque un hombre se alimenta de respeto. Sin embargo, si le hace sentir que no es nada importante, tendrá problemas. Quizá incluso él vaya a otro lugar, para buscar a otra persona que crea que él lo es todo.

Su esposo confía plenamente en ella y no necesita de ganancias mal habidas. Ella le es fuente de bien, no de mal, todos los días de su vida. (Proverbios 31:11–12)

Pensamiento del día

Lo peor que una mujer puede hacer es comparar a su esposo con otro hombre.

6 de julio

LA VULNERABILIDAD DE LA ADAPTABILIDAD

He oído a algunos hombres decir: "Si mi esposa me hiciera lo que yo le hago, hace mucho tiempo que me habría ido". Están diciendo que las mujeres tienen algo que les hace ser capaces de permanecer en situaciones incómodas mucho más tiempo que los hombres. La razón es el espíritu de adaptabilidad que tiene la mujer.

Ya es lo bastante difícil para una mujer no tener nada a lo que adaptarse, pero es incluso peor adaptarse a algo que no sea lo adecuado para ella. El verbo *adaptarse* podría traducirse como "someterse". La mujer sólo debería someterse cuando reconozca la autoridad moral del hombre sobre ella. Algunos hombres no se merecen que alguien se adapte a ellos, ya que no le dan a quien se adapta nada cómodo a lo que adaptarse. Cuando sucede esto, muchas mujeres se adaptan con amargura, odio, engaño o malicia. Se les fuerza a adaptarse a algo en contra de su voluntad, y adquieren resentimiento y odio.

La mujer por lo general se adaptará a todo lo que el hombre haga. Por ejemplo, he observado a mujeres cuyos maridos o novios son propensos a decir malas palabras, y finalmente ellas mismas desarrollan ese mismo hábito. Los niños también reciben todo lo que provenga de su fuente, y terminan produciendo el mismo tipo de fruto.

Sin embargo, aunque una mujer está diseñada para adaptarse, no está diseñada para adaptarse eternamente. Las mujeres tienen una capacidad tremenda de soportar la frustración y el dolor, pero la mayoría de ellas no permiten que se produzca un comportamiento abusivo para siempre. El amor puede soportar mucho tiempo, pero mucho no es eternamente. Llega un punto en el que la mujer necesita adaptarse a algo de libertad y encontrar algo digno en lo que invertir su vida. Un hombre debe tener cuidado de tratar el espíritu de adaptabilidad de una mujer con respeto y sensibilidad, y considerarlo como un aspecto valioso de su unidad con ella.

Pensamiento del día

Un hombre debe tener cuidado de tratar el espíritu de adaptabilidad de una mujer con respeto y sensibilidad.

ABUSO DEL PROPÓSITO

Algunos hombres se preguntan por qué sus esposas pasan tanto tiempo en la iglesia. Puede ser que esas mujeres no tengan nada a lo que ayudar en casa. Los hombres no tienen visión, así que las mujeres van a la iglesia para ayudar a los ministros con *sus* visiones. Ayudan con los programas de niños o los ministerios de música porque tienen la necesidad de contribuir a algo.

Algunas mujeres incluso ayudan a los hombres a hacer cosas equivocadas si no encuentran a ninguno que esté haciendo las cosas bien. Quizá un hombre le diga a una mujer: "Espera en el auto mientras robo en esta tienda", y ella se siente bien porque siente que está haciendo algo para ayudarle. Se siente útil para ese hombre. Por esta misma razón, algunas mujeres llevan droga y la venden para sus novios. Quizá se pregunte cómo pueden hacer eso. De una manera incorrecta, están buscando sentirse realizadas, suplir sus propias necesidades.

Recuerde uno de nuestros principios clave: cuando no se conoce el propósito, el abuso es inevitable. Cuando los hombres y las mujeres no entienden sus propósitos, abusarán de sus propósitos de una u otra manera. *"Sin profecía el pueblo se desenfrena"* (Proverbios 29:18 RVR).

Un entendimiento erróneo del propósito arrastra a hombres y mujeres lejos del diseño original de Dios en la creación. Mientras persista ese malentendido, no viviremos unas vidas plenas como hombres y mujeres, y nuestras relaciones seguirán sufriendo las consecuencias.

Pensamiento del día

Algunas mujeres ayudan a los hombres a hacer cosas
equivocadas en un intento de sentirse realizadas.

UNA BUENA PALABRA DE UNA BUENA MUJER

Cuando Dios dijo que haría una ayudadora para el hombre, creo que su intención era que la mujer fuera la *"ayuda idónea"* (Génesis 2:18 RVR) para los hombres en general, no sólo para su esposo. Esto significa que, si es usted mujer, está diseñada para ser ayuda y ánimo espiritual para los hombres que encuentre en su vida.

Por favor, entienda que no estoy diciendo que una mujer deba someterse a otros hombres como se somete a su esposo, sino que puede ser una muy buena influencia para las vidas de los hombres. Es más, la naturaleza ayudadora de la mujer se puede ejercitar esté casada o soltera, ya que es una parte natural de su composición. Una mujer soltera tiene mucho que aportar de esta forma, y si se casa, puede aportar a su matrimonio esta valiosa experiencia de ejercitar su don y entender la naturaleza y las necesidades de los hombres.

Si una mujer ve a un hombre que conoce destruyendo su vida con drogas, puede que ella le diga: "Dios ha puesto mucho potencial dentro de ti. Se me parte el corazón al verte metido en las drogas". Decir eso le ayudará. No tiene que estar casada para dar este tipo de ayuda. Algunos hombres sólo necesitan una buena palabra de una buena mujer. Quizá sólo les hayan dicho cosas negativas sobre ellos mismos en su vida, y están buscando una mujer que les diga algo positivo.

Permítame advertirle que quizá esto requiera de una discreción cuidadosa por parte de la mujer para no dar una impresión incorrecta. Sin embargo, una mujer puede ser una fuerza poderosa para bien en la vida de un hombre al animarle espiritualmente de manera positiva.

Pensamiento del día

La naturaleza ayudadora de la mujer se puede ejercitar esté casada o soltera, ya que es una parte natural de su composición.

9 de julio

CULTIVE LA ADAPTABILIDAD

A cualquier mujer se le debe elogiar por su tremendo espíritu de adaptabilidad y su contribución a las vidas de individuos, familias y comunidades. Es verdaderamente un don de Dios. Como ya hemos visto, tanto hombres como mujeres deben tratar este don con respeto, ya que puede tener tanto un lado positivo como uno negativo.

Piense en la siguiente ilustración. ¿Qué determina la salud de una planta? La tierra en la que está plantada. Si la ponemos en una tierra llena de nutrientes, probablemente vivirá, pero si la ponemos en una tierra con un alto contenido en sal, enfermará e incluso morirá. La planta se adapta a lo que recibe del entorno al que está conectada. Por tanto, normalmente se puede conocer la salud de una planta sobre la base de la calidad del terreno en el que crece.

Las mujeres y los hombres que quieren unas relaciones personales sanas deben cultivar un entorno positivo en el que la capacidad de una mujer para adaptarse pueda crecer. Una mujer mejora la vida de un hombre siendo su compañera, adaptándose a él y compartiendo y ayudando en su visión. En todas las formas en que la mujer mejora la vida del hombre, también mejora la suya propia, ya que es colíder y partícipe de la visión de dominio que Dios les dio. Cuando una mujer y un hombre aprenden a vivir juntos en armonía dentro de sus propósitos y posiciones, apoyándose y ayudándose mutuamente, pueden vivir las vidas para las que fueron creados y encontrar una realización y un contentamiento duraderos.

Pensamiento del día

Cultive un entorno positivo en el que la capacidad de adaptación de la mujer pueda crecer.

10 de julio

PRINCIPIOS DE ADAPTABILIDAD

Repase estos principios del espíritu de adaptabilidad de una mujer y medite en cómo puede aplicarlo en su vida cotidiana, para usted si es una mujer y para sus relaciones con las mujeres si es un hombre.

1. Dios creó a la mujer con la capacidad de adaptarse a la visión del hombre y para ayudarle a cumplirla.

2. Una mujer tiende a adaptarse más a su entorno que un hombre.

3. Una mujer es más emocional que un hombre porque le afecta el estímulo ambiental.

4. Dios les dio a las mujeres muchos dones, no sólo para su propio enriquecimiento, sino también para su propósito como colíder y ayudadora de los hombres.

5. El hombre debe apreciar la función de ayudadora de la mujer, y la mujer debe usar el discernimiento cuando ayuda.

6. El mundo está lleno de mujeres frustradas que viven con hombres que no van a ninguna parte.

7. Por lo general, la mujer se adaptará a todo lo que el hombre haga, ya sea positivo o negativo.

8. Las mujeres y los hombres que desean unas relaciones personales sanas deben cultivar un entorno positivo en el que la capacidad de adaptación de la mujer pueda crecer.

Luego Dios el Señor dijo: "No es bueno que el hombre esté solo. Voy a hacerle una ayuda adecuada". (Génesis 2:18)

Padre celestial, tú creaste a las mujeres con mucha energía y dones. Les diste un espíritu de adaptabilidad que hace que su función como colíder y ayudadora sea de mucho valor para los hombres que les rodean. Por favor, protégelas de adaptarse al ambiente erróneo. Dales el discernimiento que necesiten para evitar cualquier fuente que no provenga de ti. Ayuda a los hombres a proveer un entorno positivo en el que los dones de las mujeres puedan crecer y bendecir a otros. En el nombre de Jesús, amén.

¿Qué es visión?

Hombres, quizá se pregunten cómo pueden tener una visión positiva a la que pueda adaptarse su esposa y en la que pueda ayudar. Usted no quiere que ella viva frustrada, pero sigue sin entender qué es visión.

Visión es la capacidad de ver más allá de lo que vemos con nuestros ojos físicos a un futuro preferencial. Visión es el propósito en imágenes. ¿Alguna vez ha visto imágenes de su sueño? Cuando apaga la televisión y la computadora y todo está tranquilo, ¿comienza a pensar en su futuro? La música, su teléfono y otras personas que hablan ahogan sus sueños. En la Biblia, siempre que Dios quería hablarle a alguien sobre su obra, siempre le llevaba lejos de otras personas. Dios llevó a Abraham a una montaña solo. Se llevó a Moisés al desierto. David escuchó de Dios cuando estaba cuidando de las ovejas en el campo. Necesita desengancharse del ruido de la vida para poder ver de nuevo las imágenes de su futuro.

El propósito produce una visión, y esa visión produce un plan. Cuando existe un plan, produce en usted disciplina. Escriba su propósito y visión, y luego obtenga algunas imágenes que simbolicen esa visión y lo que necesita para cumplirla. Yo recorté fotografías de mi sueño y las puse donde podía verlas cada día, y decía: "Eso es lo que haré un día".

"El corazón humano genera muchos proyectos, pero al final prevalecen los designios del Señor" (Proverbios 19:21). He compartido este versículo a menudo porque quiero que quede grabado en su corazón. El propósito de Dios para su vida ya está establecido; Él no está preocupado por su futuro. Aquello para lo que usted nació ya está terminado en Él. Deje de preocuparse por ello, capture la visión de Él para su vida y comience a hacer planes para ir allí.

Pensamiento del día

Capte la visión de Dios para su vida y comience a hacer planes para ir allí.

EL GRAN RETO DE LA VIDA

La exposición de tus palabras nos da luz,
y da entendimiento al sencillo.
—Salmos 119:130

El gran reto de la vida es entender la vida. Cuando la vida nos tira una pelota con efecto, a menudo nos dedicamos a jugar y a fingir. Muchas veces, tenemos que responder al azar y luego nos preguntamos eternamente si habremos tenido suerte o no.

Lo que nos falta es entendimiento. Quiero repetir una observación que hizo David, el gran rey de Israel, en relación con este mismo asunto. Por inspiración divina, habló del caos moral y social de su comunidad y describió la raíz de la confusión, frustración y autodestrucción de la humanidad: *"Ellos no saben nada, no entienden nada. Deambulan en la oscuridad; se estremecen todos los cimientos de la tierra"* (Salmos 82:5).

Este texto dice que la razón por la que los habitantes de la tierra están confundidos y llenos de problemas no es porque no haya respuestas sino porque no entendemos a nuestro Creador. No conocemos sus principios, su propósito, su naturaleza o sus preceptos.

El mayor enemigo de la humanidad es la *ignorancia de uno mismo*. No hay nada más frustrante que no saber quién es usted o qué hacer con lo que tiene. Todos los problemas de la humanidad son resultado de este gran dilema. Básicamente, el dilema es que carecemos de entendimiento. Sin entendimiento, la vida es un experimento y la recompensa es la frustración.

Pensamiento del día

La Palabra de Dios nos enseña acerca de quiénes
somos realmente.

Fingir nos lleva al fracaso

Nunca olvidaré llevar a casa mi tarea de álgebra durante mi época de estudiante. ¿Se acuerda de todas esas fórmulas? Intentar entender todas esas fórmulas hicieron que el álgebra fuera para mí una experiencia terrible. Recuerdo estar sentado allí, mirando fijamente a los problemas. Como no entendía las fórmulas, no podía resolver los problemas. Así, ¿qué hacía? ¡Fingir! Escribía lo primero que viniera a mi mente. El hecho de que hubiera números escritos en la página hacía que se viera bonito, ¡pero todas las respuestas estaban mal!

Esto es más que sólo una historia interesante. Cuando se trata de los problemas de la vida, a menudo hacemos lo mismo que lo que yo hacía con mis tareas de álgebra. Cuando surgen los problemas, no entendemos los problemas, y mucho menos la vida misma, así que fingimos. Aunque yo intentaba hacer que los números cuadrasen, estaban mal porque no entendía las fórmulas. Cuando llegó el examen, mi falta de entendimiento me reveló el resultado final de haber fingido: fracaso.

Un día decidí que sería mejor que me aprendiera esas fórmulas, así que tomé clases particulares después de la escuela con mi maestro. Tardé horas en aprenderlas, pero empleé tiempo y esfuerzo hasta que las entendí y pude hacerlas. Finalmente el álgebra tuvo sentido para mí, y mis temores fueron reemplazados por confianza.

Los buenos principios son muy parecidos a las fórmulas. Son leyes establecidas que gobiernan la vida y son constantes aún en medio del cambio. Entender y aplicar los principios de Dios nos ayuda a manejar cualquier situación en la vida.

Pensamiento del día

Entender y aplicar los principios de Dios nos ayuda a manejar cualquier situación en la vida.

TRES PROBLEMAS EN LA VIDA

*Ellos no saben nada, no entienden nada. Deambulan en la
oscuridad; se estremecen todos los cimientos de la tierra.*
—Salmos 82:5

El versículo de arriba identifica tres componentes progresivos
que son la fuente de nuestros sufrimientos y dificultades en la
vida. En primer lugar, está la falta de conocimiento: *"no saben
nada"*. En segundo lugar, hay un mal entendimiento de la vida:
"no entienden nada" y no pueden entender su entorno. En tercer
lugar, hay una falta de visión espiritual: *"deambulan en la oscuridad"*; no ven nada. La palabra *"oscuridad"*, en el original hebreo,
denota el principio de ignorancia: que los hombres son ignorantes
o están ciegos a los principios de Dios. Si usted intenta vivir y sol-
ventar los desafíos de la vida desde una posición de ignorancia,
caminará en oscuridad y experimentará exasperación, frustración y fracaso.

El resultado de la ignorancia y de la falta de entendimiento
es que *"se estremecen todos los cimientos de la tierra"*. *Cimientos*
implica los principios y leyes fundamentales que regulan las funciones de la tierra. Básicamente, cuando la gente carece de entendimiento y conocimiento de las leyes básicas y fundamentales
de Dios, *la vida entera se descarrila* y acaba siendo un fracaso.
Conocimiento, sabiduría y entendimiento de Dios, son entonces
claves vitales para entender las respuestas correctas para su vida.

Pensamiento del día

Cuando las personas no tienen conocimiento de las leyes
fundamentales de Dios, toda la vida se descarrila.

¿QUÉ ES ENTENDIMIENTO?

Jesucristo, el Maestro más grande de todos los tiempos, dijo: *"El que tenga oídos oiga"* (Mateo 11:15). Él estaba separando a las personas que solamente escuchaban la información de las que realmente la entendían.

Así es como defino el entendimiento: Entendimiento es conocimiento y comprensión del propósito e intención original de una cosa y de los principios por los que tal cosa fue diseñada para que funcionara. Para poder entender algo, debe conocer su intención original. Primero, ¿qué había en la mente quien lo creó? Segundo, ¿cómo quiso que funcionara el creador de dicho producto?

Entendimiento es comprensión de la verdad. ¿Por qué es tan importante? Porque nada será verdaderamente suyo hasta que lo entienda. No importa cuánto tiempo se siente y escuche, si no entiende algo, no será suyo. Por eso la información no garantiza el conocimiento. Cuando usted entiende algo, lo hace suyo. La mayoría de nuestra vida es un ejercicio de mal entendimiento.

Si usted no se entiende a sí mismo, aún no se posee. Por eso la gente que no sabe quién es imita a otras personas y se convierte en alguien diferente a quien debería ser. Si no sabe para qué nació, se convertirá en una víctima de las opiniones de los demás. Entender quién le hizo y quién es usted es crucial para que otros no adquieran la posesión de su vida. Cuando tiene entendimiento, sabe qué hacer con su vida.

Pensamiento del día

Para poder entender algo, debe conocer su intención original.

Los planes del Señor

Pero los planes del Señor quedan firmes para siempre;
los designios de su mente son eternos.
—Salmos 33:11

Ya hemos reconocido que Dios tiene propósitos que Él estipula de antemano y después los lleva a cabo. Aplicándolo a un nivel personal, esto incluye planes para usted y para mí. Dios no hace nada por capricho o sin saber el resultado final.

Los orígenes de la humanidad se describen en el libro de Génesis, que significa "comienzos". Sin embargo, el relato de la creación que leemos en Génesis no fue el verdadero comienzo. Me gustaría llamar a Génesis "el resultado final después que Dios terminara sus procesos mentales". Cuando Dios terminó de decidir lo que quería hacer, entonces creó. Primero, Dios determinó o estipuló el propósito para todo, y después lo creó.

Este concepto es crucial para nuestro entendimiento del propósito. Significa que *Génesis no fue el comienzo de un experimento sobrenatural con un resultado desconocido.* Génesis fue el comienzo de la producción de algo que era seguro. Por tanto, en Génesis vemos el comienzo del proyecto, como a mí me gusta llamarlo. Los que participan en la gestión de un proyecto saben que este es un paso importante en el proceso de construcción. Cuando usted llega a la fase de comienzo, significa que ya tiene todos los planos dibujados, todos los recursos materiales dispuestos, todos los recursos de gestión ordenados y ahora está listo para comenzar. Eso es Génesis.

Pensamiento del día

Génesis es tanto el comienzo como el resultado final.

¿Sabe hacia dónde se dirige?

Conducía un día por una carretera en construcción cerca de mi casa cuando vi una gran señal con un dibujo muy bien hecho de un edificio. El letrero decía: EN BREVE. Sentí que el Espíritu Santo me decía: "¿Viste eso?". Yo le pregunté: "¿Que si vi qué?". Él me dijo: "¿Has visto el final?". Di la vuelta para ver de nuevo el dibujo, y el Espíritu Santo continuó: "Si vieras a los hombres trabajando en ese proyecto, excavando la tierra, haciendo grandes agujeros y les preguntaras qué están haciendo, te dirían: 'Estamos construyendo eso'. Te podrían decir exactamente hacia dónde se dirigen". Nunca he olvidado esa lección.

Tengo una pregunta para usted: ¿Es su vida es algo similar a eso? Si alguien le preguntara hacia dónde va, ¿podría responder que se dirige a algún lugar? ¿Podría especificar dónde? ¿El sueño que tiene es tan claro como para poder dibujarlo?

Si sabe hacia dónde va, no importará si alguien no entiende la razón de la tierra, los escombros, el agua y el agujero. Quizá no tenga un aspecto bonito, pero usted sabe que es parte del proceso. Cuando está en medio del proceso, puede que su vida no parezca ir a ninguna parte, pero acuérdese: hay un dibujo de usted. Dios lo ha dibujado para usted en su Palabra. Siempre que se desanime, puede mirar ese dibujo.

Puede que seamos capaces de ver el resultado de los propósitos de Dios para nuestra vida con veinte años de antelación o con un día. Sin embargo, si vivimos en los planes de Dios para nosotros, habremos descubierto la clave de nuestra existencia.

Pensamiento del día

Si alguien le preguntara hacia dónde va, ¿podría responder que se dirige a algún lugar?

RECUPERAR EL TIEMPO PERDIDO

Yo les compensaré ["restituiré" RVR] a ustedes por los años en que todo lo devoró ese gran ejército de langostas.
—Joel 2:25

Una vez hablé sobre el propósito en una iglesia en Baton Rouge, Louisiana. Una mujer se acercó a mí tras el servicio y me dijo: "Tengo cincuenta y seis años, hermano. ¿Dónde estaba usted hace cincuenta y seis años?" Le pregunté: "¿Qué quiere decir?" Ella me contestó: "Usted es la primera persona en mi vida que me ha hecho entender que tengo una razón de existir, y no puedo relatarle ahora mis cincuenta y seis años".

A veces las personas comienzan a sentirse como esa señora; están angustiadas porque han perdido mucho tiempo. Si se encuentra usted en esta situación, no se desanime. Una de las cosas maravillosas de Dios es que Él tiene una forma de restaurar los años que se comió la langosta (véase Joel 2:23–26). Cuando acude a Dios, Él sabe cómo recuperar el tiempo usted haya perdido.

Sin embargo, Dios preferiría que le siguiéramos y conociéramos el propósito de nuestra vida. Por eso la Palabra de Dios les dice enérgicamente a los jóvenes: *"Acuérdate de tu Creador en los días de tu juventud"* (Eclesiastés 12:1). La Biblia nos está diciendo: "Acuérdense de Dios ahora, no cuando hayan terminado de divertirse y hayan destrozado su salud con drogas, alcohol y tabaco, cuando digan: 'Bueno, ahora que estoy enfermo será mejor que acuda a Dios'". No espere hasta que su vida esté hecha un desastre para acordarse de Dios. *"Acuérdate de tu Creador en los días de tu juventud"*. ¿Por qué? Dios quiere que se acuerde del Fabricante pronto para que Él pueda enderezar su vida.

Pensamiento del día

Dios sabe cómo recuperar el tiempo que usted haya perdido.

CONVIÉRTASE EN UNA PERSONA COMPLETA

Algunos de ustedes, hombres y mujeres solteros, tienen miedo de quedase solos. Cuando se llega a la edad de veinticinco años, uno comienza a pensar que ya ha pasado lo mejor de su vida, y por eso se dicen: "No me casaré nunca. Lo mejor será que me aferre a lo primero que llegue". Esa es la razón por la que muchas personas se casan con parejas que no son las más indicadas para ellos. ¿Sabe cuál es el problema? No han aprendido lo que significa ser una persona completa.

Existe una diferencia entre "estar a solas" y "estar solo". Usted puede estar solo en medio de una multitud, pero puede estar a solas y feliz como una alondra. No pasa nada por estar a solas a veces. La Biblia nos dice que es importante estar a solas y quieto ante el Señor. Jesús a menudo se apartaba para orar y descansar. Estar a solas puede ser algo saludable, pero la soledad es como una enfermedad.

Adán estaba tan ocupado con su propósito de trabajar y cuidar del jardín del Edén que no sabía que necesitaba a alguien. Sin embargo, la mayoría de nosotros hacemos lo contrario. No tenemos tiempo para Dios porque estamos ocupados intentando buscar una pareja.

Jesús habló acerca de la actitud que deberíamos tener cuando dijo: "No se preocupen por lo que comerán, o por lo que vestirán, o con quién se van a casar. Busquen primero el reino de Dios. Sumérjanse en su justicia, y así Dios suplirá sus necesidades" (véase Mateo 6:31–33).

Sea como Adán: piérdase en el jardín de la justicia de Dios, porque cuando Él le traiga una pareja, será mejor que usted entienda los caminos de Él. Adán estaba tan ocupado siguiendo el mandamiento de Dios que, cuando llegó su compañera, ya estaba listo, y era el momento oportuno para él.

Pensamiento del día

Prepárese para conocer a su cónyuge entendiendo y obedeciendo primero los caminos de Dios.

DEJE DE PENSAR EN PEQUEÑO

Muchos hombres no están viviendo los propósitos que Dios tiene para ellos porque piensan de forma limitada. Déjenme animarles: sus sueños no son una locura; son la obra de su vida. Quedarse en un trabajo que no es el adecuado para usted es como si un pez intentara ser un caballo. Por eso tiene usted alta la presión sanguínea, y por eso hay tanto estrés en su vida. Está haciendo las cosas que no son para usted. Deje de pensar en pequeño. Adéntrese en sus propósitos, no sólo por usted mismo, sino también por los demás.

Recuerde: la mujer fue creada por Dios para ayudar al hombre, ¡pero el hombre tiene que estar haciendo algo! El propósito de Dios al crear a la mujer fue ayudar al hombre con su propósito y tarea. Cuando un hombre encuentra su trabajo, una mujer encuentra su tarea. Creo que muchos matrimonios se rompen, incluso en la iglesia, porque las mujeres no están ayudando a sus esposos con la tarea que Dios les ha dado. Su esposa está esperando a que usted encuentre su propósito porque su tarea en la vida está unida a ello. Ella fue diseñada para ayudarle. Quizá ella incluso tenga su propia obra, pero para que le ayude a cumplir las suyas, tiene que conocer su propósito.

Como Dios diseñó a la mujer para ayudar al hombre, todo lo que Dios puso en la mujer trabaja hacia ese propósito. ¡Por eso la mujer es una criatura tan increíble! ¡Es una máquina de ayudar! Cuando aparece en su vida, tiene todo lo que usted necesita. Tiene visión, intuición, energía, sabiduría, consejo, la capacidad de llevar las cargas y la capacidad de incubar ideas. Ella puede hablar de su visión y proteger sus recursos.

Hombres, ¿entienden su propósito en la vida? ¿Están pensando de forma limitada, o a la manera de Dios?

Pensamiento del día

¿Qué está haciendo con los sueños que Dios le ha dado?

21 de julio

LA PIEDRA ANGULAR

*Por lo tanto, ustedes ya no son extraños ni extranjeros, sino
conciudadanos de los santos y miembros de la familia de Dios,
edificados sobre el fundamento de los apóstoles y los profetas,
siendo Cristo Jesús mismo la piedra angular.*
—Efesios 2:19–20

Viajaba con un grupo a Israel, a la zona de Capernaum. Fuimos a visitar una antigua sinagoga, una en la que se cree que enseñó Jesús. Como soy muy curioso, fui a recorrer esa pequeña sinagoga y observé que en la parte posterior había una roca en la base de los cimientos. Le pregunté a nuestro guía, que era un rabino judío: "Qué es esa piedra?". El respondió: "Oh, es la piedra angular".

Pensando en el versículo de Efesios, dije: "Explíquemelo". El rabino dijo: "Los cimientos se construyen intercalando piedras". En otras palabras, no ponían cemento en aquellos tiempos; usaban un sistema de intercalado. Cada piedra se cortaba de manera que encajara con la piedra que tenía a su lado para poder intercalarse. Cuando los cimientos estaban a punto de terminarse, había una piedra que tenía que intercalarse entre las dos últimas piedras en una esquina para que todo lo demás quedara asentado. Esa era la piedra angular. Sin la piedra angular, los cimientos se derrumbarían. Para destruir un edificio construido de esa forma, ¡lo único que tiene que hacer es quitar la piedra angular!

Si es usted varón, usted es el cimiento de Dios para su familia, pero es un cimiento *intercalado* que necesita algo más fuerte que lo asegure. Jesucristo mismo es la única esperanza para asegurar su supervivencia y efectividad como fundamento de su familia, porque Él es la piedra angular. *"Él solamente es mi roca y mi salvación. Es mi refugio, no resbalaré"* (Salmos 62:6 RVR).

Pensamiento del día

Sin la piedra angular, los cimientos de la familia se derrumbarán.

¿QUÉ NOMBRE HAY EN SU PIEDRA ANGULAR?

Miren que pongo en Sión una piedra principal escogida y preciosa,
y el que confíe en ella no será jamás defraudado.
—1 Pedro 2:6

Personas por todo el mundo están creando empresas e indus- trias, amontonando riquezas, construyendo casas, haciendo bar- cos y aviones y persiguiendo cosas similares. Están edificando, edificando, edificando, pero sus vidas se están desmoronando: sus cónyuges les abandonan, sus hijos se meten en las drogas y no tienen ni idea de lo que es verdaderamente importante en la vida. Tienen mucha riqueza, pero todo se desmorona porque les falta una relación vital con Dios y no tienen la piedra angular. Algunos de ustedes que leen este devocional admitirán que no han querido a Jesucristo en su vida. ¡Pero le necesitan! Él es básico para su vida, no algo opcional.

Hoy, cuando dedicamos una escuela, iglesia u otro edificio, a menudo ponemos una placa en la esquina inferior del edificio. No es verdaderamente una piedra angular sino una piedra cere- monial basada en las piedras angulares reales y funcionales del pasado. ¿Qué nombre se pone en una piedra angular? Podría ser el del propietario del edificio, o quizá el del contratista. Si usted va a Grecia y Roma hoy, aún puede ver quién construyó muchos de los edificios antiguos porque sus nombres están grabados en la piedra angular.

¿Qué nombre hay en su piedra angular? Si es Buda, Mahoma, Confucio, cienciología, humanismo, ateísmo, materialismo, o cualquier otro que no sea Jesucristo, puedo decirle el futuro de su edificio: al final se caerá. Pero las Escrituras nos aseguran: *"El que confíe en ella* [Jesús] *no será jamás defraudado"* (1 Pedro 2:6).

Pensamiento del día

Jesucristo no es opcional: es esencial para su vida.

Usted y la piedra angular

Voy a decirles a quién se parece todo el que viene a mí, y oye mis palabras y las pone en práctica: Se parece a un hombre que, al construir una casa, cavó bien hondo y puso el cimiento sobre la roca. De manera que cuando vino una inundación, el torrente azotó aquella casa, pero no pudo ni siquiera hacerla tambalear porque estaba bien construida. Pero el que oye mis palabras y no las pone en práctica se parece a un hombre que construyó una casa sobre tierra y sin cimientos. Tan pronto como la azotó el torrente, la casa se derrumbó, y el desastre fue terrible.
—Lucas 6:47–49

Anteriormente escribí sobre los trabajadores de la construcción de Londres que estaban excavando un cimiento muy hondo para la construcción de un hotel. Usted no puede edificar su vida sobre un terreno inestable cuando tiene demasiada presión. Tiene que ahondar hasta encontrar la Roca sólida.

Cuando Dios trabaja en los cimientos de una persona, usa el mismo principio. Si usted pone a Jesús como su piedra angular, Dios le edificará tan bien que Él sabrá que puede soportar el peso del edificio. No estará preocupado de si se vendrá abajo o no. Si no conoce a Cristo como su piedra angular personal, no deje pasar otro día sin estar seguro de ello. No le estoy hablando sobre una "religión" o una "iglesia". Le estoy hablando sobre volver a conectarse con Jesucristo y someterse a Él como su piedra angular. Tenemos que someternos a Él, porque sin Él, no somos ni podemos hacer nada (véase Juan 15:5).

Ríndale hoy su vida. ¡Hoy es el día de salvación! *"Les digo que éste es el momento propicio de Dios; ¡hoy es el día de salvación!"* (2 Corintios 6:2).

Pensamiento del día

Si no conoce a Cristo como su piedra angular personal,
no deje pasar otro día sin estar seguro de ello.

24 de julio

¿Una tentación o una prueba?

Porque Dios no puede ser tentado por el mal,
ni tampoco tienta él a nadie.
—Santiago 1:13

La Biblia nos asegura que Dios no nos tienta. No obstante, quizá nos pruebe (véase, por ejemplo, 2 Crónicas 32:31). ¿Qué diferencia hay entre una prueba y una tentación? Una prueba es el acto de templar el metal.

Los griegos y los romanos usaban el temple en el proceso de creación de las espadas para la batalla. Ponían un trozo de metal en el fuego hasta que estaba tan caliente que uno se podía reflejar en él y ver si había algún punto negro. Los puntos negros eran áreas en las que las moléculas no estaban lo suficientemente juntas; eran áreas débiles. Cuando descubrían uno de esos puntos, ponían la espada caliente en un yunque de acero y la golpeaban con un mazo de acero. Al golpear los puntos, las moléculas se juntaban. Seguían golpeando hasta que ya no podían ver ningún punto. Después, ponían la espada en agua fría, y el acero se endurecía. Después de eso, volvían a poner la espada en el fuego hasta que se calentaba y volvía a estar moldeable. Continuaban con este ciclo: fuego, golpeo, agua fría, hasta que no podían ver más puntos negros. Cuando una espada había pasado por este proceso, podían estar seguros que no se rompería en medio de una batalla donde la vida de un soldado dependía de ella. No se puede confiar en una espada que no haya sido templada.

Este proceso es similar a cómo nos prueba Dios. *Templar significa probar la debilidad para asegurar la fortaleza.* Dios no necesita el proceso de temple para ver su verdadero carácter. Él ya lo puede ver, y conoce sus "puntos" secretos. Él conoce sus hábitos, sus debilidades, la basura que ha estado ocultando. El temple es por su propio bien. Él permite que usted pase por pruebas y dificultades para que reconozca aquello que esté obstaculizando su vida.

Pensamiento del día

Templar significa probar la debilidad para asegurar la fortaleza.

TAN FUERTES COMO NUESTRAS TORMENTAS

Dios permite que haya tormentas en nuestra vida para exponer nuestras debilidades. *Él* ya las conoce, pero *nosotros* debemos aprender lo que son y permitir que Él las quite, porque sólo seremos tan fuertes como las tormentas que soportemos. Cada vez que pase por una tormenta, es como si hubieran golpeado unos cuantos "puntos" más en su vida. Cuando se hayan limpiado los puntos, entonces Dios podrá llamarle una de sus espadas. Él le pondrá como ejemplo, diciendo: "Este hombre defenderá mi causa", o "Sé que ella no se romperá en medio de la lucha".

¿Alguna vez se ha preguntado por qué tantos "cristianos famosos" se desmoronan en medio de las pruebas? No han estado el tiempo suficiente en el fuego. ¡No han sufrido los golpes del martillo! No han sido endurecidos en el agua. Fuimos diseñados para soñar a lo grande, pero debemos recordar que, durante el camino, seremos probados por fuego, golpeados y luego puestos en agua fría. A veces, cuando salimos del agua y pensamos que la prueba se ha terminado, Dios nos vuelve a poner en el fuego porque tiene que refinarnos más.

Piense en la vida de Abraham. Básicamente, el Señor le dijo: "Abraham, quiero darte una nueva nación que quiero formar, así que tengo que probarte. Mata a tu único hijo, el hijo de la promesa, como un sacrificio para mí". Abraham necesitó una gran fe en medio de la prueba para creer que, si mataba a Isaac, Dios le volvería a resucitar. Ejercitó esa fe y pasó la prueba. Obedeció hasta el punto del sacrificio cuando Dios le detuvo. Dios no quería que matara a Isaac, pero necesitaba saber que Abraham le pondría a Él por delante de todas las demás cosas y confiaría en que Él cumpliría la promesa a su manera y a su tiempo.

Pensamiento del día

Sólo somos tan fuertes como las tormentas que soportemos.

"CAYERON LAS LLUVIAS"

Por tanto, todo el que me oye estas palabras y las pone en práctica
es como un hombre prudente que construyó su casa sobre la roca.
Cayeron las lluvias, crecieron los ríos, y soplaron los vientos y
azotaron aquella casa; con todo, la casa no se derrumbó.
—Mateo 7:24–25

Jesús dijo: *"Cayeron las lluvias"*. No dijo: *"Podrían* caer las lluvias"*. Tanto el que edifica en la roca *como* el que edifica en la arena tienen que pasar por la tormenta.

"Todo tiene su tiempo" (Eclesiastés 3:1 RVR). Todo en la vida tiene un tiempo. Esto significa que las dificultades que podamos experimentar no durarán eternamente. Sin embargo, también significa que lo que podamos estar disfrutando ahora puede que tampoco dure mucho. Muchos no quisiéramos oír esto; pensamos que todo es para siempre.

Permítame recordarle que incluso aunque esté en Cristo Jesús, usted no es inmune a las tormentas. Cuando vemos a personas que son hombres y mujeres de Dios, fieles en su servicio a Él, que son personas de oración o que han servido a otros grandemente y que a la vez se encuentran en medio de crisis, decimos: "Esto no debería pasar a personas como ellos". No importa qué tipo de "casa" tenga usted: la tormenta se avecina. El asunto no es realmente la tormenta, sino los cimientos. Recuerde que si se afirma sobre la Roca, sus cimientos estarán seguros.

Yo no sé cuál será su tormenta. Puede que no sea la misma por la que está pasando la persona que está a su lado en la iglesia, pero cuando venga, quiero que sea capaz de decir: "Estoy pasando por una tormenta difícil, pero mi ancla está firme. Estoy aferrado a Jesús. Va a ser algo temporal". Siga creyendo.

Pensamiento del día

Usted no es inmune a las tormentas.
¿Se está aferrando a la Roca?

HAY UN TIEMPO

Todo tiene su tiempo, y todo lo que se quiere debajo
del cielo tiene su hora.
—Eclesiastés 3:1 (RVR)

Uno de mis mayores mentores, Oral Roberts, me dijo: "Hijo, si quieres tener éxito en la vida, espera lo mejor y prepárate para lo peor".

No debe confiar en la permanencia de ninguna cosa en la tierra salvo su relación con Dios. Padres, amigos, colaboradores, pastores, miembros de la iglesia; todo es por un tiempo. Prepárese para su etapa de vivir sin ellos. Debemos tener nuestra ancla en la Roca porque la Roca no tiene un tiempo: es eterna.

"El Dios sempiterno es tu refugio; por siempre te sostiene entre sus brazos" (Deuteronomio 33:27). Incluso de los que le dicen: "El Señor me envió a trabajar con usted", puede esperar que en algún momento se vayan. Por eso, cuando un miembro de mi equipo viene a mí y me dice: "El Señor me dijo que es tiempo de que me vaya", digo: "Bueno, gloria a Dios, gracias por tu contribución durante los últimos veinte años. Ahora, ¿en qué te puedo ayudar para que llegues al lugar donde vas?".

Todo tiene su tiempo. Imagine que su empresa va bien. Prepárese ahora para lo que hará si su empresa pasa por momentos difíciles. No se asuste y diga: "Dios me ha dejado y el diablo se ha apoderado de mí". No, es algo temporal. Quizá no le guste su actual trabajo. Dios dice: "No hay problema; todo es temporal". Piense de esta manera. Tiene que saber cómo manejar lo que le traiga la vida. Tiene que ser un ancla que no se mueva con cualquier viento y ola.

Pensamiento del día

No debe confiar en la permanencia de ninguna cosa en la tierra salvo su relación con Dios.

PREPARADO PARA LA TORMENTA

He vivido en las Bahamas toda mi vida, y Dios ha usado el océano para enseñarme lecciones básicas sobre la vida cristiana. A menudo, mis amigos y yo nos hemos ido temprano en nuestros barcos a pescar, y el agua está como el cristal mientras navegamos por el océano. Sin embargo, a la una de la tarde, puede presentarse una tormenta, y como estamos a quince kilómetros de la costa, tenemos que comenzar a sujetarlo todo. El tiempo ha cambiado, y el barco se moverá durante la tormenta, pero todos sabemos lo qué hacer. Ya hemos sido entrenados; estamos preparados para la tormenta.

Sabemos utilizar el ancla. Es más, buceamos y ponemos el ancla entre las rocas. Luego, apuntalamos todo. Cuando la tormenta está encima, es demasiado tarde para hacer nada; ha llegado la hora. Las olas y el viento nos golpean, pero después de quince o veinte minutos, pasa de largo. Después, vuelve a haber calma y podemos seguir pescando.

Ocurrirá lo mismo con usted. Cuando se haya comprometido con la Roca y se haya preparado para las épocas cambiantes de la vida, podrá manejar la tormenta y luego seguir pescando. Todo estará bien, e incluso pescará más porque la tormenta habrá removido más los peces. Después de cada experiencia difícil hay una experiencia rica del Señor. Hay paz en la promesa de que nada de lo terrenal dura, pero la Roca es eterna.

Pensamiento del día

Después de cada experiencia difícil hay una experiencia
rica del Señor.

29 de julio

Un ancla detiene las cosas

Los hombres están llamados a proteger a sus familias y comunidades de las corrientes destructivas de nuestra sociedad moderna. ¿Se acuerda de nuestra definición de ancla? Es "algo que sirve para sujetar firmemente un objeto", y "algo que da estabilidad y seguridad".

Si una corriente está llevando a un barco a la deriva, y usted pone el ancla bajo una roca, impide que el barco sea controlado por la corriente. La corriente de nuestra sociedad moderna está llena de tantas influencias negativas fuertes que el hombre tiene que regresar a la familia, poner su ancla en la roca de un principio sólido y bueno, y decir: "No iremos en esa dirección".

Observe que un ancla no detiene la corriente. La corriente vendrá, pero el ancla detiene el barco en el que usted se encuentra. ¿Cuántas cosas ha detenido para que no le sucedan a su hijo o hija? Usted ve a su hija vestida de cierta manera, o ve a su hijo viendo algo impropio en Internet, y dice: "No, no en esta casa".

Un hombre es un ancla, y un ancla *detiene* las cosas. Quizá se entere de que en la escuela le están enseñando a su hija y a su hijo que la homosexualidad es aceptable. Como un padre del reino, tiene que poner el ancla y decir: "Eso no es de Dios". Muchas veces, tuve que decirles a mi hijo y a mi hija: "Esa música no se escuchará en esta casa. Ese tipo de ropa no se usará en esta casa. Este barco está anclado". Ellos consiguieron atravesar las olas turbulentas de esos años de su adolescencia. Mis hijos son jóvenes adultos rectos que no tienen recuerdos que no puedan disfrutar.

Un ancla detiene las cosas.

Pensamiento del día

Los hombres están llamados a proteger a sus familias
y comunidades de las corrientes destructivas de nuestra
sociedad moderna.

AGITADAS Y LLEVADAS POR EL VIENTO

Si a alguno de ustedes le falta sabiduría, pídasela a Dios, y él se la dará, pues Dios da a todos generosamente sin menospreciar a nadie. Pero que pida con fe, sin dudar, porque quien duda es como las olas del mar, agitadas y llevadas de un lado a otro por el viento. Quien es así no piense que va a recibir cosa alguna del Señor; es indeciso e inconstante en todo lo que hace.
—Santiago 1:5–8

Usted es el ancla del "barco" de su familia, manteniéndolo firme en la tormenta al aferrarse firmemente a Jesús, su Roca. Sin embargo, recuerde que Jesús también nos ha dado una Brújula, el Espíritu Santo, para darnos orientación y dirección en la vida. Él le enseñará y fortalecerá; guiará su conciencia y establecerá sus convicciones para que pueda llegar a la orilla seguro. Santiago escribió que Dios dará sabiduría abundantemente a todos *"sin menospreciar a nadie"*. Sin embargo, tenemos que ejercitar la fe cuando pedimos, o seremos *"agitados y llevados de un lado a otro por el viento"*. Nuestro ancla no estará segura, sino *"inconstante"*.

¿Recuerda cuando escribí anteriormente sobre la situación en la que mis socios y yo fuimos llevados a la deriva toda la noche en el océano cuando nuestro barco se estropeó? Nuestras familias llamaron a las autoridades, la Guardia Costera, para ayudarnos en nuestra crisis. De igual forma, usted puede llamar pidiendo la ayuda del Espíritu Santo. Él le dirigirá y protegerá tanto en los mares calmados como tempestuosos de su vida. Aunque haya oscuridad a su alrededor, Él le guiará en la dirección correcta.

Y si dijera: "Que me oculten las tinieblas; que la luz se haga noche en torno mío", ni las tinieblas serían oscuras para ti, y aun la noche sería clara como el día. ¡Lo mismo son para ti las tinieblas que la luz!

(Salmos 139:11–12)

Pensamiento del día

El Espíritu Santo le dirigirá y protegerá tanto en los mares calmados como tempestuosos de su vida.

Principios del hombre como piedra angular/ancla

Repase estos principios del hombre como piedra angular/ancla y medite en cómo puede aplicarlos en su vida cotidiana, para usted si es un hombre, y en su relación con los hombres si es una mujer.

1. El hombre es el fundamento, pero la piedra angular es Jesucristo.
2. Sin la piedra angular, los cimientos se derrumbarán.
3. Si pone a Jesús como su piedra angular, Dios le edificará tan bien que podrá soportar la altura del edificio.
4. Dios permite que pase por pruebas y dificultades para que sepa qué está obstaculizando su vida.
5. Los cristianos comprometidos no son inmunes a las tormentas de la vida.
6. Mientras se aferre a la Roca, sus cimientos estarán seguros.
7. Pasamos por varias etapas en la vida, y tenemos que estar preparados para ellas afirmando nuestra vida sobre la Roca.
8. Detrás de cada experiencia difícil hay una experiencia rica del Señor.
9. Los hombres están llamados a proteger a sus familias y comunidades de las corrientes destructivas de nuestra sociedad moderna.

Edificados sobre el fundamento de los apóstoles y los profetas, siendo Cristo Jesús mismo la piedra angular.
(Efesios 2:20)

Padre celestial:
Qué precioso es tu Hijo, la piedra angular, en nuestras vidas. Ya seamos hombre o mujer, sabemos que podemos depender de la Roca que es mucho más alta que nosotros. Gracias que mientras pasamos por las distintas etapas de nuestra vida, sabemos que tú eres el Dios firme e inmutable que nos ama y que ha provisto la Roca de nuestra salvación. Oramos en el nombre de Jesús, amén.

DIFERENCIAS EN LOS ESTILOS DE COMUNICACIÓN

Tenemos dones diferentes, según la gracia que se nos ha dado.
—Romanos 12:6

Pablo estaba escribiendo sobre los dones espirituales en este versículo, pero la misma idea se aplica a los diferentes estilos de comunicación que tienen los hombres y las mujeres.

En su propósito y gracia, Dios hizo a los hombres y las mujeres muy diferentes en su manera de pensar, actuar y responder. Estas diferencias fueron diseñadas para ser complementarias y no para causar división. Adán y Eva originalmente vivían en armonía con Dios, y por tanto eran capaces de vivir en armonía el uno con el otro. Sabían cómo aprovechar las partes fuertes del otro en la comunicación para beneficio de ambos. Sin embargo, cuando la humanidad se alejó del propósito de Dios y rompió su relación con Él, las líneas de comunicación entre hombres y mujeres fueron cortadas, o al menos seriamente deterioradas. Por tanto, las diferencias que originalmente fueron diseñadas para un apoyo mutuo ahora a menudo llevan a malentendidos y conflictos en el matrimonio y en otras relaciones entre hombres y mujeres.

¡Es muy probable que usted haya experimentado estos malentendidos y conflictos de primera mano! Manejar las diferencias de opinión y evitar la discordia son problemas universales en las relaciones. ¿Cómo puede vivir en armonía con un marido o esposa a quien ama pero que procesa la información y responde de manera diferente a la de usted? Durante las dos siguientes semanas, exploraremos respuestas para este común dilema de las relaciones.

Pensamiento del día

Dios hizo a los hombres y las mujeres muy diferentes en su manera de pensar, actuar y responder.

TRATAR LAS DIFERENCIAS

Muchas mujeres y hombres luchan con problemas de comunicación. ¿Cómo debería usted comportarse cuando ha sido creado para funcionar de forma distinta a otros con los que vive y trabaja? ¿Cómo puede hacerse entender y cómo puede comunicarse de manera efectiva?

Las diferencias de perspectiva y estilos de comunicación pueden llevar a malentendidos y sentimientos dañados. Por eso, Colosenses 3:13 siempre es un buen principio a seguir: *"De modo que se toleren unos a otros y se perdonen si alguno tiene queja contra otro. Así como el Señor los perdonó, perdonen también ustedes".*

En los días siguientes, intentaremos entender los propósitos y diseños de las mujeres y de los hombres que influyen en sus estilos de comunicación. Con este conocimiento, y algo de paciencia y perdón, los hombres y las mujeres que buscan los propósitos redentores de Dios para sus vidas pueden comunicarse eficazmente y de manera feliz el uno con el otro. Cuando las mujeres y los hombres son considerados con el otro, tienen la base sobre la que pueden desarrollar el amor y respeto mutuo que es crucial para unas relaciones duraderas.

También recuerde que estaremos hablando sobre la naturaleza y tendencia básica de las mujeres y los hombres en la comunicación. Por supuesto, siempre habrá excepciones, porque cada persona es única. Sin embargo, dentro de las variaciones siempre suele haber unas tendencias generales.

Los hombres y las mujeres deben llegar a un equilibrio complementario que era el propósito original de Dios para ellos. Este equilibrio se logrará cuando entendamos las fortalezas de cada estilo de comunicación y aprendamos a comunicarnos con el otro según el estilo que la otra parte puede recibir y entender.

Pensamiento del día

Cuando las mujeres y los hombres son considerados con
el otro, tienen la base sobre la que pueden desarrollar amor y
respeto mutuo.

LA MUJER ES PRINCIPALMENTE UN "TERMÓMETRO EMOCIONAL"

Hoy, comenzamos a examinar el estilo de comunicación de la mujer y a contrastarlo con el estilo del varón para poder entender y apreciar sus diferentes perspectivas.

Dios creó a la mujer principalmente como un "termómetro emocional" y al hombre principalmente como un "pensador lógico". Cuando digo que una mujer es un termómetro emocional, me refiero a la manera en que procesa la comunicación verbal y no verbal que recibe del mundo que le rodea. Como la mujer es una incubadora, no sólo recibe pensamientos e ideas en su ser, sino que también los transforma a medida que los procesa en su vientre emocional, mental y espiritual. Su estilo de comunicación refleja este proceso. Cuando una mujer recibe información, la evalúa tanto mentalmente como emocionalmente *al mismo tiempo*. Esto le hace ser distinta del varón, que generalmente usa estas funciones por separado.

La creación de Dios es asombrosa. Él realmente diseñó los cerebros de la mujer y del hombre para que fueran diferentes. Los caminos neurales entre el hemisferio izquierdo y derecho del cerebro de la mujer (tanto el lado lógico como el emocional) están intactos. Esto explica lo que a menudo deja perplejos a muchos hombres: la capacidad de las mujeres de hacer múltiples tareas al mismo tiempo en lugar de tener que enfocarse sólo en una. El cerebro de la mujer le permite procesar datos y sentimientos casi simultáneamente. Sus emociones están con ella mientras piensa, y esto influye en su perspectiva del mundo que le rodea y también en lo que se le comunica.

Pensamiento del día

Cuando una mujer recibe información, la evalúa tanto mentalmente como emocionalmente al mismo tiempo.

4 de agosto

EL HOMBRE ES PRINCIPALMENTE UN "PENSADOR LÓGICO"

Ayer vimos que las mujeres tienen una capacidad increíble para procesar la emoción y la lógica al mismo tiempo. Por el contrario, la ciencia ha demostrado que hay menos nervios conectando los dos hemisferios en el cerebro del hombre, por lo que los lados lógico y emocional no están tan íntimamente conectados. Por eso, un hombre básicamente tiene que "cambiar de marcha" para pasar de su lado lógico dominante a su lado emocional. Por eso, en general, los hombres piensan en términos de hechos y de forma lineal. Piensan como una línea recta, la distancia más corta entre dos puntos, lo cual les da la capacidad de ver la meta (la visión) y enfocar sus energías en alcanzarla de la forma más clara y directa posible.

Las mujeres, por el contrario, tienden a pensar más en cuadrículas que en línea recta. El cerebro de la mujer está diseñado para recibir muchos detalles que los hombres no "ven", cosas que van más allá de los simples hechos, tales como las personalidades, los motivos y los sentimientos tanto de ella como de los demás. Ella puede percibir, evaluar y ver las relaciones entre las cosas al mismo tiempo, como las coordenadas X, Y y Z de una tabla registra múltiples factores al mismo tiempo.

Ninguna persona, y ningún género, puede ver el mundo con una perspectiva completa. Por tanto, Dios ha diseñado las cosas de tal forma que cuando la mujer y el hombre trabajan juntos en unidad, pueden ayudarse el uno al otro a ver un cuadro de la vida más equilibrado. No fueron diseñados para entender el mundo y cumplir su mandato de ejercer dominio aislados el uno del otro. Por esta razón, internamente tienen maneras de ver el mundo que son beneficiosas para ambos.

Pensamiento del día

Ninguna persona, y ningún género, puede ver el mundo con una perspectiva completa.

¿Qué filtro utiliza?

Dios diseñó a la mujer para que observara la vida a través de un filtro emocional y al hombre para que la observara a través de un filtro lógico. Esto no significa que las mujeres no usen la lógica o que los hombres no tengan emociones. Cada uno tiene una forma específica de ver el mundo.

A menudo se ha pintado a las mujeres como inferiores a los hombres porque son expresivas y muestran sus emociones. Una mujer no necesita pedir disculpas por sus emociones. Dios la creó para sentir. Los hombres han supuesto que su enfoque es mejor que el enfoque de las mujeres en vez de verlo como complementario. No han entendido cómo y por qué la mujer fue creada para ser un termómetro emocional.

La mujer puede ayudar al hombre a ver aspectos de la vida que, si se pasan por alto o se ignoran, podrían convertirse en desvíos o baches que le impidan alcanzar su objetivo o alcanzarlo todo lo rápido que podría hacerlo. La visión periférica de la mujer hace que el hombre no tenga ángulos muertos en su persecución de metas y objetivos. Por otro lado, el pensamiento lineal del hombre ayuda la mujer a no perderse en las varias capas de pensamiento multidimensional que podrían hacerle perder de vista la meta y nunca alcanzarla.

Las mujeres y los hombres se necesitan mutuamente para trazar la mejor ruta en la vida, una que les permita poder alcanzar la meta común pero también experimentar su viaje de la manera más plena, sabia y gratificante posible.

Pensamiento del día

Las mujeres y los hombres se necesitan mutuamente para trazar la mejor ruta en la vida.

SENTIR, PENSAR Y LA AUTOEXPRESIÓN

La comunicación entre hombres y mujeres se reduce a *sentir, pensar* y la *autoexpresión*. Tanto las mujeres como los hombres sienten, y tanto las mujeres como los hombres piensan. Es su manera de ver el mundo y su autoexpresión lo que marca la diferencia. La primera reacción de una mujer por lo general será emocional, seguida de otra lógica. La primera reacción de un hombre será lógica, pero también sentirá.

Examinemos una situación subrayando estas diferentes perspectivas. Una pareja casada planea pasar juntos una noche romántica. La esposa anticipa una noche con su marido. Prepara la comida, arregla la mesa, las flores y luego le recibe en la puerta cuando el marido llega a casa. Su esposo entra, dice hola, y pasa por su lado sin darse cuenta de que ella se ha arreglado. Entra en el salón y dice: "Voy a cenar frente a la televisión mientras veo las noticias". Su mente está aún en modo trabajo, intentando conseguir alguna información que pudiera afectar a su trabajo y a su capacidad de proveer. Como su esposa no entiende eso, se molesta mucho por su comportamiento, y su primera reacción es sentir que él es un desagradecido e inconsiderado. Se acerca a él enojada, y él sorprendido pregunta: "¿Qué te sucede?".

Llegado ese punto, ¡ella no ve nada complementario en la forma en que él está diseñado! Cuando no entendemos el propósito, empezamos a malinterpretar los motivos, y es esta sospecha lo que crea el conflicto. Por eso, entender el propósito y el diseño es tan importante. Tanto la reacción de la mujer como la del hombre están relacionadas con la manera en que están hechos. Ella se tomó su aparente indiferencia de modo personal, mientras que la mente de él estaba tan preocupada con lo que estaba pensando, que no se dio cuenta de lo que su esposa estaba sintiendo.

Pensamiento del día

Cuando no conocemos el propósito, empezamos a malinterpretar los motivos.

LA AUTOEXPRESIÓN DE LA MUJER

Como la mujer fue creada para ser más consciente del entorno emocional, ella siente todo, desde la forma en que una persona le mira hasta lo que una persona dice o hace. Una mujer también puede expresar generalmente sus sentimientos y pensamientos mejor que un hombre. Dios diseñó a la mujer para comunicar lo que ocurre en su mente y su corazón. Como el hombre habla menos que la mujer, a veces a la mujer puede parecerle que él no está pensando mucho. Los hombres piensan bastante; sin embargo, no suelen expresar mucho sus pensamientos, y cuando lo hacen, suelen expresar sólo los puntos más sobresalientes porque están interesados en los hechos más que en los detalles.

Por eso un hombre puede entrar en casa y pasar junto a una mesa que maravillosamente ha preparado su esposa sin decir nada al respecto. El hombre necesita que le ayuden a cambiar su enfoque del pensamiento lineal de sus metas y su trabajo a una apreciación de los aspectos sensoriales y emocionales de la vida. Entonces, podrá observar y apreciar lo que su esposa ha hecho por él. La mujer, por su parte, tiene que entender que cuando el hombre pasa junto a la mesa sin decir nada, no significa necesariamente que esté siendo inconsiderado. Significa que está en un marco de pensamiento lineal porque esa es su mentalidad natural.

Una mujer debe ser paciente con un hombre y darle tiempo para cambiar de marcha emocionalmente, mientras que un hombre debe aprender a articular lo que aprecia y siente.

Pensamiento del día

Dios diseñó a la mujer para comunicar lo que ocurre en
su mente y su corazón.

¿TIENEN LOS HOMBRES EMOCIONES REALMENTE?

Contrariamente a lo que muchas mujeres creen, ¡los hombres sí tienen emociones! Lo que ocurre es que no suelen expresarlas, o bien porque es más difícil para ellos hacerlo o porque lo que están pensando, en vez de lo que están sintiendo, está al frente de aquello en lo que están inmiscuidos.

Hay veces en las que una mujer no está sintiendo lo que un hombre está pensando, y un hombre no está pensando lo que una mujer está sintiendo. Cuando eso ocurre, la falta de comunicación entre ellos agrava su frustración el uno con el otro. Nuevamente, cuando el hombre camina junto a una mesa maravillosamente arreglada, tiene que acordarse de expresar sus sentimientos. Al mismo tiempo, la mujer no debería considerar su respuesta carente de emociones como algo irresponsable o inconsiderado por parte de él.

El hombre generalmente basa sus pensamientos y acciones en lo lógico; él lo analiza todo objetivamente. Esto es a la vez una fortaleza y una debilidad, porque las emociones son muy importantes en la manera en que una persona funciona en el mundo. Por tanto, el hombre necesita a alguien que pueda equilibrar su lógica con sentimientos; de lo contrario, caminará por la vida con una apariencia meramente clínica. Necesita a alguien que le muestre el lado emocional de la vida, que le recuerde su necesidad de ser sensible a otros.

Yo aprecio el diseño de Dios. Él nos creo de tal manera que los hombres y las mujeres verdaderamente nos necesitamos unos a otros.

Pensamiento del día

Los hombres no siempre expresan sus emociones, o bien porque es difícil para ellos hacerlo o porque lo que están pensando, en vez de lo que están sintiendo, está al frente de aquello en lo que están inmiscuidos.

¿Estamos oyendo lo mismo?

Lo que oye una mujer, lo recibe como una experiencia emocional; lo que oye un hombre, por lo general lo recibe meramente como información. Tienen dos formas totalmente diferentes de procesar el lenguaje que reciben.

La mujer recibe el lenguaje de una manera emocional porque está diseñada para absorber el mundo a su alrededor y personalizarlo. Está diseñada para recibir todo e incubarlo. Un hombre normalmente no tiene una experiencia emocional con aquello que escucha. Por eso es muy importante que un hombre entienda a una mujer. Antes de que un hombre le hable a una mujer, tiene que pensar lo que va decir y cómo lo va decir. Debido a que una mujer recibe todo como una experiencia emocional, un hombre debe ser sensible a sus sentimientos, escogiendo bien sus palabras en vez de decir lo primero que venga a su mente.

Por otro lado, una mujer tiene que darse cuenta de que cuando le habla a un hombre, él sólo lo oye como información. Él analiza la información porque es un pensador lógico. Cuando ella quiere hablarle a un hombre, tiene que aprender a decirle lo que piensa, no lo que siente. A veces una mujer se enoja por algo que un hombre ha hecho y comienza a llorar. Una mujer tiene que liberar sus emociones, y a menudo las expresa a través de las lágrimas. Sin embargo, el hombre dice: "Me voy, volveré cuando te calmes y podamos hablar". Para la mujer, él está siendo frío, pero lo que él realmente está diciendo es: "Yo estoy buscando información, y no estoy recibiendo nada". El hombre no quiere que ella llore porque no sabe cómo responder a esas lágrimas. Siente que ella esté llorando, pero quiere saber qué puede hacer para arreglar las cosas. Lo que quiere es información.

Pensamiento del día

Lo que oye una mujer, lo recibe como una experiencia emocional;
lo que oye un hombre, por lo general lo recibe meramente
como información.

LA VISIÓN Y EL DISCERNIMIENTO DE LAS MUJERES

Mientras Pilato estaba sentado en el tribunal, su esposa le envió el siguiente recado: "No te metas con ese justo, pues por causa de él, hoy he sufrido mucho en un sueño".
—Mateo 27:19

Los dones de comunicación de la mujer incluyen visión y discernimiento. Los hombres tienen que ser sensibles al discernimiento que Dios les da a sus esposas y a otras mujeres que hay en sus vidas. Hay un ejemplo interesante de este principio en el incidente en el que Pilato juzga a Jesús.

Pilato estaba realizando su trabajo: la administración de la autoridad de Roma sobre los judíos. Cuando los principales sacerdotes llevaron a Jesús ante Pilato y le acusaron de ser un insurgente, la primera idea de Pilato fue actuar en base a la ley. No vio indicio alguno en sus acusaciones y quería liberar a Jesús. En medio de esa disputa, la esposa de Pilato le envió un aviso: *"No tengas nada que ver con ese justo"*. En esencia, estaba diciendo: "Tengo una premonición sobre este Hombre. No ha hecho nada malo. No le toques". Estaba intentando apelar a la sensibilidad de Pilato, advirtiéndole que debía usar la discreción al tomar su decisión.

Pilato se puso nervioso al ver que las cosas se le estaban yendo de las manos cuando los líderes religiosos reunieron a una multitud para demandar que Jesús fuera crucificado. Terminó sucumbiendo ante esta presión y ordenando la muerte de Jesús. Podía haber justificado su decisión diciéndose a sí mismo que era lógico: guardar el orden de Roma debía ser prioritario antes que preservar la vida de un hombre inocente. Aunque Pilato sabía que Jesús no había hecho nada malo, dejó que le crucificaran. Le habría ido mejor si hubiera escuchado el instinto de su esposa.

Pensamiento del día

Los hombres tienen que ser sensibles al discernimiento que Dios les da a sus esposas y a otras mujeres para su propio beneficio.

La intuición evita el desastre

David le dijo entonces a Abigaíl: "¡Bendito sea el Señor, Dios de Israel, que te ha enviado hoy a mi encuentro! ¡Y bendita seas tú por tu buen juicio, pues me has impedido derramar sangre y vengarme con mis propias manos!".
—1 Samuel 25:32–33

Dios les dio mujeres a los hombres para que ellos pudieran tener un equilibrio, para que pudieran beneficiarse de la sensibilidad y el sentimiento de las mujeres. Para los hombres es muy fácil tomar una decisión y no preocuparse de lo que otros piensen al respecto o de quién se verá afectado por dicha decisión. Por eso es bueno que un hombre tenga alguien que le diga: "Lo que quieres hacer puede estar bien, pero la manera en que piensas hacerlo no está bien. Quizá deberías pensar en...".

El relato de Abigail en 1 Samuel 25 es un buen ejemplo de cómo el discernimiento de una mujer evitó el desastre de un hombre. Abigail combinó la inteligencia y la visión para tratar una situación mortal. Su esposo, Nabal, había rechazado la petición de David de alimento después de que David y sus hombres hubieran sido buenos con él y hubieran protegido su propiedad. Nabal no estaba usando la sabiduría sino su propia forma lógica de pensar y su orgullo cuando rechazó a David. David estaba enojado por ese trato e iba a destruir a Nabal y a sus obreros. Abigail acudió a David y apeló a su sentido de la justicia ante Dios, así como a su compasión. Su visión y buen juicio impidieron que David destruyera a su marido y a sus hombres.

Abigail también es un buen ejemplo de alguien que entendió cómo comunicarse con otro sobre la base del conocimiento de la apariencia de la otra persona. Ella supo qué decirle a David para conseguir su atención y llegar a sus convicciones más profundas.

Pensamiento del día

Dios les dio mujeres a los hombres para que ellos pudieran tener equilibrio.

---

12 de agosto

A LAS MUJERES LES ENCANTAN LOS DETALLES

Por qué no te acuerdas de nada de lo que te digo?". Bueno, hombres, ¿cuántas veces han oído esa pregunta? Un aspecto importante de las diferencias entre los distintos estilos de comunicación de hombres y mujeres es que las mujeres normalmente no se olvidan de las cosas, mientras que a los hombres por lo general se las tienen que recordar una y otra vez.

Ahora bien, un hombre quizá se acuerde de hechos relacionados con su empresa, pero a menudo se le olvidarán fechas, horas y eventos. Por ejemplo, una mujer se está vistiendo para salir a cenar y llama a su esposo, que se encuentra en otra habitación: "Recuerdas que vamos a la fiesta de cumpleaños de tu hermana esta noche, ¿verdad?". El hombre lo había olvidado por completo, y se está vistiendo con la ropa más corriente que tiene y se está comiendo un plato de palomitas, preparándose para ver el partido.

La mayoría de los hombres no saben la razón de que las mujeres se acuerden de las cosas, y la mayoría de las mujeres no entienden por qué los hombres no se acuerdan de las cosas. Tiene que ver con su propósito y diseño. Los hombres tienden a pensar en metas y en el asunto principal, mientras que las mujeres tienden a recordar los detalles. Estas diferencias son complementarias.

Las mujeres, por lo general, están más interesadas en los detalles, mientras que los hombres generalmente están más interesados en lo abstracto, en los principios o la filosofía que hay detrás de algo. Por eso, después de acudir a una boda, por ejemplo, una mujer puede hablar por teléfono con una amiga durante horas hablando de todos los detalles del evento, como las flores, la música, el vestido de la novia y el tipo de comida que sirvieron en la recepción. Cuando le preguntan al hombre: "¿Cómo estuvo la boda?", quizá ponga una mirada perdida y simplemente diga: "Se casaron".

Pensamiento del día

Los hombres tienden a pensar en metas y en el asunto principal, mientras que las mujeres tienden a recordar los detalles.

---

13 de agosto

LOS PENSAMIENTOS OCULTOS DE UNA MUJER

Es más probable que la mujer exprese antes lo que siente que lo que piensa, especialmente al principio. Por ejemplo, cuando una mujer está bajo estrés y quiere que alguien se identifique con ella para no sentirse sola en su dificultad, quizá le diga algo así a su esposo: "Tus padres vendrán a cenar mañana, la casa está hecha un lío, no tenemos despensa, los niños han estado encima de mí todo el día, ¡y yo no puedo con todo!". Su marido, que es un pensador, inmediatamente intentará buscar una solución para su angustiada esposa. "Bueno, ¿qué te parece si voy a hacer una compra al super?". "No, eso lo haré mañana cuando sepa lo que quiero cocinar". "Entonces ¿por qué no les llevo a ti y a los niños a cenar para que no te preocupes de eso esta noche?". "No, no podemos acostarnos tarde. Los niños necesitan bañarse, y además, tenemos que acabar los restos". "Bueno, entonces déjame arreglar un poco la casa". "No, eso lo tengo que hacer yo, que sé dónde va cada cosa".

A estas alturas, el hombre está totalmente exasperado porque está intentando ayudar a su esposa, pero ella rechaza todas sus sugerencias. No se da cuenta de que lo que realmente quiere su esposa es que le abrace y le diga lo mucho que la aprecia. Aunque probablemente ella apreciaría su ayuda, primero necesita contactar emocionalmente con él para poder estar emocionalmente estabilizada. Después, los demás problemas no parecerán tan graves. Lo que en verdad estaba *pensando* ella es que haría mejor las cosas si recibiera algo de amor y afecto de su marido. Lo que *expresó* fueron sus sentimientos de agobio por la sobrecarga de cosas, lo cual su marido interpretó como la necesidad de que él resolviera los problemas de su esposa pasando a la acción.

Pensamiento del día
Lo que piensa una mujer puede ser diferente de lo que dice.

Los sentimientos ocultos de un hombre

La mayoría de las veces, cuando un hombre habla con una mujer, no comunica lo que *siente*. El malentendido que esto provoca contribuye a los problemas en las relaciones.

Puede ser difícil para las mujeres entender lo difícil que es para los hombre expresar sus sentimientos. Sin embargo, es muy importante que una mujer no saque conclusiones sobre los motivos del hombre hasta que no descubra lo que él está sintiendo. He aconsejado a muchas parejas en las que la mujer no entiende la naturaleza del hombre. "No se preocupa por mí. No me dice que me ama. Se muestra indiferente". En su experiencia, esta explicación parece verdad, pero mientras tanto, el hombre realmente siente muy profundamente. Observe que dije "siente". Él siente un profundo amor por ella. El problema es que no dice lo que siente; dice lo que está pensando. Observe la diferencia: en su corazón, él siente un gran amor por ella, pero en su mente ese amor no siempre se traduce en palabras concretas que pueda compartir con ella.

Hay muchos hombres que sienten emociones que les cuesta mucho verbalizar. Están dolidos; sienten tristeza y debilidad en su interior. Se sienten como perdedores. Están deprimidos por no haber ascendido en diez años y porque no pasa nada en su trabajo. Sienten que han fallado a sus esposas. Se sienten mal, pero es difícil para ellos encontrar las palabras para expresar esos sentimientos.

Los hombres tienen que empezar a aprender a expresar a las mujeres sus sentimientos. Tienen que vencer los sentimientos de vergüenza que tienen acerca de sus sentimientos. Para ayudar a un hombre a hacer eso, una mujer tiene que aprender a crear un entorno que permita al hombre contarle lo que está sintiendo.

Pensamiento del día

A menudo es difícil para los hombres encontrar palabras que expresen sus sentimientos.

Un hermoso complemento

Las diferencias particulares entre mujeres y hombres son para ayudarles, no para entorpecer su relación o ser causa de dolor. Ninguna de las dos maneras de pensar y comunicarse es mejor que la otra, y las diferencias propias entre las dos no son el resultado de la caída de la humanidad. La forma en que las mujeres y los hombres están diseñados es para su propio bien. Tan sólo tienen que ejercitar la paciencia y entender y valorar la contribución del otro.

El sentimiento emocional de la mujer equilibra el pensamiento lógico del hombre. Muchas mujeres no entienden lo importantes que son para los hombres en su vida. La mujer fue creada para ayudar al hombre en lo que al hombre le falta; y ocurre lo mismo a la inversa. Este principio está basado en el propósito de Dios.

Si los hombres y las mujeres no tienen cuidado, llegarán a conclusiones sobre las motivaciones del otro sin saber lo que realmente está pensando la mujer o lo que el hombre está sintiendo. Esto ha provocado que muchas personas piensen que sus matrimonios o relaciones no funcionan. Después de un tiempo, dicen: "Olvídalo", y se van. Después, conocen a otra persona y se casan, en un intento de que las cosas sean diferentes esta vez. Sin embargo, pronto se dan cuenta de que tienen los mismos problemas que tuvieron en sus relaciones anteriores. Creen que el problema lo tiene la otra persona, cuando el problema suele estar en la ineficacia de ambas partes a la hora de comunicarse bien. Este ciclo continuará hasta que aprendan a solucionar y entender las diferencias entre mujeres y hombres, el porqué cada uno de ellos es único, y cómo Dios les hizo para complementarse de manera hermosa.

Pensamiento del día

Hombres y mujeres tienen que ejercitar la paciencia y entender y valorar la contribución del otro a su relación.

PRINCIPIOS DE LOS ESTILOS DE COMUNICACIÓN

Repase estos principios de los diferentes estilos de comunicación de hombres y mujeres y medite en cómo se aplican a su vida cotidiana.

1. Dios creó a las mujeres y a los hombres distintos en su manera de pensar, actuar y responder.
2. La mujer es una antena emocional. El hombre es un pensador lógico.
3. Los diferentes estilos de comunicación de hombres y mujeres son complementarios.
4. Cuando los hombres y las mujeres entienden las diferencias en sus estilos de comunicación, pueden aprender a usar sus diferencias para beneficio de ambos.
5. Una mujer recibe lo que oye como una experiencia emocional. Un hombre recibe lo que oye como información.
6. Las mujeres están más interesadas en los detalles concretos, mientras que los hombres están más interesados en las ideas abstractas.
7. Lo que una mujer dice es una expresión de lo que siente. Lo que un hombre dice es una expresión de lo que piensa.

Revístanse de afecto entrañable y de bondad, humildad, amabilidad y paciencia... Así como el Señor los perdonó, perdonen también ustedes. Por encima de todo, vístanse de amor, que es el vínculo perfecto. (Colosenses 3:12–14)

Padre celestial:
Tú nos creaste, hombre y mujer, para complementarnos el uno al otro. Sin embargo, sabes que nuestra comunicación a menudo se ve frustrada por un mal entendimiento. Tú eres el Gran Comunicador. Tú nos hablas la verdad a través de tu Palabra y tu Espíritu Santo. Por favor, enséñanos a hablar y escuchar a los demás con toda sabiduría y conocimiento para que puedas usarnos en el cumplimiento de tus planes para nuestras vidas. Oramos en el nombre precioso de Jesús, amén.

17 de agosto

UNA POSICIÓN ÚNICA DE LIDERAZGO

Dios les ha dado a los hombres una influencia de liderazgo única. Como vaya el hombre, irá la familia, la sociedad y el mundo. Creo que si no ponemos remedio a la crisis de identidad del hombre, toda nuestra generación sufrirá las consecuencias. No podemos escaparnos de este hecho.

Por tanto, la respuesta para los hombres en el siglo XXI es:

- definir su valía sobre la base del propósito de Dios en lugar de las funciones de la sociedad.
- conocer la visión de Dios para sus vidas.
- seguir viviendo en la verdad de aquello para lo que fueron creados.

Si los hombres entienden el propósito y las responsabilidades que Dios les ha dado y el verdadero diseño de su relación con las mujeres, podrán ser libres para cumplir su destino y su potencial. Podrán ser los hombres que Dios quiere que sean.

Si usted es un hombre, no tiene que sentir confusión sobre su identidad y su lugar en la vida, independientemente de las conflictivas señales que la sociedad nos envíe en la actualidad. Encontrará una visión y dirección frescas al redescubrir los propósitos de Dios tanto para los hombres como para mujeres. Por medio de su conocimiento, los hombres pueden ser y hacer más de lo que se imaginan, y las mujeres pueden obtener un nuevo entendimiento y apreciación por los hombres a la vez que les capacitan para cumplir su llamado.

¿Qué es un "verdadero hombre"? Alguien que conoce la realidad de quién es y vive en esa realidad. Este conocimiento comienza con el entendimiento de la importancia de haber sido creado por Dios con un propósito. En los días sucesivos, seguiremos explorando la definición del hombre como padre y sus implicaciones.

Pensamiento del día

Los hombres encontrarán una visión fresca para sus vidas al redescubrir y vivir en los propósitos de Dios.

18 de agosto

DIOS COMO FUENTE

*Por medio de él [Cristo] todas las cosas fueron creadas; sin él,
nada de lo creado llegó a existir.*
—Juan 1:3

Anteriormente hablamos de la importancia de saber que el hombre fue creado como padre de la familia humana. Recuerde que la palabra *padre* en la Biblia es *ab* en el Antiguo Testamento y *pater* en el Nuevo Testamento, y que estas palabras denotan "fuente" y "progenitor". Dios es la Fuente de toda sustancia y vida. Él es el Progenitor que crea todas las cosas y luego las sostiene y mantiene.

Dios es Padre por naturaleza y por función. Es el Padre de la creación. Dios envió su Palabra y creó todo cuanto existe (véase Génesis 1; Isaías 63; Romanos 1:20; Juan 1:3). Como Fuente que es de todo, Dios llevó la semilla del universo. Dios Padre tenía todo en Él antes de que nada existiera. Así, Él creó todo el universo y dio vida a todo de la nada (*ex nihilo*). El verbo en hebreo para "crear" es *bara*. El único sujeto apropiado para *bara* es Dios, porque sólo Él puede crear de la nada. Por tanto, todo lo que produce o crea es la fuente: el padre.

Un hombre debe entender la importancia de que su ser fuese creado por Dios con un propósito. El máximo honor que Dios puede darle a un hombre es designarle como padre. *Padre* es el título que Dios usa para Él mismo. De hecho, la paternidad es la obra definitiva del hombre. La paternidad es un gran honor y una responsabilidad tremenda. El trabajo de un padre es mantener y sostener la generación que produce.

Pensamiento del día

Como Fuente, Dios Padre tenía todo en Él antes de
que nada existiera.

19 de agosto

LA PARÁBOLA DEL PADRE AMOROSO

Para que los hombres puedan ser lo que deben ser como padres, necesitan tener una buena relación con el Padre celestial. ¿Recuerda la parábola del hijo pródigo, llamada también "la parábola del padre amoroso"? El hijo ambicioso y desagradecido tomó su herencia, abandonó el hogar, malgastó su dinero y terminó viviendo en una pocilga.

Si usted permanece lejos de Dios, Él le sostendrá aunque sea con "comida de cerdos", si eso es lo que usted quiere. ¿Por qué? Porque sigue siendo su hijo, y Él sigue siendo un Padre fiel. Pero Él quiere darle mucho más en la vida.

Cuando el hijo regresó a sus cabales, dijo: *"Cuántos jornaleros de mi padre tienen comida de sobra, y yo aquí me muero de hambre! Tengo que volver a mi padre"* (Lucas 15:17–18). En otras palabras, se dio cuenta de que la comida de la casa de su padre, incluso la de sus trabajadores, era mejor que la comida de la pocilga. Sin embargo, cuando el hijo perdido regresó a casa, el padre aún le amaba. No sólo estaba dispuesto a mantenerle, sino que también hizo una fiesta para celebrar su regreso a casa. *"Todavía estaba lejos cuando su padre lo vio y se compadeció de él; salió corriendo a su encuentro, lo abrazó y lo besó"* (v. 20).

Usted puede decidir la calidad de vida que quiere tener, como hizo el hijo pródigo. Dios le alimentará con lo que usted quiera "comer". Si quiere estar con los cerdos, comerá comida de cerdos. Si regresa a la casa de su Padre, vivirá en la plenitud de su gracia y provisión. La decisión es suya.

Pensamiento del día

Si regresa a la casa de su Padre, vivirá en la plenitud de su gracia y provisión.

20 de agosto

Renacido de una simiente eterna

Dios creó a los seres humanos con genes, que son la fuente y sustancia de la vida. Estos genes se transmiten de padres a hijos. Nuestros genes determinan nuestras características físicas, comportamientos, reacciones emocionales e instintos, así como la manera en que procesamos nuestros pensamientos. En el centro de nuestra identidad natural están nuestros genes. Cuando un hombre siembra una semilla en la receptora (la mujer) y se concibe un hijo, la siguiente generación recibe su identidad por los genes.

Adán fue el padre de la raza humana. Sus genes pasaron a la humanidad. ¿Qué identidad heredaron los seres humanos de Adán, el progenitor de la humanidad? Aunque Dios le dio vida para que la transmitiera, Adán se reveló y rechazó a su Creador y dador de vida; por tanto, la muerte pasó a la descendencia de Adán. Adán se alejó de su Padre celestial y escuchó las mentiras del diablo, quien esencialmente se convirtió en un "padrastro" para él. *"Por medio de un solo hombre el pecado entró en el mundo, y por medio del pecado entró la muerte; fue así como la muerte pasó a toda la humanidad, porque todos pecaron"* (Romanos 5:12).

Como Adán permitió que el pecado entrara en el mundo, su descendencia nació con una naturaleza pecaminosa y con cuerpos que finalmente morirían. Su hijo Caín incluso se convirtió en un asesino. La herencia que recibimos de Adán fue la muerte. Como todos somos descendientes de Adán, necesitamos cambiar de padre lo antes posible. Tenemos que volver a nacer de una simiente y genes eternos del Padre celestial, a través de su Hijo Jesucristo.

Pensamiento del día

Tenemos que volver a nacer de una simiente y genes eternos del Padre celestial, a través de su Hijo Jesucristo.

21 de agosto

¿QUIÉN ES SU PADRE?

Pero Dios el Señor llamó al hombre y le dijo: "¿Dónde estás?" El hombre contestó: "Escuché que andabas por el jardín, y tuve miedo porque estoy desnudo. Por eso me escondí".
—Génesis 3:9–10

Cuando Adán desobedeció a Dios, todo se estropeó. Los seres humanos experimentaron vergüenza, temor y separación de Dios. Cuando el hombre comió el fruto, en su acto de separarse del Padre, toda su descendencia se contaminó, incluida Eva.

Es interesante observar que Dios no llamó a Eva; *"llamó al hombre"*. No se identifica a las mujeres como las responsables de transferir el pecado, sino a los hombres. Recuerde Romanos 5:12: *"Por medio de un solo hombre el pecado entró en el mundo, y por medio del pecado entró la muerte"*. Por tanto, la única manera de deshacerse de la simiente de pecado de Adán es renunciar a él (la naturaleza caída) y a su padrastro el diablo como su padre. Sólo el segundo Adán, Jesús, puede darle nueva vida y romper la maldición del pecado y la muerte que usted heredó de su padre original: Adán.

Adán hizo lo que muchos hombres siguen haciendo hoy: culpó a Eva de su pecado (véase Génesis 3:11–12). Los hombres siguen culpando a las mujeres y madres de nuestras culturas por los problemas que tenemos con nuestros hijos. La verdad es que la raíz de nuestros problemas es la falta de padres.

Hombres, dejen de culpar a las mujeres. Sí, Eva fue *"engañada"* (1 Timoteo 2:14). No obstante, Adán pecó, rechazó a su Padre y, a través de su simiente, se convirtió en el progenitor del pecado para todas las generaciones sucesivas. Pero Cristo siembra la simiente de vida de Dios en todos los que nacen de nuevo. Renuncie al padre de las mentiras y regrese al Padre de la luz y de la vida.

Pensamiento del día

La única manera de deshacerse de la simiente de pecado de Adán es renunciar a él (la naturaleza caída) y a su padrastro el diablo, y pedirle al segundo Adán que produzca nueva vida en usted.

22 de agosto

LA CRISIS DE IDENTIDAD

El mayor reto para los hombres de hoy, especialmente para los jóvenes, es que sufren una crisis de identidad. Les falta la influencia de un verdadero padre que les dé identidad. La identidad no viene de una pandilla o del gobierno, sino de un padre.

El único que puede darle su verdadera identidad como hombre es un padre. Este principio fundamental falta en muchas de nuestras culturas, y su ausencia es la causa de muchos problemas sociales. La mayoría de los jóvenes andan en busca de un padre, y no pueden encontrarlo. Acuden a sus amigos, pero en vano. No podrá encontrar la paternidad en otro amigo o miembro de su banda que también esté buscando un padre. No puede descubrir quién es usted mirando a alguien que no sabe quién es.

¿Sabe por qué ser judío implica tener una identidad fuerte? La tradición judía, en particular en las relaciones de familia, tiene un sentido muy real del "espíritu de padre". Este sentimiento está arraigado en una ceremonia llamada Bar Mitzvá, en la cual un niño de trece años comparece ante los hombres y lleva a cabo algunos ritos tradicionales, tras los cuales los hombres le dicen: "Ahora eres un hombre". A partir de ese día, ese niño recibe un espíritu diferente. Por eso las comunidades judías están muy unidas y son tan fuertes en los negocios, la tradición y la cultura.

Un hombre necesita que un padre le afirme para confirmar su hombría. Por eso muchos jóvenes anhelan oír que sus padres les digan: "Te amo, hijo. Ahora eres un hombre".

Pensamiento del día

Un hombre necesita de un padre le afirme para
confirmar su hombría.

Obtenga su identidad de Dios

Si aún no ha encontrado un verdadero padre terrenal, Dios puede ser su Padre. ¡Aleluya! Puede acudir a Dios y decir: "Dios, ¿quién soy?". Y Él le dirá: "Eres mi hijo". *"Mas a todos los que le recibieron* [a Jesús], *a los que creen en su nombre, les dio potestad de ser hechos hijos de Dios"* (Juan 1:12 RVR). Si usted ha recibido a Jesús, puede ser un hijo de Dios. Su identidad entonces proviene de Él.

Después, Dios Padre le dirá: "Ahora, madura a la imagen de mi querido Hijo, Jesucristo, y crecerás en Él hasta que seas un verdadero hombre". Jesús el Hijo le dice: "Tú eres un padre". Él le da su identidad como padre. Por tanto, el principio de la paternidad es sencillo: *usted aporta identidad.* Cuando recibe su verdadera identidad en Cristo, puede aportar una verdadera identidad a otros.

Un hombre no puede hacer nada mayor que ser padre, ya sea que esté cumpliendo la función de padre para sus hijos o para otros en su esfera de influencia. Puede ganar un millón de dólares, pero si no cumple el llamado de Dios de ser padre como Dios es padre, entonces es un fracaso. Puede tener una casa enorme, poseer un gran negocio y tener acumulados mil millones de dólares en propiedades, pero si es negligente a la hora de ser el padre de su familia, habrá fracasado.

Un hombre que sea físicamente fuerte pero débil como padre, no es un hombre. Un hombre elocuente en palabras pero callado como padre a la hora de enseñar en su hogar la Palabra y los preceptos de Dios, no es un hombre. La medida del éxito de un hombre está directamente relacionada con su eficacia como padre, algo para lo cual Dios es el único ejemplo y estándar verdaderos.

Pensamiento del día

Cuando recibe su verdadera identidad en Cristo, puede aportar una verdadera identidad a otros.

LA CABEZA ES RESPONSABLE DEL CUERPO

Como cabeza de familia, el padre es el responsable del "cuerpo", así como Jesús, como Cabeza de la iglesia, es responsable de su cuerpo.

A muchos hombres les encanta decir: "Yo soy el cabeza de esta casa", pero se olvidan de dar cuentas y de la obligación de ser la cabeza. Es vitalmente importante entender la función espiritual de ser el cabeza de familia. Creo que podemos verlo con mayor claridad si usamos una cabeza física como analogía. Primero, la cabeza contiene *el cerebro*. Si el hombre dice que es el padre y cabeza del hogar, debe tener la mente de Cristo (véase 1 Corintios 2:16), lo cual incluye el conocimiento y la sabiduría para guiar a la familia en los caminos de Dios. El padre tiene la responsabilidad de resolver los problemas que encuentre la familia. Observa hacia dónde va la familia y busca la guía de Dios para hacer planes duraderos. El padre es el consejero, planificador financiero y administrador de los recursos de la familia. Todas estas funciones están en el cerebro.

Si el padre es verdaderamente la cabeza, se convierte en el visionario de la familia. *Los ojos* están en la cabeza y ven lo que está delante del cuerpo. Los ojos no están en la espalda ni en el estómago. Si usted es la cabeza, debería tener una visión para su familia: ideas, metas a largo plazo y un plan para el futuro. El padre discierne las cosas que están ocurriendo en el plano natural y espiritual para la familia. Como visionario que es, el padre anticipa las cosas antes de que ocurran y prepara y equipa a la familia para afrontar el futuro.

Pensamiento del día

Como cabeza del hogar, el padre debe tener la mente de Cristo (véase 1 Corintios 2:16), lo cual incluye el conocimiento y la sabiduría para guiar a su familia en los caminos de Dios.

LAS CUALIDADES DE LA PERCEPCIÓN, CONCEPCIÓN E INICIO

Como visionarios que son, los padres tienen *percepción, concepción e inicio. Percepción* es la conciencia de lo que está ocurriendo. Un padre sabe lo que está ocurriendo en la vida de su esposa e hijos en todo momento. Cuando cambian los comportamientos y las actitudes, él lo sabe. Cuando surgen necesidades espirituales o físicas, él es consciente de ellas. Con demasiada frecuencia, oigo a familias quejarse, diciendo: "Papá nunca sabe o entiende lo que está ocurriendo en nuestras vidas. Está demasiado metido en su trabajo y no se fija en nosotros".

Dios se interesa por todo. Jesús fue consciente de todo lo que ocurría a su alrededor, incluso observó a una mujer necesitada que tocó ligeramente el borde de su manto (véase Marcos 5:24–34). Dios Padre es consciente de todas las cosas. Jeremías oró: *"Tus proyectos son grandiosos, y magníficas tus obras. Tus ojos observan todo lo que hace la humanidad"* (Jeremías 32:19). Al igual que el Padre, un padre es consciente de todo lo que ocurre en su familia.

Concepción es el comienzo creativo de un proceso, el cual pone en movimiento una cadena de eventos. Dios hace funcionar todo; Él es *"El Dios que hizo el mundo y todo lo que hay en él"* (Hechos 17:24). Él inicia, concibe y crea. De igual forma, un padre concibe los comienzos de cosas para su familia y luego se convierte en la fuente para hacer que exista lo que ha concebido.

Inicio es el comienzo de algo nuevo. Dios Padre siempre está haciendo "algo nuevo" en nuestras vidas. Él dijo: *"¡Voy a hacer algo nuevo! Ya está sucediendo, ¿no se dan cuenta? Estoy abriendo un camino en el desierto, y ríos en lugares desolados"* (Isaías 43:19). Un padre está dispuesto a arriesgar en cosas nuevas para su familia.

Como cabeza de familia, el padre toma la iniciativa para escuchar a Dios y concebir las ideas de *Dios*, no sólo lo que parecen ser buenas ideas.

Pensamiento del día

Al igual que el Padre, un padre es consciente de lo que está
ocurriendo con su esposa e hijos e inicia buenos planes
para su futuro.

¿Está discerniendo las necesidades de su familia?

Un buen padre desarrolla discernimiento por el bien de su familia. Siguiendo con nuestra analogía de la cabeza física, después de los ojos, ahora pensamos en la *nariz*. La nariz discierne. Discernir está relacionado con cuidar, anticipar una necesidad y suplirla. Un buen padre puede sentir lo que vendrá para su familia en los siguientes años. También tiene un sentimiento de lo que va a ocurrir la próxima semana. Quizá su hijo adolescente esté pasando por algunos cambios difíciles y tendrá que soportar una tremenda presión de sus iguales. Como cabeza del hogar, usted discierne el problema y pasa tiempo con ese hijo para aconsejarle, apoyarle y afirmarle. Un buen padre también siente cuando su esposa necesita afecto o tiempo a solas. En otras palabras, un padre puede detectar la fragancia de su familia, su hogar, su negocio y su vecindario. Él discierne y se prepara para el futuro.

Dios Padre se preparó para nuestras necesidades antes de la fundación del mundo:

Dios nos escogió en él antes de la creación del mundo, para que seamos santos y sin mancha delante de él. En amor nos predestinó para ser adoptados como hijos suyos por medio de Jesucristo... En él tenemos la redención mediante su sangre, el perdón de nuestros pecados, conforme a las riquezas de la gracia que Dios nos dio en abundancia con toda sabiduría y entendimiento.

(Efesios 1:4–5, 7–8)

Dios llevó a cabo los preparativos para que Cristo muriera por nuestros pecados, para el don del Espíritu Santo y para nuestra herencia eterna en la gloria. ¡Eso es un verdadero Padre! Dios discernió nuestra necesidad incluso antes de crearnos. Los que somos padres debemos hacer los mismo por nuestras familias y las demás personas en nuestra esfera de influencia.

Pensamiento del día

Discernir está relacionado con cuidar, anticipar una
necesidad y suplirla.

ESCUCHAR Y HABLAR CON SU FAMILIA

Yo amo al SEÑOR porque él escucha mi voz suplicante. Por cuanto él inclina a mí su oído, lo invocaré toda mi vida.
—Salmos 116:1–2

El funcionamiento eficaz de una cabeza física incluye los *oídos*. De igual forma, usted es un buen padre si puede escuchar a su familia. Un padre siempre debe escuchar a Dios y a su familia, porque Dios Padre siempre nos escucha, como escribió el salmista en el pasaje de arriba. No obstante, oigo que muchas esposas e hijos continuamente se quejan: "Papá nunca tiene tiempo de escucharme". Padres, por favor tómense tiempo para escuchar.

Como cabeza de familia, estas son algunas preguntas que tiene que formularse: ¿Estoy oyendo la voz de Dios para mi familia? ¿Estoy al tanto de lo que está ocurriendo en el mundo y preparando a mi familia para afrontarlo? ¿Estoy escuchando la voz de mi esposa y de mis hijos?

Muchos hombres creen que están demasiado ocupados para escuchar; sin embargo, escuchar es un regalo que los padres deben darle a su familia. Al escuchar, le están diciendo a su familia que se preocupan por ella, mientras que no escuchar comunica una falta de amor y cuidado. Como Dios Padre nos ama, siempre nos escucha y responde. Nosotros, padres, ¡tenemos que escuchar como escucha nuestro Padre celestial!

Finalmente, ser la cabeza significa que el padre es el *portavoz* de la familia. El padre debe hablar la Palabra de Dios en el hogar. La familia debería oír la Palabra de Dios del cabeza de familia en primer lugar. Todo lo que se dice en la iglesia debería confirmar y apoyar lo que el padre ya ha dicho en casa.

Pensamiento del día

¡El padre siempre debe escuchar a Dios y a su familia porque el Padre celestial siempre nos escucha!

Una ayuda, no una esclava

En la familia, el padre es la cabeza como resultado del tiempo de Dios en su creación. Sin embargo, una vez más, esto no quiere decir que la mujer sea inferior al hombre. Dios creó a la mujer para que fuera ayuda, no una esclava. Hay una gran diferencia entre ambas. La Biblia hace referencia al Espíritu Santo como nuestro ayudador (véase Juan 15:26; 16:7). Jesús dijo que el Espíritu santo no sólo nos ayudaría, sino que también nos guiaría. "*Él los guiará a toda la verdad*" (Juan 16:13). El Espíritu Santo es el *Paracletos*, que significa Alguien que se pone a nuestro lado para ayudarnos, así como para ser Consolador y Guía.

Ser ayudador no significa ser inferior. Un ayudador puede ser un guía y un maestro. Por tanto, aunque el hombre siempre es el cabeza responsable según el diseño de Dios, no es el "jefe", ni el dueño de la mujer.

Recuerde que cuando Dios hace referencia a la raza humana, nunca se refiere a ella como hombre y mujer, sino como "hombre". Él trata con el hombre-espíritu que hay tanto dentro del varón como de la mujer. Sin embargo, para funcionar en la tierra como raza humana, tanto los hombres como las mujeres ejercitan un aspecto del liderazgo.

Aunque el hombre es el máximo cabeza responsable, la mujer es colíder. Una buena ilustración de esto es la relación entre Jesús y su iglesia. A Jesús se le llama la Cabeza, y a la iglesia el cuerpo (véase Colosenses 1:18). Ellos trabajan al unísono el uno con el otro. La relación de Cristo con la iglesia es un modelo perfecto para nosotros de la relación hombre-mujer y los propósitos de Dios para la mujer en su función de liderazgo de dominio.

Pensamiento del día

La relación de Cristo con la iglesia es un modelo perfecto para nosotros de la relación hombre-mujer.

Un padre dirige su casa

No puedo enfatizar en exceso que ser el cabeza de familia no hace que el hombre tenga más dignidad o valor. Ser cabeza tiene que ver con la *responsabilidad*. Hay muchos hombres que confunden ser cabeza con ser jefe. Un padre no es el jefe de su casa, sino la cabeza. Un *padre no gobierna* su casa, sino la *dirige*. Debemos entender la función del padre como líder del hogar.

Permítame compartir con usted algunas cualidades de liderazgo que el padre debe exhibir en el hogar:

Como líder, el padre tiene una pasión y un deseo de sacar lo mejor de todos aquellos que tiene bajo su cuidado: su esposa, hijos y cualquier otro miembro de la familia.

Un verdadero líder no suprime, oprime o deprime el potencial y los talentos de otros, sino que los libera y cultiva.

Un verdadero líder provee de un entorno que favorece el crecimiento. No intenta inhibir a los miembros de la familia o crear una atmósfera de miedo. La pasión de un verdadero líder es maximizar el potencial de otros para que se den cuenta de cuáles son todas sus habilidades.

En un sentido muy real, un padre que sea un líder genuino hace exactamente lo que Dios dijo que hiciera desde el comienzo: cultivar. Cultivar significa crear un entorno ordenado que saque lo mejor de algo, cultivarlo. Como líder, el padre desarrolla, expande, promueve, motiva, inspira, anima y exhorta. Todas estas funciones enriquecen la tierra en la que otros crecen.

Pensamiento del día

Un padre no gobierna su casa; la dirige.

LOS LÍDERES SON SIERVOS

Hombres, el hecho de que sean cabeza de la familia no les hace superiores, mejores o mayores que sus esposas. Significa que son el máximo responsable y el primero en dar cuentas ante Dios de su familia. Recuerden: ser cabeza no es una frase de valor sobre la dignidad o el valor intrínseco.

> *La actitud de ustedes debe ser como la de Cristo Jesús, quien, siendo por naturaleza Dios, no consideró el ser igual a Dios como algo a qué aferrarse. Por el contrario, se rebajó voluntariamente, tomando la naturaleza de siervo y haciéndose semejante a los seres humanos.*
>
> (Filipenses 2:5–7)

Como Cabeza de la iglesia, Jesús se humilló a sí mismo como un siervo. Los cabezas y líderes son, ante todo, primeramente siervos como Cristo. Es imposible asumir una posición de liderazgo sin primero servir. Jesús dijo:

> *Como ustedes saben, los que se consideran jefes de las naciones oprimen a los súbditos, y los altos oficiales abusan de su autoridad. Pero entre ustedes no debe ser así. Al contrario, el que quiera hacerse grande entre ustedes deberá ser su servidor, y el que quiera ser el primero deberá ser esclavo de todos. Porque ni aun el Hijo del hombre vino para que le sirvan, sino para servir y para dar su vida en rescate por muchos.* (Marcos 10:42–45)

Un padre nunca puede decir que ser cabeza o líder le hace ser mayor. Siempre debe buscar las maneras de servir en su liderazgo, como hizo Jesús.

> *Pues si yo, el Señor y el Maestro, les he lavado los pies, también ustedes deben lavarse los pies los unos a los otros. Les he puesto el ejemplo, para que hagan lo mismo que yo he hecho con ustedes.* (Juan 13:14–15)

Pensamiento del día

Es imposible asumir una posición de liderazgo sin primero servir.

PRINCIPIOS DE LIDERAZGO

Hoy, repase estos principios del liderazgo del hombre y medite en cómo se aplican a su vida cotidiana, para usted si es un hombre, y en sus relaciones con los hombres si es una mujer.

1. Los padres deben tener la mente de Cristo (véase 1 Corintios 2:16), lo cual incluye el conocimiento y la sabiduría para guiar a la familia en los caminos de Dios.

2. Como visionario, el padre anticipa las cosas antes de que ocurran y prepara y equipa a la familia para hacer frente al futuro. Los padres tienen percepción, concepción e inicio.

3. Los padres disciernen y atienden las necesidades que hay en su familia.

4. Escuchar es un regalo que los padres dan a su familia. Cuando los hombres escuchan, están diciendo a su familia que se interesan por ella.

5. Un padre habla la Palabra de Dios en su hogar.

6. Un padre no domina o controla su hogar. Desarrolla el potencial de todos los de su casa a través de su liderazgo.

7. Los cabezas y líderes son principalmente siervos como Cristo. Es imposible asumir una posición de liderazgo sin primero servir.

Porque ni aun el Hijo del hombre vino para que le sirvan, sino para servir y para dar su vida en rescate por muchos. (Marcos 10:45)

Padre celestial:
Tú has hecho el espíritu del Padre algo muy importante en nuestras vidas. Has pasado tu espíritu de amor y protección a los hombres de nuestro mundo. Oramos para que los hombres vean esa posición como algo honorable y de mucha responsabilidad. Por favor, muéstrales que con Dios todo es posible, y que tú proveerás todo lo que necesiten para cumplir esta función. En el nombre de Jesús, amén.

1 de septiembre

¿QUÉ TIENE QUE VER CON ELLO EL AMOR?

Me llevó [el Novio] *a la sala del banquete,*
y sobre mí enarboló su bandera de amor.
—Cantares 2:4

El amor conyugal es lo que une a los cónyuges. El sexo es una señal física de un acto espiritual: cuando uno se entrega por entero a otro y por otro. En la actualidad, la gente busca sexo sin amor, amor sin matrimonio y matrimonio sin responsabilidad. La idea que tiene el mundo del sexo es hueca y torcida. El mundo dice: "Haz el amor". Dios dice: "Ama". Hemos confundido el sexo con el amor. Una cosa es saber cómo hacer el amor con alguien, y otra muy distinta amar a alguien. "Hagamos el amor" se refiere a un acto. Significa ir a hacer algo. "Hacer el amor" es meramente una experiencia técnica, mientras que amar es un acto espiritual.

Amor es el deseo de agradar a otro, entregarse por completo a otro, no la toma de algo. El matrimonio es para el amor, no sólo para el sexo. Su fundamento debería ser el amor. Hay muchas formas de expresar amor y afecto físico; el sexo es sólo una de ellas. La gente puede encontrar una satisfacción completa el uno en el otro sin tener la experiencia técnica que nuestra cultura glorifica tanto porque su relación va mucho más allá del dormitorio. Para mí, eso es una verdadera relación. *Dios nos dio el sexo para ayudarnos a expresar el amor, no para crearlo.*

Necesitamos verdaderos hombres y mujeres en nuestras comunidades, personas de la Palabra que conozcan lo que es el verdadero amor. Nadie puede entender el hondo significado de Jesús y la iglesia mejor que una pareja casada que tenga una buena relación sexual. Puede ser un modelo del amor de Cristo por su novia, la iglesia, si seguimos el plan original de Dios para la sexualidad.

Pensamiento del día

La gente busca sexo sin amor, amor sin matrimonio y matrimonio sin responsabilidad.

EL SEXO ES IDEA DE DIOS

Cómo sabemos que el sexo es algo bueno? Génesis 1:31 dice: *"Dios miró todo lo que había hecho, y consideró que era muy bueno"*. Dios creó al hombre y a la mujer y su naturaleza sexual; por tanto, Él dijo que el sexo era *"muy bueno"*.

Dios no ve el sexo como algo negativo. Él lo *creó* (véase Génesis 1:28). El sexo es una idea de Dios, no del hombre. Es una expresión tan hermosa de amor y entrega que sólo Dios podía haber pensado en darnos algo así. Los hombres y las mujeres fueron diseñados como seres sexuados. Cada bebé nace como una criatura sexuada con el potencial de tener una relación sexual cuando sea adulto. Dios ve como algo negativo sólo el *mal uso* del sexo, porque hace daño a las personas a las que Él creó con la intención de que tuvieran una relación plena con el sexo opuesto. Segundo, debemos darnos cuenta de que la Biblia misma es muy abierta sobre el tema de la sexualidad. El tema principal del libro de Cantares es el amor sexual. Es la historia de un joven novio y su novia, y el amor y deseo del uno por el otro.

¿Por qué creó Dios el sexo? La razón principal es que la unidad es un aspecto central de la naturaleza y los propósitos de Dios. En la Biblia, la unión sexual del matrimonio se usa como una metáfora para describir la intimidad entre Cristo y la iglesia. Cristo como Novio y la iglesia como novia nos dan la idea de lo precioso que es el sexo para Dios. Él lo ve como un símbolo de su unidad con su amada humanidad, que ha sido creada a su imagen y redimida a través de su amor.

Pensamiento del día

Dios ve como algo negativo sólo el *mal uso* del sexo, porque hace daño a las personas a las que Él creó con la intención de que tuvieran una relación plena con el sexo opuesto.

3 de septiembre

ENTENDER LA NATURALEZA SEXUAL

¿Cómo puede el joven [o la joven] llevar una vida íntegra?
Viviendo conforme a tu palabra.
—Salmos 119:9

Desgraciadamente, la sexualidad a menudo se entiende extremadamente mal, no sólo en el mundo secular sino también en la iglesia. Estoy muy preocupado por el daño que ha hecho (y está haciendo) esta falta de entendimiento sobre el sexo en las vidas de las personas. Ha llevado a la confusión y la ruptura de las relaciones entre hombres y mujeres. Ha impedido que los hombres vivan a su máximo potencial como hombres y esposos. Ha destrozado matrimonios y vidas. Mi oración es que los hombres y las mujeres encuentren la plenitud en Dios al entender sus propósitos y su plan para la sexualidad humana.

¿Cómo aprendió usted acerca del sexo por primera vez? Cuando les pregunto a los hombres en mis seminarios cómo recibieron el concepto del sexo, dicen que de varias formas, tales como amigos, películas y la televisión, libros de biología, revistas o videos pornográficos y experimentos sexuales durante su juventud.

Desgraciadamente, la mayoría de nosotros conocimos el sexo a través de una de esas formas. Nadie me dice nunca que supo sobre el sexo por sus padres o a través de la Biblia. Hay algo muy equivocado en el modo en que aprendemos sobre la sexualidad. Observe que, en la lista de arriba, ninguna de esas fuentes está preparada para dar una información precisa. Por eso nuestra sociedad está llena de personas que tienen expectativas torcidas y nada realistas acerca de la sexualidad.

Pensamiento del día

El mal entendimiento de las personas sobre la sexualidad
humana ha llevado a la confusión y la ruptura de las relaciones
entre hombres y mujeres.

---

4 de septiembre

LA IGNORANCIA ACERCA DE LA SEXUALIDAD

Algunos de ustedes están sufriendo en estos momentos las consecuencias de una actividad sexual desinformada o poco sabia. La manera en que una persona aprende del sexo determina, en gran parte, cómo se involucra en él.

Cuando recibimos la información sobre el sexo de una o más de las fuentes que citamos ayer y luego pasamos esa información a otros, perpetuamos la ignorancia cultural sobre la sexualidad. Esto lo que ha estado ocurriendo en muchas de nuestras sociedades. Gran parte de lo que hemos aprendido sobre el sexo lo hemos adquirido en un contexto incorrecto, y está lleno de mala información. Los hombres y las mujeres carecen de una enseñanza positiva y bien documentada sobre el tema de la sexualidad.

Gran parte de la culpa de esta falta de enseñanza recae sobre la iglesia y el hogar. En general, el mensaje que hemos oído en nuestras iglesias y familias es que el sexo es algo sucio de lo que no se debe hablar. Los jóvenes se quedan con la idea de que los padres y los hijos no hablan sobre el sexo, porque sus propios padres no lo hablan con ellos. Se les impide expresar sus preguntas sexuales en el contexto del hogar o de la iglesia, así que buscan la información por otras vías. Cuando dejamos de enseñar a nuestros hijos la verdad de Dios acerca del sexo, estamos dejando que sea la cultura la que les dé la información.

Nadie tiene derecho a formar el concepto y las actitudes de su hijo con respecto al sexo, salvo usted. Asegúrese de que una clase de educación sexual mediocre o la revista *Playboy* no sean los maestros de su hijo o de su hija. Entrene a su hijo en la manera en que debe comportarse. Después, cuando un amigo o maestro comience a decir cosas erróneas sobre el sexo, su hijo podrá desecharlo con el conocimiento: "Eso no es lo que mis padres me han contado. Sé que no es la verdad".

Pensamiento del día

Cuando dejamos de enseñar a nuestros hijos la verdad de Dios acerca del sexo, estamos dejando que sea la cultura la que les dé la información.

---

5 de septiembre

CREADO PARA EL PLACER,
NO PARA EL REMORDIMIENTO

En Deuteronomio encontramos una sorprendente declaración: *"No envíes a la guerra a ningún hombre recién casado, ni le impongas ningún otro deber. Tendrá libre todo un año para atender su casa y hacer feliz a la mujer que tomó por esposa"* (Deuteronomio 24:5).

Imagínese: Dios quería que las parejas jóvenes recién casadas disfrutaran tanto del sexo que mandó hacer un decreto para asegurarse de que se cumpliera. Aquello a lo que creemos que Dios se opone, realmente fue lo que promovió. Un hombre recién casado no debía tener otra responsabilidad durante su primer año de matrimonio que hacer feliz a su esposa.

Observe que no dice que el esposo ha de hacerse feliz a sí mismo, sino a su esposa. La lascivia se centra en sí misma, pero el verdadero amor se centra en la otra persona. Dios le estaba diciendo el esposo: "Tu deseo en el matrimonio debería ser hacer feliz a tu esposa". Ahora bien, cuando usted hace feliz a su esposa, ¿sabe quién sale ganando? Ambos. Cuando usted da, recibe.

Dios estableció el matrimonio para que la relación sexual pudiera estar llena de placer, no de repercusiones y remordimiento. Dios no está contra el sexo. Está contra la violación de los límites sexuales que Él estableció para nuestro propio bien. Las leyes de Dios son para protegernos, no para restringirnos. Sus límites se han establecido para preservarnos, no para irritarnos. Nosotros pensamos que Dios no quiere que tengamos ningún tipo de diversión. En realidad, lo que Él intenta hacer es protegernos. Siempre que quebrantamos una ley o violamos un principio de Dios, estamos invitando a la muerte y el sufrimiento espiritual.

Pensamiento del día

Dios creó al sexo para tener placer, no para tener repercusiones y remordimiento.

Un límite para protección

¡Bendita sea tu fuente! ¡Goza con la esposa de tu juventud!...
¿Por qué, hijo mío, dejarte cautivar por una adúltera?
¿Por qué abrazarte al pecho de la mujer ajena?
—Proverbios 5:18, 20

El límite que Dios nos ha dado para disfrutar del sexo con seguridad es el pacto matrimonial. Debemos enclavar el sexo sólo en el contexto del matrimonio: un compromiso solemne y para toda la vida entre dos personas delante de Dios.

La Escritura dice que un hombre debe *"hacer feliz a la mujer que tomó por esposa"* (Deuteronomio 24:5). No dice que se vaya con alguien durante un año y pruebe cosas. No existen los pactos provisionales. Salomón dijo: *"¡Goza con la esposa de tu juventud!... ¡Que sus pechos te satisfagan siempre! ¡Que su amor te cautive todo el tiempo!"* (Proverbios 5:18–19). Este pasaje hace referencia al sexo. Goza *"con la esposa de tu juventud"*, no con cualquier otra. Hay un vacío en el hombre que la mujer debe llenar, y Dios dice: "Asegúrate de que sea tu esposa la que llene ese vacío".

La Escritura dice: *"Por eso el hombre deja a su padre y a su madre, y se une a su mujer, y los dos se funden en un solo ser"* (Génesis 2:24). *"Por eso"*. ¿Qué es eso por lo que el hombre debe dejar a su padre y a su madre? Para "unirse". ¿A quién? *"A su mujer"*. En el mismo instante en que violamos esta ley, comenzamos a cosechar las repercusiones. El versículo 24 dice: *"Y los dos se funden en un solo ser"*. El límite que Dios ha establecido para la experiencia de ser un sólo ser es la relación entre el esposo y su esposa.

Pensamiento del día

El principal límite que Dios nos ha dado para disfrutar del sexo con seguridad es el pacto matrimonial.

---

7 de septiembre

CREADO PARA DIOS

*Pero el cuerpo no es para la inmoralidad sexual sino para el
Señor, y el Señor para el cuerpo.*
—1 Corintios 6:13

El versículo no dice que el cuerpo sea para el sexo. Simplemente
dice que el cuerpo no es para la *inmoralidad* sexual. Esta es una
de las leyes sexuales de Dios, las cuales Él nos da para nuestro
bien. Algo negativo sucede en el cuerpo del hombre o de la mujer
cuando tienen una experiencia sexual inmoral. Si el cuerpo no
fue creado para ello, entonces algo va mal cuando se produce. Por
eso las personas a menudo sienten culpabilidad después de una
experiencia sexual así, lo admitan o no.

¿Qué ha ocurrido? Sus cuerpos no están hechos para la inmoralidad. De algún modo, saber que quebrantaron la ley de Dios
se traduce en sustancias químicas en sus cuerpos, y se sienten
mal. La ciencia ha demostrado que hay unas cuantas cosas que
nuestro cuerpo no está hecho para manejar. Una de ellas es la
culpabilidad. Nuestro cuerpo no tiene ninguna hormona, enzima
o sustancia química para manejar la culpabilidad. Sólo la sangre
de Jesús puede liberarnos de la culpabilidad.

*"Pero el cuerpo no es para la inmoralidad sexual sino para el
Señor".* ¿Para qué está hecho su cuerpo? Está hecho para Dios.
Fue creado para usarse en el contexto que Dios ya había establecido. Dios puso unos límites específicos al comportamiento sexual,
el pacto matrimonial, y podemos tener toda la diversión que queramos dentro de ese contexto. No sufriremos esas repercusiones
negativas si permanecemos dentro del plan de Dios.

Pensamiento del día

"Pero el cuerpo no es para la inmoralidad sexual sino para el Señor".

¡HUYAN DE LA INMORALIDAD SEXUAL!

¿No saben que el que se une a una prostituta se hace un solo cuerpo con ella? Pues la Escritura dice: "Los dos llegarán a ser un solo cuerpo". Pero el que se une al Señor se hace uno con él en espíritu. Huyan de la inmoralidad sexual.
—1 Corintios 6:16–18

En griego, la palabra traducida como *"huyan"* significa "Correr. Rechazar. Escapar". En otras palabras, *evitarlo como si fuera una plaga.* ¿Cómo nos comportamos ante las plagas? ¡Nos alejamos de ellas todo lo que podemos! Nos aislamos de ellas.

"Todos los demás pecados que una persona comete quedan fuera de su cuerpo; pero el que comete inmoralidades sexuales peca contra su propio cuerpo" (v. 18). Pablo estaba diciendo: "Si usted roba, es algo fuera del cuerpo. Si se pelea, está fuera del cuerpo". Usted no se convierte en un solo ser con una persona a la que ha pegado una bofetada en la cara; pero cuando un hombre tiene una relación sexual con una mujer, no puede separarse de ella. Recuerde que la relación sexual es un pacto. Algunas personas no entienden por qué las parejas que se acuestan juntos y luego rompen su relación y tienen problemas al separarse. Es porque la separación causa un verdadero trauma en su alma. Es un asunto serio. Por eso las relaciones fuera del plan de Dios pueden ser tan peligrosas.

Su cuerpo le pertenece a Dios doblemente. Él no sólo le creó, sino que también le redimió, y el precio fue alto: la vida de su Hijo Jesús. ¿Cómo puede honrar a Dios con su cuerpo? En primer lugar, esperando hasta estar casado para mantener relaciones sexuales; en segundo lugar, teniendo relaciones sexuales sólo con su esposo o su esposa. Usted es el templo de Dios. Levanta sus manos para adorar a Dios; puede usar esas mismas manos para acariciar a su cónyuge. Ambas cosas son santas para Él.

Pensamiento del día

Puede honrar a Dios con su cuerpo esperando hasta estar casado para mantener relaciones sexuales y teniendo relaciones sexuales sólo con su esposo o su esposa.

9 de septiembre

EL AUTOCONTROL ES ESENCIAL

El hombre fue diseñado para ser líder, maestro, cultivador y protector. Por tanto, está constituido para estar siempre listo para actuar. Si se produce un ataque en medio de la noche, tiene que estar preparado. Si el ataque se produce a mediodía, no puede estar con la guardia baja. Si surgen los problemas al anochecer, un líder debe ser un líder. Debido a que Dios diseñó al hombre para estar preparado, está en un estado de disposición en todos los aspectos de su vida, incluida su sexualidad. Su energía sexual nunca cesa. Puede pausar, pero realmente nunca llega a detenerse.

Muchas mujeres interpretan este aspecto del varón como algo antinatural. Sin embargo, como su naturaleza es estar siempre preparado, su cuerpo ha sido diseñado también de esa manera. Por tanto, no es antinatural para un hombre estar listo sexualmente a todas horas. El hombre debe saber que estar listo no significa que siempre tenga que pasar a la acción.

Pablo escribió: *"A los jóvenes, exhórtalos a ser sensatos"* (Tito 2:6). El autocontrol es un tema recurrente en los escritos de Pablo. Él sabía que el sexo puede controlar a los hombres. Cuando usted está siempre preparado, debe ser capaz de ejercitar el autocontrol. La necesidad de sexo del hombre es una de las necesidades más fuertes que se pueden tener. Muchos hombres no entienden este impulso. Sin embargo, es un aspecto de la constitución del hombre que le proporciona una gran realización.

Algunos hombres creen que siempre que experimentan el deseo sexual, deben encontrar a alguien con quien liberarlo. Incluso pagan para intentar suplir esta necesidad; sin embargo, siguen sin estar satisfechos. No entienden que Dios les hizo con esa disposición debido al propósito de liderazgo que Él les dio. Por tanto, su energía debe ser canalizada hacia un liderazgo positivo.

Pensamiento del día

Debido a que Dios diseñó al hombre para ser un líder, está en un estado de disposición en todos los aspectos de su vida, incluida su sexualidad.

---

10 de septiembre

Un balance de necesidades

Ayer hablamos sobre cómo algunos hombres son demasiado agresivos en su energía sexual, y sus esposas piensan que son insensibles o desconsiderados. Por otro lado, hay un sentimiento de que algunas mujeres son negligentes a la hora de atender a las necesidades sexuales de sus esposos porque dicen estar demasiado ocupadas sirviendo a Dios.

Pablo nos dijo que este tipo de situación es una receta para el desastre. Dijo que siempre que un esposo y su mujer se privaran de tener relaciones sexuales para servir a Dios, lo hicieran sólo de mutuo acuerdo y por un breve período de tiempo.

El hombre debe cumplir su deber conyugal con su esposa, e igualmente la mujer con su esposo. La mujer ya no tiene derecho sobre su propio cuerpo, sino su esposo. Tampoco el hombre tiene derecho sobre su propio cuerpo, sino su esposa. No se nieguen el uno al otro, a no ser de común acuerdo, y sólo por un tiempo, para dedicarse a la oración. No tarden en volver a unirse nuevamente; de lo contrario, pueden caer en tentación de Satanás, por falta de dominio propio. (1 Corintios 7:3–5)

Este pasaje significa que si va a orar y ayunar o hacer un viaje misionero, debería obtener el consentimiento de su cónyuge antes de abstenerse de mantener relaciones sexuales. El sexo fue parte del diseño original de Dios para la humanidad, y es algo santo entre el esposo y su esposa. La Biblia dice que el cuerpo de la mujer les pertenece tanto a ella misma como a su marido, y el cuerpo del esposo les pertenece tanto a él mismo como a su esposa. Debe haber un balance entre suplir nuestras propias necesidades y ser considerado con las necesidades de la otra persona.

Pensamiento del día

El cuerpo de la mujer les pertenece tanto a ella misma como a su marido, y el cuerpo del esposo les pertenece tanto a él mismo como a su esposa.

11 de septiembre

Principios de la sexualidad

Hoy, repase estos principios de la sexualidad y medite en cómo afectan a su vida.

1. La mayoría de nosotros hemos aprendido sobre la sexualidad de fuentes deficientes en lugar de la Palabra de Dios.

2. Dios diseñó a los hombres y las mujeres como seres sexuados. Él creó el sexo y dijo que era *"muy bueno"* (véase Génesis 1:31).

3. Dios sólo está en contra del mal uso del sexo. Él quiere que evitemos las repercusiones y el remordimiento.

4. El cuerpo no es para la inmoralidad. Esta es una de las leyes sexuales de Dios, las cuales nos ha dado para nuestro propio bien.

5. La Biblia usa la unión sexual en el matrimonio como una metáfora para la intimidad y unidad de Cristo con su novia, la iglesia.

6. Dios quiere que disfrutemos tanto del sexo que nos ha dicho cuál es su límite para nuestra seguridad: el pacto matrimonial, un compromiso solemne y para toda la vida entre dos personas delante de Dios.

7. El sexo es una señal física de un acto espiritual, el acto de entregarse por completo a otro y para otro.

Padre celestial:

Cuando nos creaste, consideraste cada aspecto de nuestras vidas, incluida nuestra sexualidad. En tu sabiduría, creaste al hombre y a la mujer con la capacidad de expresar amor y experimentar placer a través del acto sexual en el matrimonio. Mi oración es que los hombres y las mujeres encuentren plenitud en ti entendiendo tu propósito y plan para la sexualidad humana. Por favor, ayúdales a poner por obra tus mandamientos para participar de la unión sexual solamente dentro del límite del pacto matrimonial. Ayuda a tu iglesia y a las familias a comunicar este mensaje a nuestros jóvenes para que puedan resistir la inmoralidad del mundo que nos rodea y vivir según tu buen plan. En el nombre de Jesús, amén.

12 de septiembre

CULTIVE A SU FAMILIA

Dios el Señor tomó al hombre y lo puso en el jardín del Edén para que lo cultivara y lo cuidara.
—Génesis 2:15

La instrucción que Dios le dio a Adán hacía referencia a la disciplina y al orden. "Cultivar" significa entrenar. Hemos visto que un padre tiene la responsabilidad de parte de Dios Padre de entrenar y equipar todo lo que esté bajo su cuidado, incluyendo su familia. Para aclarar esta tarea, veamos la diferencia entre cultivo y crecimiento.

Cuando las plantas crecen sin ser cultivadas, son esencialmente malas hierbas. Las plantas cultivadas forman un jardín. Los árboles que crecen sin ser cultivados y sin orden son un bosque. Los árboles cultivados son una arboleda. Sin cultivo, no hay orden ni desarrollo sistemático, pero cuando hay un desarrollo planificado y entrenamiento, vemos que hay una disciplina y un cultivo.

Génesis 2:5 revela que el cultivo es parte del plan de Dios Padre para la humanidad. *"Aún no había ningún arbusto del campo sobre la tierra, ni había brotado la hierba, porque Dios el Señor todavía no había hecho llover sobre la tierra ni existía el hombre para que la cultivara"*. La descripción de trabajo de Adán incluía cultivar la tierra que había recibido para su mantenimiento. Dios puso al hombre en el jardín y le dio la instrucción de trabajar, entrenar y mantener la tierra; Él no quería un crecimiento salvaje, descontrolado y desorganizado. Dios Padre tiene un plan ordenado, disciplinado y con propósito para todo.

Pensamiento del día

Cuando hay desarrollo y entrenamiento planificados, vemos que hay una disciplina y un cultivo.

NUTRIR SU POTENCIAL

Aunque los hombres tienen la responsabilidad especial de cultivar a sus esposas, frecuentemente tienen ideas poco realistas acerca de las mujeres, así que terminan siendo negligentes o haciéndoles daño. La mayoría de los hombres andan caminando sin una imagen concreta en su mente de quién quieren que sea su esposa, y cuando ella no cumple nuestras expectativas, tendemos a culparla. En una ocasión, Dios me mostró que yo tenía esa actitud hacia mi esposa, y tuvo que corregirme.

Así es como suele pensar un nombre: este es cierto tipo de hombre, así que quiere cierto tipo de mujer. Tiene ideas de este tipo: "Yo soy músico, así que quiero que ella cante". "Yo soy banquero, así que quiero que ella sepa sobre finanzas". "Yo soy delgado, así que quiero que ella sea delgada". "Quiero que ella sea inteligente". "Quiero una mujer que se vista bien". "Me gusta que la mujer tenga el cabello largo". Ahora bien, no hay nada de malo en querer estas cosas. Sin embargo, quiero decirle algo: *la mujer "perfecta" que usted está buscando no existe.*

Su trabajo es cultivar a su esposa para que ella pueda ser todo aquello que *Dios* quiso que fuera. Debe ayudarle a florecer y crecer para convertirse en una mujer de Dios, no desanimarla por no cumplir sus expectativas. Además, puede ayudar a su esposa a ser todo lo que usted vio en ella cuando la conoció, y que ahora piensa que le falta. Tiene que nutrir todo su potencial. Esto no se hace de una manera controladora, sino de una forma amorosa y desprendida, que es la naturaleza de Cristo. Piense en esto: ¿qué presiones hay en la vida de ella que le están impidiendo ser todo lo que desea y necesita ser?

Pensamiento del día

Su trabajo es cultivar a su esposa para que ella pueda ser todo aquello que Dios quiso que fuera.

14 de septiembre

¿Qué está cultivando?

Si es un hombre, Dios le ha creado con un diseño para cultivar cualquier cosa que desee, incluyendo su familia. Así, siempre que un hombre recibe una mujer como su esposa, recibe también la oportunidad de ejercitar su capacidad para cultivar. Un hombre debe orar y pedirle a Dios que le muestre cómo cultivar a su esposa. Debe regarla, podarla y exponerla a la luz del día. Debe añadir a su vida los nutrientes hasta que florezca y se convierta en la mujer que Dios creó.

Ahora bien, Dios diseñó al hombre para que pudiera cultivar y producir un hermoso árbol. Por tanto, si el árbol parece viejo después de doce años, no es culpa del árbol. De igual forma, normalmente no es fallo de la mujer si aún no es todo lo que debería ser. El cultivador no ha estado poniendo los nutrientes adecuados y el agua necesaria. Una esposa debería florecer bajo el amoroso cuidado de su esposo. Hombres, no vayan a buscar a otra mujer que piensen que es más como quisieran que fuera su esposa. Usted es el cultivador; cultive a su esposa.

Permítame hablarles ahora a los hombres jóvenes que aún no están casados: ¿qué están *ustedes* cultivando? Cuando una jovencita llega ante ustedes, debería irse siendo mejor persona de lo que era antes de llegar. Quizá llegue con unas intenciones demasiado fuertes, pero cuando se vaya, debería irse como una dama. Si alguien le pregunta: "¿Qué te ha ocurrido?", ella debería poder decir: "Conocí a un hombre que me dijo que no se acostaría conmigo ni me degradaría porque me respeta". Cultiven a estas jovencitas. No las arrastren, ni dejen que ellas les arrastren a ustedes. Una joven no debería irse de su lado embarazado, sino con su dignidad y su virginidad intactas. Denles a esas jovencitas un poco de tierra buena. Eso es un ser un verdadero hombre.

Pensamiento del día

Un hombre debería orar y pedir a Dios que le muestre cómo cultivar a su esposa.

15 de septiembre

DIRIJA A SU FAMILIA HACIA EL PADRE

Parte de la descripción de trabajo de Adán que Dios le dio era cultivar la tierra. Cuando Eva llegó, seguida después de sus hijos, Adán como padre tenía que asegurarse de que no crecieran "salvajes".

El mundo cree que los hijos necesitan "sembrar robles salvajes" cuando crecen, pero eso va en dirección opuesta al plan de Dios de cultivar y disciplinar. En la actualidad, tenemos hijos que están tirando su semilla, su esperma, por cualquier lado porque no les estamos cultivando, formando y disciplinando.

Piense en el ejemplo de Abraham. Dios dijo:

Es un hecho que Abraham se convertirá en una nación grande y poderosa, y en él serán bendecidas todas las naciones de la tierra. Yo lo he elegido para que instruya a sus hijos y a su familia, a fin de que se mantengan en el camino del SEÑOR y pongan en práctica lo que es justo y recto. Así el SEÑOR cumplirá lo que le ha prometido.

(Génesis 18:18-19)

Abraham recibió el favor de Dios porque cultivó su hogar en los mandamientos de Dios. Incluso cultivó a su siervo. No permitió que nadie trabajara en su casa sin ser formado y disciplinado en los caminos de Dios. Se aseguró de que incluso sus siervos obedecieran los estándares de Dios y siguieran su ejemplo. Abraham no quiso que ningún pagano trabajara para él. Toda su casa seguía al padre Abraham, y Abraham seguía a Dios Padre.

El principio es este: un padre sigue el ejemplo del Padre celestial y enseña a su descendencia a seguirle. Un buen padre dirige a todos los que le siguen hacia el Padre.

Pensamiento del día

Abraham recibió el favor de Dios porque cultivó su hogar en los mandamientos de Dios.

AME A SUS HIJOS ENSEÑÁNDOLES

Abraham se aseguró de que su casa aprendiera los estándares de Dios y siguiera su ejemplo. Es imposible enseñar algo que usted no haya aprendido primero. Esta es una de las razones por las que un padre necesita leer y estudiar la Palabra de Dios. Debe conocer los mandamientos de Dios para poder enseñárselos a sus hijos. Volvamos a ver lo que dijo Dios acerca de Abraham, a quien llamó su amigo (véase Isaías 41:8):

> Es un hecho que Abraham se convertirá en una nación grande y poderosa, y en él serán bendecidas todas las naciones de la tierra. Yo lo he elegido para que instruya a sus hijos y a su familia, a fin de que se mantengan en el camino del SEÑOR y pongan en práctica lo que es justo y recto. Así el SEÑOR cumplirá lo que le ha prometido.
>
> (Génesis 18:18–19)

Dios le hizo una promesa Abraham y dijo que el cumplimiento de la promesa estaba ligado al hecho de que Abraham enseñara a su familia la Palabra de Dios. Hay una relación entre las dos. Dios está reteniendo las bendiciones de algunos padres porque no aman a sus hijos lo suficiente como para enseñarles la Palabra.

Cuando los padres enseñan a sus hijos los mandamientos de Dios, sus hijos aprenden que vale la pena prestar atención a los padres que conocen la Palabra. Proverbios 1:8–9 dice: *"Hijo mío, escucha las correcciones de tu padre y no abandones las enseñanzas de tu madre. Adornarán tu cabeza como una diadema; adornarán tu cuello como un collar"*. Una diadema era una corona que recibían los atletas que ganaban una carrera. Cuando los hijos reciben buenas instrucciones de sus padres, pueden ganar la carrera que termina en la vida eterna.

Pensamiento del día

Es imposible enseñar algo que usted no haya aprendido primero.

EL PADRE INSTRUYE Y LA MADRE ORDENA

*Oye, hijo mío, la instrucción de tu padre, y no desprecies
la dirección de tu madre.*
—Proverbios 1:8 (RVR)

Hay una diferencia entre una instrucción y una orden o ley. La instrucción es dar la información original para tener dirección y función. Una orden o ley es una repetición y refuerzo de la instrucción. En el contexto de una familia, una instrucción es la verdad o el principio que el padre ha aprendido del Padre celestial. Él imparte esa instrucción a su esposa. Como madre, ella repite como una orden lo que ha oído. Cuando yo crecía, en nuestra casa era algo como esto: "Myles, tu padre dijo que lavaras los platos. Pablo, tu padre dijo que barrieras el piso". Papá daba la instrucción, y mamá pasaba la orden. Ella repetía y reforzaba la instrucción de mi padre.

Yo no hacía preguntas ni ponía excusas, porque sabía que detrás de la orden de mi madre estaba el poder y la autoridad de mi padre. Cuando ella decía: "Lava los platos", yo no la oía a ella, ¡oía a mi padre! Sabía que si yo desobedecía su orden, también estaba desobedeciendo a mi padre, aunque él no estuviera presente físicamente en ese momento.

Como los hombres han recibido una responsabilidad tan clara de enseñar, algunos hombres creen que son más inteligentes que las mujeres. Si fuera cuestión de inteligencia, ¡muchas mujeres nos darían una lección! Que sea maestro no significa que sea usted más inteligente; simplemente significa que su propósito es comunicar la Palabra y la voluntad de Dios a su familia.

Pensamiento del día

Ser maestro significa que su propósito es comunicar la Palabra y la voluntad de Dios.

NINGUNA OTRA FUENTE EXCEPTO DIOS

En el jardín del Edén, Eva recibió instrucciones de una fuente que no era ni Dios ni su marido. Hombres, tenemos que enseñar a nuestras esposas e hijos a no recibir instrucciones de ninguna otra fuente que no sea la Palabra de Dios. Este es un principio muy importante: en la cultura de nuestros días, si nuestros hijos pueden aprender a comparar la información que reciben en libros, revistas o cualquier otro medio con la verdad de Dios, pueden ir a cualquier lugar y afrontar cualquier cosa y seguir conociendo la verdad.

En la universidad escuché varias filosofías falsas, pero mi padre me había enseñado la verdad sobre la base de la Palabra de Dios. Esa verdad se convirtió en el estándar por el que yo medía todas las cosas. Si Eva hubiera comparado lo que le dijo la serpiente con lo que Adán anteriormente le había dicho, habría sabido inmediatamente que la serpiente estaba mintiendo. En lugar de eso, ella aceptó la mentira de la serpiente sin contrastarla con la verdad. Recibió una instrucción de una fuente distinta a la del Padre, y como consecuencia fue engañada.

El buen padre siempre debería enfatizar a su familia que lo que él ha aprendido es de su Padre celestial. Un padre así desea que se diga esto de él: *"Mientras Josías vivió, no abandonaron* [su familia y sus descendientes] *al Señor, Dios de sus antepasados"* (2 Crónicas 34:33).

Cuando, como padre, enseño a mis hijos, no estoy sirviendo a mi padre terrenal sino al Dios de mis padres espirituales: Abraham, Isaac, Jacob, José, Moisés, David y los profetas. Estoy sirviendo al Padre de mi Señor Jesucristo.

Pensamiento del día

Hombres, tenemos que enseñar a nuestras esposas e hijos a no recibir instrucciones de ninguna otra fuente que no sea la Palabra de Dios.

LLEVE LA ENSEÑANZA A OTRO NIVEL

Qué es la disciplina bíblica? La disciplina no es castigo. La disciplina lleva la enseñanza a otro nivel. Una cosa es enseñar a un niño, pero la corrección y la consiguiente instrucción ayudan a moldear el carácter de un niño. Por tanto, la disciplina es entrenamiento.

"Instruye al niño en el camino correcto, y aun en su vejez no lo abandonará" (Proverbios 22:6). Observe la aplicación de este principio en Efesios 6:4: *"Y ustedes, padres, no hagan enojar a sus hijos, sino críenlos según la disciplina e instrucción del Señor"*. Quiero enfatizar de nuevo que la disciplina no es un castigo impuesto por un padre airado o enojado. Pablo advirtió claramente: *"Padres, no exasperen a sus hijos, no sea que se desanimen"* (Colosenses 3:21). Los padres saben cómo provocar a sus hijos con la impaciencia o la rudeza. Los versículos anteriores animan a los padres: "No a provocar, sino a entrenar. No a provocar, sino instruir".

La principal responsabilidad de un padre es ser como el Padre celestial y hacer lo que Él hace. Dios no señala una dirección y después Él va por otra. Un verdadero padre nunca dice: "Haz lo que yo digo, pero no lo que yo hago". En cambio, un buen padre con integridad puede decirles sin vergüenza alguna a su esposa e hijos: "Vivan como yo vivo, y serán como el Padre". Esto es lo que el apóstol Pablo les dijo a los creyentes corintios, que eran su descendencia espiritual: *"De hecho, aunque tuvieran ustedes miles de tutores en Cristo, padres sí que no tienen muchos, porque mediante el evangelio yo fui el padre que los engendró en Cristo Jesús. Por tanto, les ruego que sigan mi ejemplo"* (1 Corintios 4:15–16).

De igual forma, un padre se convierte en Cristo en lo que quiere que se conviertan su esposa y sus hijos.

Pensamiento del día

Una cosa es enseñar a un niño, pero la corrección y la consiguiente instrucción ayudan a moldear el carácter de un niño.

ENTRENANDO CON EL EJEMPLO

*Hijo mío, no tomes a la ligera la disciplina del Señor ni te
desanimes cuando te reprenda, porque el Señor disciplina a los
que ama, y azota a todo el que recibe como hijo. Lo que soportan
es para su disciplina, pues Dios los está tratando como a hijos.
¿Qué hijo hay a quien el padre no disciplina? Si a ustedes se les
deja sin la disciplina que todos reciben, entonces son bastardos y
no hijos legítimos. Después de todo, aunque nuestros padres
humanos nos disciplinaban, los respetábamos.*
—Hebreos 12:5-9

Ayer, vimos que un hombre debe convertirse en Cristo en lo que
quiere que su esposa y sus hijos se conviertan. Sigamos viendo lo
que significa que los padres sean ejemplos para sus familias. La
palabra *disciplina* viene de la palabra *discípulo*, el cual se refiere
a alguien que aprende mediante el seguimiento. Así, los padres
entrenan y disciplinan a sus hijos dándoles un ejemplo digno de
seguir. Sus hijos aprenden por imitación. Eso es exactamente lo
que Jesús hizo que hicieran sus discípulos. Les dijo: "¡Síganme!".
(Véase, por ejemplo, Mateo 4:19).

Un ejemplo concreto de este concepto es un tren. A toda
una línea de vagones sobre una vía lo llamamos "tren". Sin embargo, *tren* viene una palabra que significa "tirar" o "arrastrar".
Técnicamente, sólo la máquina es el tren, porque todo lo demás
que está unido a ella son seguidores. El principio que gobierna un
tren es similar al principio que Dios quiere que implementemos en
nuestras familias. Un padre nunca debe señalarles a su mujer y
a sus hijos hacia una dirección. Él es la máquina, y tiene que ser
capaz de decir: "Engánchense a mí. Síganme. Imiten mi ejemplo,
y así irán en la dirección correcta".

Pensamiento del día

Los padres entrenan y disciplinan a sus hijos dándoles un
ejemplo digno de seguir.

VIVA LO QUE ENSEÑA

¡Pero tengan cuidado! Presten atención y no olviden las cosas que han visto sus ojos, ni las aparten de su corazón mientras vivan. Cuéntenselas a sus hijos y a sus nietos.
—Deuteronomio 4:9

Dios les dice a los hombres: "No pierdan de vista mis caminos. Asegúrense primero de entenderlos y obedecerlos". Y entonces: *"Cuéntenselas a sus hijos y a sus nietos".* ¿Por qué? Porque usted debe ser el maestro.

No se limite a decirles a sus hijos: "Haz esto" o "No hagas eso". Muéstreselo. Observe su vida y asegúrese de guardar la Palabra de Dios. Algunos hombres dicen una cosa pero hacen otra. Por ejemplo, puede que les digan a sus hijos que sean honestos pero después no van a trabajar aunque no están enfermos. Algunos padres les dicen a sus hijos: "El tabaco es malo para ti"; y mientras tanto están dando bocanadas a un cigarrillo. Los hijos ven eso y piensan: *Para ser un adulto, hay que fumar.* Los adultos refuerzan esta idea mediante sus actos. Dios nos dice que no hagamos eso a nuestros hijos. Las personas parece que no entienden que no se puede enseñar algo si uno no está siendo ejemplo de ello. Un buen maestro es aquel que enseña mediante el ejemplo.

De nuevo, ¿dónde obtiene el padre su instrucción e información original para poder enseñarlas? De Dios Padre y su Palabra. Incluso si un padre no ha recibido enseñanza de un hombre piadoso, puede regresar a nuestro Padre celestial, ser salvo y aprender los caminos de Dios; puede recibir instrucción piadosa de su pastor y de hombres justos en la iglesia que conozcan y amen la Palabra de Dios. Y, desde luego, como creyente nacido de nuevo, un padre (al igual que una madre) tiene en su interior al Espíritu Santo, que le enseña todo lo que el Hijo oye del Padre (véase Juan 16:5–15).

Pensamiento del día

Dios les dice a los hombres: "No pierdan de vista mis caminos".

FORME BAJO DIVERSAS CONDICIONES

Un padre disciplina a sus hijos haciéndoles ver cómo opera él bajo diferentes condiciones. Un discípulo es un seguidor que aprende mediante la observación. Los discípulos en el pasado siempre dejaban su hogar porque aprender era *vivir* la vida, no sólo hablar sobre ella. El padre no sólo enseña en el hogar, sino que también saca a sus hijos al mundo con el fin de que puedan observar cómo maneja él varias situaciones de manera piadosa.

Es imposible ser eficaz siendo un padre a larga distancia. Un padre no puede educar a los hijos con quienes no está, ni formar a hijos que no están a su lado. Usted no puede discipular de manera exitosa por teléfono o por correo electrónico. No estar presente en las vidas de sus hijos hace que el hombre sea un proveedor biológico de esperma, y no un padre. Un padre forma a un hijo haciendo que el hijo observe lo que él hace, dice y decide en el mundo real.

Los padres necesitan disciplinar sus casas permitiendo que sus familias les observen de las siguientes maneras: leyendo y aplicando la Palabra de Dios; orando e intercediendo; tomando decisiones correctas basadas en las verdades absolutas de la Palabra de Dios; viviendo el ejemplo de Cristo mientras trabajan en el mundo real; compartiendo el evangelio con otros; adorando y alabando a Dios Padre abiertamente; tratando a sus esposas con honor y dignidad; honrando a otros por encima de ellos mismos, siendo reconciliadores entre razas y clases económicas; y amando a sus enemigos.

Pensamiento del día

Un padre forma a un hijo haciendo que el hijo observe lo que él hace, dice y decide.

23 de septiembre

UNA BUENA HERENCIA

Salomón dijo: *"El hombre de bien deja herencia a sus nietos"* (Proverbios 13:22). Me gusta ese concepto. Un hombre de bien no piensa en el pasado; piensa en el futuro. Además, un hombre de bien no deja una herencia sólo de dinero y tierras. Esa no es la única herencia de la que Salomón estaba hablando. Él hablaba de una herencia fuerte: algo en lo que estar firme, y algo en lo que apoyarse en la vida.

Recientemente estuve hablando sobre este tema en Barbados, y un joven me dijo: "Pero usted no entiende la historia del hombre afrocaribeño. Mire, yo heredé el legado de mi abuelo y mi bisabuelo". Yo dije: "Un momento. Siempre que una historia negativa predice su futuro, su presente tiene problemas. No me diga que usted tiene que repetir su historia. De lo que hablamos es de *crear* historia. Necesitamos crear una nueva historia para todos nuestros nietos". Entonces le dije: "No importa quién fue su abuelo. El asunto importante es lo que sus *nietos* vayan a decir sobre usted".

Quizá, cuando usted era pequeño, su padre le abandonó cuando las cosas se pusieron difíciles, y piensa que usted tiene que hacer lo mismo ahora que tiene una familia. Permítale decirle: si abandona a su hijo, le enseñará lo mismo que su padre le enseñó a usted. No se detiene; causa un ciclo perpetuo de destrucción. Tenemos que detener ese ciclo regresando al Manual de Dios y volviendo al curso correcto.

Pensamiento del día

Un hombre de bien deja a sus hijos una herencia fuerte: algo en lo que estar firme, y algo en lo que apoyarse en la vida.

¿QUÉ LLAMA USTED A SUS HIJOS?

No se engañen: de Dios nadie se burla. Cada uno cosecha lo que siembra. El que siembra para agradar a su naturaleza pecaminosa, de esa misma naturaleza cosechará destrucción; el que siembra para agradar al Espíritu, del Espíritu cosechará vida eterna.
—Gálatas 6:7–8

Una esposa y los hijos darán buen fruto cuando el padre siembre en ellos el fruto del Espíritu. Como contraste, vemos los resultados de sembrar las obras de la carne. Los padres que siembran abuso cosechan abuso. Los padres que siembran adicción frecuentemente tienen esposas e hijos adictos. Los padres que siembran divorcio cosechan familias rotas. Pero los padres que siembran la semilla del fruto del Espíritu cosechan amor, gozo, paz, paciencia, amabilidad, bondad, fidelidad, mansedumbre y dominio propio (véase Gálatas 5:22–23).

Los padres deben enseñar sólo la verdad que oyen de Dios Padre. Como el ejemplo perfecto de maestro, Jesús afirmó: *"Cuando hayan levantado al Hijo del hombre, sabrán ustedes que yo soy, y que no hago nada por mi propia cuenta, sino que hablo conforme a lo que el Padre me ha enseñado"* (Juan 8:28). Todo lo que el Hijo enseñó provenía de su Padre, la Fuente. El padre es una potente fuerza en su familia cuando su esposa y sus hijos saben que siempre que él actúa o habla, ha oído de parte de Dios.

El padre piadoso no reacciona con enojo hacia sus hijos llamándoles cosas como *necio, idiota* o *estúpido.* ¿Por qué no? Porque el Padre nunca le llama a él esas cosas. El padre piadoso llama santos a sus hijos, escogidos, sacerdotes e hijos del Dios altísimo. El padre declara a su esposa y a sus hijos la imagen de Dios en Jesucristo.

Pensamiento del día

Los padres que siembran la semilla del fruto del Espíritu cosechan amor, gozo, paz, paciencia, amabilidad, bondad, fidelidad, mansedumbre y dominio propio.

AMOR PERFECTO

La iglesia se describe en la Biblia en femenino, como una novia, una mujer. Al igual que Eva fue presentada a Adán en perfección, Cristo dice que él presentará para sí mismo *"una iglesia radiante... santa e intachable"* (Efesios 5:27). Jesús le dijo a su novia: "Te amo". Entonces, les dijo a los hombres: "Esposos, amen a sus esposas como yo amo a mi esposa". ¿Cómo muestra Cristo amor a la iglesia? Él la limpia por su Palabra (véase versículo 26), al igual que Adán debía de haber hecho por Eva.

La tarea de Adán era proteger a Eva y asegurarse de que ella estuviera continuamente limpia comunicándole la Palabra de Dios. El fracaso de Adán fue que él, en cierto sentido, abandonó a Eva, y por eso ella fue vulnerable a las seducciones de Satanás. Entonces, cuando Eva acudió a Adán después de haber desobedecido la Palabra de Dios, en lugar de corregirla, él se unió a ella en su desobediencia.

Jesús, sin embargo, es el Hombre perfecto. Él le dijo a su esposa: *"Nunca te dejaré; jamás te abandonaré"* (Hebreos 13:5). Eso es lo que marca la diferencia. Satanás no puede vencer a la iglesia porque Cristo nunca la abandonará, y Él siempre la guiará a toda verdad (véase Juan 16:13). El amor de Él por su novia es perfecto; Él entiende plenamente lo que es mejor para ella. Él mantiene su perfecta vigilia sobre ella. Él es el perfecto Adán.

Hombres, ¿qué tipo de amor le están mostrando a sus esposas?

Pensamiento del día

Cristo guarda a la iglesia por su Palabra. De igual modo, los hombres deben ayudar a sus esposas a mantenerse espiritualmente limpias comunicándoles la Palabra de Dios.

GOBERNAR POR AUTORIDAD DELEGADA

La mujer está diseñada para gobernar por autoridad delegada. Mi padre daba a mi madre instrucciones para nuestra familia, lo mismo que Cristo hace con su novia, la iglesia. Jesús dio instrucciones a los creyentes, y después se fue para regresar al Padre celestial:

> *Se me ha dado toda autoridad en el cielo y en la tierra. Por tanto, vayan y hagan discípulos de todas las naciones, bautizándolos en el nombre del Padre y del Hijo y del Espíritu Santo, enseñándoles a obedecer todo lo que les he mandado a ustedes.* (Mateo 28:18–20)

Nosotros nos quedamos en el mundo con las instrucciones de Jesús y el Espíritu Santo. Debemos salir para discipular a las naciones, poseer la tierra y recuperar lo que el diablo ha robado. Tenemos la autoridad del Padre para hacerlo. Cuando nosotros ordenamos, hay vidas que cambian porque la autoridad del Padre está en nosotros mediante el Espíritu Santo.

Es trágico que en muchos hogares en la actualidad, la madre no puede invocar el nombre del padre de su hijo con autoridad. De hecho, muchas maldicen el nombre del padre. ¿Por qué? Porque los padres han abandonado su responsabilidad de ser maestros de la Palabra de Dios en sus hogares.

Hemos visto que una de las principales estrategias de Satanás es eliminar a los padres del hogar. Satanás ataca a los padres para evitar que sean los maestros de sus familias; quiere que el hogar esté en rebelión contra el padre terrenal y también contra el Padre celestial. Si Satanás puede eliminar al padre, la familia carecerá de autoridad. Si no hay autoridad, hay anarquía y caos. Cuando hay anarquía y caos, cualquier número de cosas indeseables puede suceder —hijos que se unen a pandillas, se meten en las drogas y van con malas compañías—, todo porque no hay autoridad alguna en el hogar.

Pensamiento del día

Cuando nosotros ordenamos, hay vidas que cambian porque la autoridad del Padre está en nosotros mediante el Espíritu Santo.

---

27 de septiembre

LA NATURALEZA DE LA SUMISIÓN

*[Jesús], quien, siendo por naturaleza Dios, no consideró el ser
igual a Dios como algo a qué aferrarse. Por el contrario, se rebajó
voluntariamente, tomando la naturaleza de siervo y haciéndose
semejante a los seres humanos. Y al manifestarse como hombre,
se humilló a sí mismo y se hizo obediente hasta la muerte,
¡y muerte de cruz!*
—Filipenses 2:6–8

Hay un espíritu de maldad en el mundo actualmente que fomenta la idea de que nadie necesita estar en sumisión a nadie. Sin embargo, Jesús mismo nos dio nuestro modelo de autoridad y sumisión cuando Él se sometió a su Padre. Aunque Jesús es igual a Dios, se sometió a sí mismo al Padre y al plan del Padre. El profeta Isaías habló sobre esto cuando dijo, en esencia: "No van a creer esto. Nacerá un Hijo, y su nombre se llamará Consejero, Dios poderoso" (véase Isaías 9:6).

Podríamos preguntar: "Pero Isaías, acaba usted de decir: *'Porque nos ha nacido un niño; se nos ha concedido un hijo'* (Isaías 9:6). ¿Qué quiere decir con que este niño, este Hijo, será llamado Dios poderoso? ¿Cómo puede ser Él Dios e Hijo?". La respuesta de Isaías sería: "Él es Dios, pero ocupó la posición de Hombre y Siervo por causa de la redención de ustedes".

El propósito necesitaba la posición. El propósito de Dios era la redención. La Deidad dijo: "Alguien tiene que descender y someterse a nosotros a fin de producir la salvación de la humanidad". Por tanto, Jesús, la Palabra de Dios, que es Dios mismo, dijo: "Yo iré. Sé que soy un igual en la Deidad, pero para el propósito de la redención, seré hecho a semejanza del hombre y me someteré". De manera similar, una mujer no es menos que su esposo aunque, sin embargo, para los propósitos de Dios, su posición es someterse (véase Efesios 5:22–23).

Pensamiento del día

Jesús mismo nos dio nuestro modelo de autoridad y sumisión
cuando Él se sometió a su Padre.

La sumisión activa el cielo

*El hombre no debe cubrirse la cabeza, ya que él es imagen y
gloria de Dios, mientras que la mujer es gloria del hombre.*
—1 Corintios 11:7

En el versículo anterior, Pablo estaba diciendo que cuando el hombre es cubierto con Cristo, su matrimonio está bajo autoridad. Sin embargo, la mujer necesita que el hombre sea su cubierta. El pasaje de 1 Corintios 11:9–10 dice: *"Ni tampoco fue creado el hombre a causa de la mujer, sino la mujer a causa del hombre. Por esta razón, y a causa de los ángeles, la mujer debe llevar sobre la cabeza señal de autoridad"*.

Si es usted mujer, y quiere hacer una obra para Dios, el cielo entero está listo para trabajar a su favor. Dios dice: "Muy bien, haremos trabajo espiritual, ¿pero cómo son tus relaciones en el ámbito natural? ¿Cuál es tu relación con tu esposo, tus familiares, los miembros de tu iglesia?". Cualquier mujer que diga: "Yo no necesito la iglesia; puedo hacer esto por mí misma", no encontrará ningún ángel que la apoye. Los ángeles buscan su autoridad. Ellos preguntarán: "¿Bajo quién estás? ¿Cómo puedes esperar que te ayudemos bajo la autoridad de Dios cuando tú misma no estás bajo la autoridad de nadie?". La sumisión activa el cielo.

Ahora bien, si Cristo se sometió al Padre, ¿quién nos creemos que somos? Puede que usted sea independiente, famoso, un estupendo hombre de negocios, y que le vaya muy bien. Sin embargo, si no se somete a nadie, el cielo no confiará en usted. No crea que puede salir corriendo para hacer la obra de Dios sin estar en sumisión. Nunca se aleje de un ministerio y haga su propio trabajo porque alguien allí le molestó. Los ángeles están observando. Puede que realmente elimine la cubierta protectora de Dios de usted mismo cuando se aleja de la cubierta de su autoridad. Este principio espiritual se aplica tanto a varones como a mujeres.

Pensamiento del día
Si no se somete a nadie, el cielo no confiará en usted.

29 de septiembre

¿ES USTED UNA AUTORIDAD CALIFICADA?

Sabe cuál es una importante razón por la cual matrimonios, relaciones y la sociedad no están funcionando? Se debe a que las personas se niegan a aceptar sus posiciones. ¿Qué sucedería si los neumáticos de su auto decidieran que querían adoptar el papel del volante? El auto sería incapaz de moverse. Este es el punto muerto en que se encuentra nuestra sociedad. Todo el mundo quiere ocupar la misma posición, y nadie quiere confiar en nadie.

Dios creó al espíritu-hombre y lo puso en el interior del varón y de la hembra. Después Él sujetó al varón a Cristo Jesús y a la hembra la sujetó al varón. Si no entendemos nuestras posiciones, operaremos en ignorancia, y los resultados serán dolor y destrucción. El pueblo perece por falta de conocimiento (véase Proverbios 29:18 RVR).

Hombres, no tienen derecho a hacer que sus esposas se sometan a ustedes si ustedes no se someten a nadie. Estarán ejerciendo autoridad ilegal si demandan sumisión sin estar sometidos. De hecho, en realidad no pueden disciplinar a sus hijos si ustedes mismos no están disciplinados.

El varón necesita estar bajo autoridad antes de ser capaz de ejercerla de manera adecuada. Es imposible que usted diga que es el cabeza de un hogar cuando no está sometido a nadie. La cabeza de Cristo es Dios, la cabeza del hombre es Cristo, y la cabeza de la mujer es el hombre (véase 1 Corintios 11:3). Cualquier hombre que no esté bajo Cristo no es realmente una autoridad calificada.

Pensamiento del día

Hombres, no tienen derecho a hacer que sus esposas se sometan a ustedes si ustedes no se someten a nadie.

LA FUENTE Y PROVEEDOR DE LA MUJER

La Fuente y Proveedor definitivo de la mujer es Dios, y ella siempre puede acudir a Él. Pero Dios ha diseñado las cosas de modo que la mujer pueda recibir provisión terrenal mediante el varón. *"El hombre no procede de la mujer sino la mujer del hombre"* (1 Corintios 11:8) significa que el hombre es responsable de la mujer porque ella procede del hombre. Este es el plan original de Dios.

Ahora bien, si un hombre comienza a pensar que es su plan, en lugar de ser el plan de Dios, su responsabilidad de la mujer se convertirá en dominio de ella. Tenemos que entender que la provisión de la mujer por parte del varón es el diseño de Dios, o lo usaremos mal y abusaremos.

El hombre es responsable de la provisión debido a su posición en la relación de las cosas. Hay un paralelismo en el ámbito espiritual. Espiritualmente, debemos acudir a Dios para obtener lo que necesitamos. Jesús nos ha dicho: "Permanezcan en mí y yo permaneceré en ustedes. Si están separados de mí, no pueden hacer nada. Yo soy la Vid, y ustedes son las ramas, que reciben alimento de la Vid" (véase Juan 15:4–5).

Dios dice que la mujer debería permanecer conectada a su fuente; debería ser capaz de acudir al hombre para obtener respuestas. Si usted es una mujer casada y tiene una pregunta, pregunte a su esposo. Si él no tiene la respuesta, entonces acuda al siguiente hombre que esté en autoridad piadosa. Esto también se aplica a la mujer que no está casada. Ese hombre podría ser su padre, su pastor o su hermano mayor en el Señor, mientras sea alguien que representa a Dios como fuente y proveedor. Esa persona debería ser capaz de darle dirección. La mujer siempre ha de poder acudir a su fuente para recibir lo que necesite.

Pensamiento del día

La Fuente y Proveedor definitivo de la mujer es Dios, y ella siempre puede acudir a Él.

1 de octubre

LA MUJER DE PROVERBIOS 31

Mujer ejemplar, ¿dónde se hallará? ¡Es más valiosa que las piedras preciosas! Su esposo confía plenamente en ella y no necesita de ganancias mal habidas.
—Proverbios 31:10–11

Nuestra visión general de varones y mujeres y sus relaciones no estaría completa sin mirar a la mujer que se considera la personificación de feminidad y poder: la mujer de Proverbios 31.

A algunas mujeres ni siquiera les gusta leer este capítulo de la Biblia, ¡porque se ven abrumadas por todas las cosas que esta mujer aparentemente es capaz de hacer! Exclaman: "Bueno, si yo tuviera todos los sirvientes que ella tenía, ¡también podría hacer todas esas cosas!". Sin embargo, cuando consideramos nuestra exploración de los propósitos de Dios para la mujer desde la creación a la redención, y cuando pensamos en cómo la mujer ha sido liberada para cumplir los propósitos de Él, Proverbios 31 nos aporta una tremenda perspectiva sobre lo que una mujer debe ser. No quedemos abrumados cuando leamos lo que *hace* esta mujer y pasemos por alto el mensaje central de *quién es ella.*

Un tema que Proverbios 31 comunica es el siguiente: la mujer es una hacedora; puede hacer múltiples tareas. Ella es responsable de ocuparse de su esposo, sus hijos, un hogar, un trabajo, talentos, compromisos en la iglesia, obras caritativas y a veces padres ancianos. Ella es una ayudadora *y* es una líder. Recibe semilla en sus vientres físico, emocional, psicológico y espiritual, la incuba, y después la utiliza para edificar y transformar el mundo que le rodea.

Pensamiento del día

No quedemos abrumados cuando leamos lo que *hace* esta mujer y pasemos por alto el mensaje central de *quién es ella.*

LA MUJER QUE HONRA A DIOS

Engañoso es el encanto y pasajera la belleza; la mujer que teme al
Señor es digna de alabanza.
—Proverbios 31:30

Aunque la mujer esté cumpliendo todos sus propósitos vitales en su hogar y en el mundo, siempre debe recordar que *el primer lugar de la mujer está en Dios*. Proverbios 31 le recuerda: "No descuides tu relación con Dios, y no olvides desarrollar el carácter de Él en tu ser interior a la vez que vives tu vida tan ajetreada".

Es mucho más fácil comenzar a pasar por alto a Dios cuando uno se está ocupando de tantas otras personas y responsabilidades. Recuerde: la mujer fue creada para ser amada por Dios y para tener comunión con Él cómo ser espiritual creado a su imagen. Tenía que reflejar el carácter y la semejanza de Él, representar su verdadera naturaleza. Dios creó a la mujer para que tuviera sus características morales dentro de su ser interior. Ella debe reflejarle a Él no sólo como un espíritu, sino también en esas cualidades. Ella fue diseñada para actuar y operar como lo hace Dios, con amor y gracia. Por tanto, Proverbios 31 está diciendo: "Mientras estás haciendo aquello a que Dios te ha llamado y te ha capacitado para que hagas, no olvides la importancia de su carácter en tu vida". Por eso habla de la *"esposa ejemplar"* (v. 10).

Las mujeres necesitan entender que tener una relación con el Señor y desarrollar su carácter en sus vidas forman un fundamento esencial que las fortalecerá y sostendrá en todas sus actividades y logros. Con un continuo refrigerio de parte del Señor, pueden participar como propósito en sus muchas responsabilidades y cumplir los emocionantes propósitos que Dios tiene para ellas.

Pensamiento del día

Es mucho más fácil comenzar a pasar por alto a Dios cuando uno se está ocupando de tantas otras personas y responsabilidades.

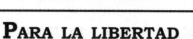
PARA LA LIBERTAD

*Cristo nos libertó para que vivamos en libertad. Por lo tanto,
manténganse firmes y no se sometan nuevamente al yugo
de esclavitud.*
—Gálatas 5:1

De ciertas maneras, la mujer puede derivar su autoestima de sus
actividades casi tanto como el hombre deriva su imagen propia de
su trabajo. Ella quiere sentir que es *valorada* por la contribución
que hace a su familia y su comunidad. Sin embargo, debido a que
es un termómetro emocional, ella sitúa esta necesidad en el contexto de sus relaciones y emociones, y por eso no se reconoce tan
fácilmente tal como es.

Cristo ha liberado a la mujer y la ha hecho una compañera
igual al hombre, a fin de que pueda cumplir los propósitos de Dios
para ella y desarrollar todos los dones que Él le ha dado. Él la ha
liberado de los efectos del pecado y de la opresión que dice que ella
es inferior al hombre. Sin embargo, ahora que ha sido liberada,
tiene que guardarse contra oprimirse *ella misma*. ¿Cómo podría
oprimirse a sí misma? *Haciendo* a expensas de *ser*.

El mundo nos dice que demostremos nuestro valor mediante
nuestros logros. La Biblia nos dice que aceptemos nuestro valor
en aquel que nos ama. No tiene usted que justificar su valor por lo
mucho que esté haciendo por los demás o por el número de actividades en que participe. ¿Recuerda la historia de Marta y María
cuando Jesús visitó por primera vez su casa? Aunque Marta estaba ocupada preparando una comida para Jesús, Él le recordó
amablemente que María había hecho la mejor elección sencillamente al sentarse a sus pies para escuchar sus palabras de vida
(véase Lucas 10:38–42).

Pensamiento del día

El mundo nos dice que demostremos nuestro valor mediante
nuestros logros. La Biblia nos dice que aceptemos nuestro valor
en aquel que nos ama.

ENCONTRAR SU IDENTIDAD

He sido crucificado con Cristo, y ya no vivo yo sino que Cristo vive en mí. Lo que ahora vivo en el cuerpo, lo vivo por la fe en el Hijo de Dios, quien me amó y dio su vida por mí.
—Gálatas 2:20

Por qué los investigadores de la policía buscan huellas dactilares en las escenas del crimen? Porque están buscando identidad. Todos nosotros tenemos huellas dactilares que nadie antes ha tenido y nadie después de nosotros tendrá. Esta distinción es una indicación del modo en que Dios nos creó a todos para ser diferentes. Sin embargo, con frecuencia seguimos buscando nuestra identidad en otras personas o cosas.

Hay una tremenda presión por parte de la cultura para que las mujeres busquen identidad en todos los lugares equivocados. La verdadera identidad de la mujer no está en su aspecto físico, su ropa, su riqueza, su trabajo, ni siquiera su esposo y sus hijos. Independientemente de lo que la cultura y la sociedad puedan decir, el más elevado valor y dignidad fueron dados a la mujer por Dios en la creación. Recuerde que la mujer fue creada para ser amada por Dios y para tener comunión con Él para siempre.

La mujer primero necesita encontrar su identidad en quién es ella en Cristo: la hija amada de Dios. Sólo cuando ella lo hace, puede sentirse realizada y llevar a cabo los planes que Dios tiene para ella. Cuando una mujer se somete a Dios, Cristo obrará en ella y por medio de ella mediante su Espíritu. De este modo, podrá cumplir todos los propósitos que Él tiene para ella, pero en la fuerza de Él, y no en la suya propia. *"Nosotros no hemos recibido el espíritu del mundo sino el Espíritu que procede de Dios, para que entendamos lo que por su gracia él nos ha concedido"* (1 Corintios 2:12).

Pensamiento del día
La mujer necesita encontrar su identidad en Cristo.

5 de octubre

"Tú las superas a todas"

Muchas mujeres han realizado proezas, pero tú las superas a todas.
—Proverbios 31:29

La mujer de Proverbios 31 no es sólo una mujer ocupada; es una mujer que conoce su propósito en Dios. Veamos algunas razones por las cuales es así:

- Sabe que tiene que confiar en Dios y obtener su fortaleza de Él para no ser paralizada por la ansiedad; su familia y otros con los que se relaciona podrán poner su confianza en ella, pues sabrán que ella tiene en mente el mejor interés de ellos (vv. 11–15).

- Sabe que Dios valora sus capacidades y su inteligencia, y por eso ella es libre para seguir oportunidades y hacer planes para extender su ámbito de influencia (vv. 16–18, 24).

- Sabe que Dios es su Fuente definitiva y que Él desea bendecirla, por eso emprende su trabajo con energía y anticipación. Tiene una buena actitud y no se queja (v. 17).

- Como Dios la ha bendecido, ella desea ser una bendición para otros, y se acerca a quienes son menos afortunados que ella (v. 20).

- Debido a que sabe que su valor proviene de su posición en Dios, se trata a ella misma con respecto (v. 25).

- Se ha sumergido en la Palabra de Dios a fin de conocer los caminos de Él; por tanto, puede dar sabiduría e instrucción piadosas a otros (v. 26).

- Debido a que ha llegado a conocer al Dios de todo aliento, ella es una animadora de su esposo, sus hijos, sus amigos y compañeros de trabajo, y se invierte a ella misma en sus vidas (v. 28).

Pensamiento del día

La mujer de Proverbios 31 no es sólo una mujer ocupada; es una mujer que conoce su propósito en Dios.

---

6 de octubre

PRINCIPIOS DE "LA MUJER DE PROVERBIOS 31"

Hoy, repase estos principios de "la mujer de Proverbios 31" y reflexione en cómo se aplican a su vida diaria; directamente para usted misma si es una mujer, y en sus relaciones con las mujeres si es un hombre.

1. Una mujer ejemplar es difícil de encontrar; el esposo de una mujer así *no carece de nada de valor* (véase Proverbios 31:11).

2. Las mujeres no deberían verse tan abrumadas por lo que *hace* la mujer de Proverbios 31 de modo que pasen por alto el mensaje de *quién es ella*.

3. La mujer es una hacedora. Hace múltiples tareas.

4. La mujer es una ayudadora y una *líder*. Ella es responsable de ocuparse de su esposo, sus hijos, su hogar, trabajo, talentos, compromisos en la iglesia, obra caritativa y a veces padres ancianos.

5. Una mujer debe recordar siempre que *su primer lugar está en Dios*.

6. La Biblia les dice a las mujeres que deben aceptar su valor no en lo que hacen sino en aquel que las ama.

7. Una mujer necesita encontrar su identidad en quién es ella en Cristo: la hija amada de Dios.

8. La mujer de Proverbios 31 no es sólo una mujer ocupada; es una mujer que conoce su propósito en Dios.

Padre celestial:
La mujer ejemplar en Proverbios 31 trabaja con mucha diligencia. En todo lo que hace, anima a su familia y agrada a su Dios. Oramos para que no veamos a una súper mujer a la cual envidiar, sino más bien a una mujer dotada que sencillamente está rendida a la voluntad de Dios en su vida. A medida que cada uno nos rendimos a tu voluntad y tus propósitos, que puedas utilizarnos como veas apropiado. Y que siempre encontremos el tiempo para sentarnos a tus pies y adorarte antes de emprender todos los ajetreados proyectos de nuestras vidas. En el poderoso nombre de Jesús oramos, amén.

7 de octubre

Cuando contemplo los cielos

Cuando contemplo tus cielos, obra de tus dedos, la luna y las estrellas que allí fijaste, me pregunto: ¿Qué es el hombre, para que en él pienses? ¿Qué es el ser humano, para que lo tomes en cuenta?
—Salmos 8:3–4

Con toda la magnificencia del universo, la humanidad es quien está en el centro de los pensamientos de Dios. El rey David entendió el asombro de esta idea un día. David le preguntó a Dios: "¿Por qué piensas sólo en nosotros?". Aunque el Salmo 8 no nos da la respuesta de Dios, yo creo que su respuesta sería: "Cada vez que vean la luna y las estrellas, y todo lo demás que he creado, quiero que sepan que todo existe por causa de ustedes".

Cuando mi esposa y yo estábamos esperando nuestro primer hijo, ya te-níamos preparadas todas las cosas antes de que llegase el bebé. Recuerdo estar mirando todo el día en que lo terminamos. Habíamos limpiado muy bien el cuarto. Teníamos la nueva cuna, almohada, sábanas, talco, aceite de bebé, pañales, alimento para bebés, y todo lo demás preparado. Teníamos pequeños cuadros en las paredes. Aún no había bebé, pero todo lo que el bebé necesitaría y utilizaría estaba preparado. Entonces dimos un paso atrás, miramos el cuarto y dijimos: "Esto es bueno". ¿Qué estábamos haciendo? Preparando. Eso es exactamente lo que Dios hizo en Génesis 1 cuando creó el mundo como preparación para la creación de la humanidad.

Cuando Dios terminó de crear el mundo, dijo que todo era bueno. Yo creo que dijo eso porque todo estaba preparado. Después de que Dios hubiera dicho que el mundo físico era bueno, dijo: *"Hagamos al ser humano"* (Génesis 1:26).

Pensamiento del día

Con toda la magnificencia del universo, la humanidad es quien está en el centro de los pensamientos de Dios.

El Redentor de la humanidad

Pondré enemistad entre tú y la mujer, y entre tu simiente y la de ella; su simiente [el Redentor] te aplastará la cabeza, pero tú le morderás el talón.
—Génesis 3:15

Está la humanidad condenada a vivir en los efectos de la caída? No. El propósito de Él nunca ha cambiado. Su diseño original sigue permaneciendo. Como hemos visto, precisamente cuando la humanidad rechazó los propósitos de Dios, Él prometió un Redentor que salvaría a los hombres y las mujeres de su estado caído y todas sus consecuencias. El Redentor restauraría la relación y el compañerismo de varones y hembras. Jesucristo es ese redentor; por causa de Él, ¡hombres y mujeres pueden regresar al diseño original de Dios para ellos! Propósito, paz y potencial pueden regresar a la humanidad. En Lucas 1:68, Zacarías anunció con alegría el cumplimiento de la promesa en Génesis 3:15: *"Bendito sea el Señor, Dios de Israel, porque ha venido a redimir a su pueblo"*.

Un regreso al plan de Dios, sin embargo, significa un regreso a Dios mismo. Significa regresar a Dios mediante el Redentor, rindiendo su vida a Él y pidiéndole que le llene con su Espíritu Santo a fin de poder vivir en el plan original de Él para usted. Cuando hace esto, Dios hará algo maravilloso. Él hará que el espíritu humano que hay en su interior, el cual está muerto como resultado de la caída, vuelva a vivir otra vez a fin de que usted pueda reflejar el carácter de Él y sus caminos. Cuando usted regrese a Dios y rinda continuamente su espíritu al Espíritu de Dios, podrá cumplir los propósitos para los cuales fue usted creado.

Pensamiento del día

El Redentor, Jesucristo, trajo propósito, paz y potencial otra vez a la humanidad.

9 de octubre

Jesús es el Autor de la salvación

Cristo Jesús es el *"autor de eterna salvación"* (Hebreos 5:9 RVR) y el *"autor y consumador de la fe"* (Hebreos 12:2 RVR). El *"autor de eterna salvación"*; ¿qué significa eso? Jesús inició, generó, produjo, mantiene y sostiene la salvación de toda la humanidad. Él es la única Fuente de nuestra redención.

Si usted quiere acudir a Dios, por tanto, Jesús es la Fuente definitiva. A pesar de las obras de Mahoma, Buda y Confucio, no puede usted acudir a ninguno de esos hombres para obtener salvación porque, según la Escritura, ellos no generaron, crearon ni fueron autores de la redención de la humanidad. Jesús es el Generador de la salvación; germinó con Él y fue completada en Él. Él es el Autor y Consumador de la fe.

Me alegro de que Él no sea sólo el autor, sino también el consumador. Muchos hombres son meramente autores de bebés; no terminan como padres. Jesús es el consumador de su fe. Él no sólo comenzó su fe; Él la sostendrá hasta que sea completa (véase Filipenses 1:6). Él hará que usted crezca hasta la estatura y la medida plena de su propósito para usted, a fin de que sea usted semejante a Él (véase 2 Corintios 3:18; Efesios 4:13.)

Jesús proporciona el "gen" para la nueva generación de hombre. Él es la Fuente de la simiente para salvación. En la descripción que hace Isaías del Mesías, concluyó con los títulos Consejero, Dios fuerte, *Padre eterno* y Príncipe de Paz (véase Isaías 9:6). En este versículo, también se hace referencia al Hijo como el Padre porque Él produjo una nueva generación de seres humanos; Él produjo el *"nuevo hombre"* (Efesios 2:15 RVR).

Pensamiento del día

Jesús es el Autor y Consumador de la fe.

RELACIONES CORRECTAS

Cuando tiene una relación correcta con Dios, puede tener relaciones correctas con otras personas; lo contrario es también verdad: *"Por lo tanto, si estás presentando tu ofrenda en el altar y allí recuerdas que tu hermano tiene algo contra ti, deja tu ofrenda allí delante del altar. Ve primero y reconcíliate con tu hermano"* (Mateo 5:23–24).

Una relación correcta con Dios depende de tener relaciones correctas con otras personas. Esta verdad lleva el asunto de las relaciones reconciliadas entre hombres y mujeres justamente donde duele, ¿no es cierto? Debemos entender claramente lo que dice la Palabra de Dios, de modo que no tenemos excusas para no enmendar nuestras relaciones rotas.

¿Puede imaginarse a esposos deteniéndose en mitad del servicio de adoración el domingo y saliendo fuera con sus esposas para arreglar las cosas con ellas? Si eso sucediera, tendríamos una iglesia y una sociedad totalmente nuevas. Sin embargo, veo que las personas con frecuencia van por el camino fácil cuando han tenido conflictos con otros. Acuden a Dios y dicen: "Dios, por favor, perdona a María", "Dios, dile a María que le perdono" o "Dios, te pido que cambies a María". No quieren ir directamente a la persona. Nos encanta ocultarnos detrás de Dios para no tener que aceptar la responsabilidad de las relaciones cara a cara. Nuestra renuencia a tratar de manera honesta y directa con los demás es el motivo por el cual hay tantos problemas en las relaciones, incluso en el cuerpo de Cristo.

Yo honro a mi esposa y la trato correctamente no sólo porque la amo sino también por causa de mi relación con Dios. *"Esposos, sean comprensivos en su vida conyugal... Así nada estorbará las oraciones de ustedes"* (1 Pedro 3:7). Jesús dijo que mi relación con Dios es aún más importante que mi relación con mi esposa; y sin embargo, Dios hizo que mi relación con Él dependa de mi relación con ella.

Pensamiento del día

Nos encanta ocultarnos detrás de Dios para no tener que aceptar la responsabilidad de las relaciones cara a cara.

11 de octubre

La importancia del perdón

Porque si perdonan a otros sus ofensas, también los perdonará a ustedes su Padre celestial. Pero si no perdonan a otros sus ofensas, tampoco su Padre les perdonará a ustedes las suyas.
—Mateo 6:14–15

Crean que ya han recibido todo lo que estén pidiendo en oración, y lo obtendrán. Y cuando estén orando, si tienen algo contra alguien, perdónenlo, para que también su Padre que está en el cielo les perdone a ustedes sus pecados.
—Marcos 11:24–25

Jesús habló mucho de la importancia del perdón en nuestras relaciones. Él dijo que si no perdona a alguien que tenga algo contra usted, o contra quien usted tiene algo, entonces el Padre no le perdonará ni le escuchará. Jesús estaba diciendo que las relaciones con otras personas son aún más importantes que la adoración, porque usted no puede adorar excepto en el contexto de sus relaciones.

No importa lo serio y sincero que usted sea en cuanto a Dios; no importa lo lleno que usted esté del Espíritu Santo o la cantidad de Escritura que haya aprendido. Dios no se impresiona mucho por su capacidad de comunicarse con Él, por su capacidad de articular su adoración, oración o alabanza. Que Él reciba su adoración —ya sea mediante sus ofrendas, su alabanza, su administración del reino de Dios o su ministerio de los dones del Espíritu— depende de las relaciones que usted tenga con los demás, especialmente con su cónyuge. Por tanto, si usted ofrenda a Dios mil dólares, el que Dios los reciba o no depende de si usted tiene o no una relación correcta con los demás. El que Dios acepte incluso sus diezmos depende de las relaciones que usted tenga con otras personas, y no de lo mucho que le dé a Él.

Pensamiento del día

Usted no puede adorar excepto en el contexto de sus relaciones.

AUMENTE SU INVERSIÓN

Un verdadero hombre está atento a las necesidades de otros y les ayuda a crecer. Algunos hombres se concentran sólo en su propio fruto, sus propios logros, y tan sólo se mejoran a sí mismos. Eso se llama egoísmo. No tienen esposas o hijos fructíferos porque han descuidado ocuparse de ellos.

Cada parte de la sociedad debería estar desarrollándose si tuviéramos verdaderos hombres en nuestra presencia, pero con demasiada frecuencia tenemos destructores en lugar de desarrolladores. Ellos derriban nuestras casas, pintan nuestros edificios con grafiti, y disparan. Los hombres necesitan regresar a su propósito y dejar de utilizar su fuerza con razones equivocadas.

El varón ha sido diseñado para hacer su trabajo de tal manera que sea capaz de convertirlo en algo más de lo que era originalmente. En la parábola de los talentos, el hombre que se fue del país confió al primer sirviente cinco talentos, dos al segundo y uno al tercero. Se da a entender que el hombre les dijo: "Cuando yo regrese, no quiero ver sólo el dinero que les sea entregado; quiero ver un aumento en mi inversión". Cuando el hombre regresó y descubrió que el sirviente que tenía un sólo talento no había hecho nada para aumentar el dinero de su patrón, llamó al sirviente *"malo y perezoso"* (Mateo 25:26).

Si un hombre sigue trabajando en lo mismo que trabajaba hace diez años y no ha mejorado en absoluto, algo va mal. Dios diseñó a los hombres para ser cultivadores que no sólo se quedan sentados sobre buenas ideas sino que las ponen en práctica, que no se quejan de otros sino ven el potencial y les ayudan a lograrlo. Pida a Dios que comience a poner en práctica las ideas que Él ha puesto dentro de usted.

Pensamiento del día
Dios diseñó a los hombres para ser cultivadores que
no sólo se quedan sentados sobre buenas ideas sino que las
ponen en práctica.

13 de octubre

DESARROLLE A SU FAMILIA

Dios Padre provee detalladamente para el desarrollo de su pueblo. *Desarrollar* significa "causar crecimiento gradualmente y continuamente de maneras más plenas, mayores y mejores". Considere lo que Pablo escribió sobre nuestro Padre celestial:

> *Yo sembré, Apolos regó, pero Dios ha dado el crecimiento. Así que no cuenta ni el que siembra ni el que riega, sino sólo Dios, quien es el que hace crecer. El que siembra y el que riega están al mismo nivel, aunque cada uno será recompensado según su propio trabajo. En efecto, nosotros somos colaboradores al servicio de Dios; y ustedes son el campo de cultivo de Dios, son el edificio de Dios.*
> (1 Corintios 3:6–9)

El padre humano del mismo modo debe desarrollar al pueblo que Dios ha puesto bajo su cuidado. Para entender al padre como desarrollador, regresamos al jardín del Edén y recordamos las instrucciones de Dios a Adán de labrarlo y guardarlo (véase Génesis 2:15 RVR). Para labrar y guardar el jardín, Adán tenía que planificar el crecimiento ordenado tanto de la vida vegetal como la vida animal. El desarrollo para el orden y el cultivo comenzó cuando Adán puso nombre a los animales (véase vv. 19–20.)

El plan de Dios es inherente a su propósito. El Padre celestial, como Desarrollador, planificó el jardín y también planificó lo que habría en él; estructuró las corrientes para que salieran de la tierra a fin de regar el jardín. Él proporcionó alimento para Adán y Eva, tenía un plan con respecto a lo que ellos podían y no podía comer, y dio a Adán instrucciones de uso concretas.

Los padres no deben dejar a sus familiares vagando en desierto espiritual y moral. El padre piadoso que desarrolla su familia tiene un plan para su crecimiento: físicamente, intelectualmente, emocionalmente y espiritualmente.

Pensamiento del día

Desarrollar significa causar crecimiento gradualmente y continuamente de maneras más plenas, mayores y mejores.

El desarrollador siempre tiene un plan

Ayer nos enfocamos en el principio de que el plan de Dios es inherente a su propósito. La *planificación* es el primer paso en el desarrollo. Antes de que un desarrollador comience a construir la división de una casa o un edificio comercial, hace un plan de construcción. Presenta el plan a los oficiales del gobierno adecuados a fin de obtener los permisos requeridos para construir. El plan incluye lo que se construirá, al igual que cómo se utilizará. Estructura y uso son esenciales para un plan.

Preparar o plantar el terreno es la segunda característica del desarrollo. Una vez que hay un plan, el desarrollador comienza el trabajo previo necesario para la construcción. Llegan las excavadoras y se proporciona el drenaje. Se prepara el terreno para aceptar el edificio: primero el cimiento y después una estructura. De igual manera, el sembrador prepara la tierra y siembra la semilla planeando obtener una cosecha.

El siguiente paso es *proteger*. El desarrollador protege su lugar de construcción. Puede que construya una valla elevada con alambre de púas para mantener fuera a los intrusos. Puede que contrate a guardias de seguridad. De manera similar, el agricultor que desarrolla una cosecha utiliza cualquier medio de protección que necesite su cosecha para guardarla contra los insectos, las enfermedades y los vándalos. Él cuida de la cosecha quitando las malas hierbas y proporcionando una irrigación adecuada.

Las Escrituras muestran cómo Dios el Desarrollador protegió al hombre en el jardín. Él le advirtió que no comiese del árbol del conocimiento del bien y del mal, y le dio instrucciones en cuanto a qué hacer en el jardín (véase Génesis 2:15–17.) Él también caminaba con Adán y Eva en el frescor de la tarde (véase Génesis 3:8.) Mantener la comunión con Dios era protección para ellos. Dios planea, prepara y protege a su pueblo, y esto es lo que Él llama a los padres a que hagan por sus familias.

Pensamiento del día

¿De qué maneras está usted planificando, preparando y protegiendo a su familia?

---

15 de octubre

La luz produce luz

Después de planear, preparar y proteger, es momento de *producir*. Cuando un edificio es terminado, el desarrollador utiliza su edificio comercial o casas para producir ingresos. El agricultor que produce una cosecha no la deja en el campo; la recoge porque ha producido frutas o verduras que pueden venderse y utilizarse. De modo similar, el Padre nos desarrolla para que seamos productivos en su plan y su propósito. Jesús habló de este tema del desarrollo de modo muy concreto: *"Mi Padre es glorificado cuando ustedes dan mucho fruto y muestran así que son mis discípulos"* (Juan 15:8).

Un padre camina cada paso con su familia a medida que la prepara y la equipa en los caminos de Dios; él planta la semilla de la Palabra de Dios en sus corazones; los protege con oración, al igual que con su presencia y provisión para sus vidas. A medida que un padre piadoso camina con su familia, es un ejemplo de santidad para ellos. Espera lo mejor de ellos para que produzcan buen fruto, lo cual da gloria al Padre. Él desarrolla a su descendencia para que resplandezca con la gloria de Dios. Un padre espera que su familia sea la luz del mundo, la sal de la tierra y un testimonio para Cristo en el mundo.

La luz produce luz. La luz de Cristo en la vida de un padre prende a su familia para Cristo. La oración de todo padre piadoso es que sus hijos se conviertan en llamas de fuego, que ardan con el Espíritu del Padre y brillen como estrellas. *"Los sabios resplandecerán con el brillo de la bóveda celeste; los que instruyen a las multitudes en el camino de la justicia brillarán como las estrellas por toda la eternidad"* (Daniel 12:3).

Pensamiento del día

La luz de Cristo en la vida de un padre prende a
su familia para Cristo.

CRECER A LA IMAGEN DE CRISTO

Por lo tanto, si alguno está en Cristo, es una nueva creación.
¡Lo viejo ha pasado, ha llegado ya lo nuevo!
—2 Corintios 5:17

Un padre piadoso desarrolla constantemente a sus familiares para que crezcan en el ilimitado potencial de Dios, para que sean lo mejor que puedan ser mediante la fortaleza de Él y para que acepten a otros a medida que también crecen en Cristo. Él desafía a su esposa y sus hijos para que logren lo máximo para gloria de Él.

El objetivo del desarrollo es el crecimiento constante. El padre cultiva su relación con su esposa y sus hijos de modo que ellos crezcan por encima de sí mismos y se conviertan en los creyentes que Dios quiso que fueran. El poderoso mensaje de 2 Corintios 5:17 es que en las nuevas creaciones en Cristo constantemente están pasando las cosas viejas —pecado, malos hábitos, ignorancia y fortalezas—, mientras que llega lo nuevo a todas las áreas de la vida. ¡Los padres entienden que los hijos de Dios siempre están cambiando! Nos desarrollamos y crecemos a imagen de Cristo. Estamos siendo cambiados *"de gloria en gloria"* (2 Corintios 3:18 RVR). Los padres ponen un cartel en sus familiares, incluyéndose ellos mismos, que dice: "Sea paciente, por favor. ¡Dios no ha terminado conmigo aún!".

Los padres desarrollan a padres. Un padre crece en la paternidad aprendiendo del Padre celestial. Un hombre aprende de un padre a ser padre. La meta de la paternidad es desarrollar hombres que puedan ser padres que eduquen y madres que eduquen bajo la cobertura de un esposo piadoso. Por tanto, cuando su hijo comience a tomar decisiones tan buenas o mejores de las que usted haya tomado, puede afirmarle que él es ahora un padre a la vez que sigue alentándole a medida que crece en la paternidad. Jesús prometió que cuando estamos en el Padre y el Padre está en nosotros, al igual que el Padre está en Él, entonces haremos mayores obras de las que Él hizo (véase Juan 14:12).

Pensamiento del día

¡Los padres entienden que los hijos de Dios siempre
están cambiando!

CREAR UN AMBIENTE PARA EL CRECIMIENTO

El hombre ha de proporcionar un ambiente alentador para su familia que apoye su crecimiento. El padre discipula a su descendencia proporcionando un ejemplo del Padre. Un padre que sea semejante al Padre celestial alienta el descubrimiento y el aprendizaje como partes del proceso de desarrollo, y promueve un crecimiento firme, coherente y progresivo en su familia. Permita que comparta con usted algunas cualidades ambientales del padre que desarrolla su descendencia:

Aliento: El padre edifica a su descendencia. *"Por eso, anímense y edifíquense unos a otros, tal como lo vienen haciendo"* (1 Tesalonicenses 5:11). Los padres nunca derriban la estima de un familiar. Pablo escribió a los corintios que Dios le había dado poder para edificar, no para destruir. *"Y oramos a Dios para que los restaure plenamente. Por eso les escribo todo esto en mi ausencia, para que cuando vaya no tenga que ser severo en el uso de mi autoridad, la cual el Señor me ha dado para edificación y no para destrucción"* (2 Corintios 13:9–10). Tal es el poder que Dios da a los padres: edificar a sus familias, no destruirlas.

Comentarios positivos: En lugar de crítica, un padre semejante al Padre da corrección constructiva. Desarrolla a su esposa y a sus hijos edificando sobre sus fortalezas y centrándose en lo que saben hacer bien en lugar de condenarlos por sus debilidades. De hecho, el padre lleva las debilidades de su familia (véase Romanos 15:1). Él cubre —no deja al descubierto— su vulnerabilidad, y los protege del ataque con sus propias oraciones e instrucción.

Pensamiento del día

Un padre que sea semejante al Padre celestial alienta el descubrimiento y el aprendizaje como partes del proceso de desarrollo.

OPORTUNIDAD PARA PROBAR

Los padres deben entender que algunas de las experiencias de aprendizaje más importantes en la vida resultan del fracaso. Los hijos pueden aprender de sus fracasos. Un padre piadoso los utiliza para enseñar en lugar de para juzgar y castigar; es así como un padre desarrolla una atmósfera de aceptación para su familia. Él no los rechazará tan sólo porque hayan probado y hayan fracasado; él acepta a su familia "en lo bueno y en lo malo", al igual que Cristo le ha aceptado a él. *"Por tanto, acéptense mutuamente, así como Cristo los aceptó a ustedes para gloria de Dios"* (Romanos 15:7). El desarrollo crea un ambiente que conduce a que otros encuentren experiencias de aprendizaje bajo la guía de la piadosa sabiduría de un padre.

Un padre no hace comparaciones; entiende que el único estándar para la vida es Jesucristo. Nunca compara a su esposa o a sus hijos con los demás, pensando que al establecer una comparación forzará el desarrollo. Por ejemplo, un padre nunca les dice a sus hijos: "¿Por qué no puedes ser más como Fulanito? Es un niño muy bueno y nunca causa ningún problema a sus padres. Saca muy buenas calificaciones en la escuela, ¿por qué no puedes ser igual?". Nunca le dice a su esposa: "¿Por qué no puedes vestir como Fulanita y parecerte a ella? Ella es muy buena cocinera y ayudadora. ¿Por qué no puedes parecerte más a ella?".

Tales comentarios por parte de un padre vienen del padre de mentira. Satanás desea que nos comparemos a nosotros mismos y a nuestras familias con los demás, a fin de poder dividirnos y provocar peleas. Pablo advirtió contra la falsa comparación (véase 2 Corintios 10:12). Los padres no deben mostrar favoritismo, al igual que el Padre celestial no muestra favoritismo (véase Hechos 10:34). En cambio, deberían desarrollar una atmósfera en la familia de amor, respeto, honor y cuidado los unos por los otros.

Pensamiento del día

Los padres deben entender que algunas de las experiencias de aprendizaje más importantes en la vida resultan del fracaso.

19 de octubre

PRINCIPIOS DEL PADRE COMO DESARROLLADOR

Hoy, repase estos principios del padre como desarrollador de su familia, y reflexione en cómo puede aplicarlos a su vida cotidiana, directamente para usted si es un hombre, y en sus relaciones con los hombres si es usted una mujer.

1. Como desarrolladores, los padres planifican, preparan, plantan, protegen y producen aquello que Dios ha puesto bajo su cuidado.

2. El padre piadoso que desarrolla a su familia tiene un plan para su crecimiento sistemático: físicamente, intelectualmente, emocionalmente y espiritualmente.

3. Un padre piadoso es un ejemplo de santidad para su familia, y los desarrolla para que sean la luz del mundo, la sal de la tierra y un testimonio para Cristo.

4. El objetivo del desarrollo es el crecimiento permanente; un padre piadoso proporciona aliento, comentarios positivos y la oportunidad de probar y fracasar, y no hace comparaciones.

5. El desarrollo crea un ambiente que conduce a que otros encuentren experiencias de aprendizaje bajo la guía de la piadosa sabiduría de un padre.

6. Un esposo y padre desafía a su esposa y sus hijos a lograr su máximo potencial para gloria de Dios. Cultiva su relación con sus familiares de modo que ellos puedan crecer por encima de sí mismos y ser los creyentes que Dios quiso que fueran.

7. Los padres desarrollan a padres. Un hombre crece en la paternidad apoyándose en Dios Padre. Un hombre aprende de un padre cómo ser padre.

Padre celestial:
Hemos sido creados para ser desarrolladores, y tú eres un Dios que nos permite crecer y desarrollarnos en un ambiente de amor, aliento y corrección. Ayuda a los padres terrenales a aprender a crear ese mismo ambiente en sus familias y en las comunidades en las que viven. En el nombre de Jesús, amén.

Lectura: Isaías 56–58; 2 Tesalonicenses 2 303

20 de octubre

UN PADRE CUIDA

El padre no es sólo quien desarrolla a sus familiares, sino también quien se ocupa de ellos profundamente. De muchas maneras, las funciones de cuidar y desarrollar van mano a mano. La función del cuidado del padre está arraigada, una vez más, en Génesis 2:15: *"Tomó, pues, Jehová Dios al hombre, y lo puso en el huerto de Edén, para que lo labrara y lo guardase"* (RVR). La palabra "labrar" significa cultivar, y la palabra "guardar" significa cuidar. Cuidar es prestar atención a las necesidades y también satisfacer esas necesidades. De hecho, cuidar va más allá de nuestros pensamientos normales de servir, alentar y ministrar a quienes nos rodean.

Una vez más, la palabra *cuidar* significa anticipar una necesidad y satisfacerla. En otras palabras, cuidar significa que usted calcula la siguiente necesidad de una persona antes de que él o ella sean conscientes de que la tienen. Usted hace provisión antes de que ellos ni siquiera sientan la necesidad. Yo creo que ese es el tipo de cuidado que describe el Salmos 8:4: *"Qué es el hombre, para que en él pienses? ¿Qué es el ser humano, para que lo tomes en cuenta?"*. Pensar en alguien significa tener la mente llena de pensamiento sobre esa persona. Dios Padre ha llenado sus pensamientos con nosotros. Él anticipa y piensa en lo que necesitaremos incluso antes de que lo necesitemos.

> *Así que no se preocupen diciendo: "¿Qué comeremos?" o "¿Qué beberemos?" o "¿Con qué nos vestiremos?" Porque los paganos andan tras todas estas cosas, y el Padre celestial sabe que ustedes las necesitan. Más bien, busquen primeramente el reino de Dios y su justicia, y todas estas cosas les serán añadidas.* (Mateo 6:31–33)

Pensamiento del día

Cuidar significa calcular la próxima necesidad de una persona y hacer provisión para ella antes de que él o ella ni siquiera sientan la necesidad.

ESTABLEZCA LAS PRIORIDADES CORRECTAS

En qué está empleando la mayoría de su tiempo? Un padre que es semejante a Dios Padre cuida empleando su tiempo y energía anticipando lo que su esposa y sus hijos necesitan a continuación. Este es un hermoso cuadro de un padre. Independientemente de lo que él esté haciendo, está pensando en lo que su hija necesitará al día siguiente, lo que su hijo necesitará la semana siguiente, o lo que su esposa necesitará el año próximo. Piensa cada día en cuidar de su familia.

Nuestras culturas impulsadas por el trabajo intentan obligar a los hombres a pensar continuamente en lo que necesita la empresa, de modo que no tienen tiempo para pensar en las necesidades de nadie. Los hombres ya no trabajan para vivir, sino viven para trabajar. Incluso en el hogar, la mente del hombre con frecuencia se dirige al trabajo y a resolver problemas o pensar en nuevos proyectos. O el padre regresa a su casa tan cansado del trabajo que se queda dormido delante del televisor. Mientras tanto, descuida a su familia porque está demasiado cansado o ajetreado para pensar en las necesidades de ellos.

Los padres deben establecer las prioridades correctas. Un padre que cuida como el Padre celestial piensa en su esposa y sus hijos antes que en su trabajo. Un padre debería ver su trabajo como un don de Dios que le capacita para ocuparse adecuadamente de su esposa y sus hijos. Un trabajo es un medio para lograr un fin, y nunca *el fin mismo*.

Los hombres que están enredados en sus carreras y corren tras el mundo empresarial tienen su motivación y sus prioridades fuera de lugar. Han tomado su trabajo —un regalo de Dios que Él quiso que les ayudara a sostener a sus familias— y lo han convertido en un ídolo. Terminan ocupándose más del regalo que de la familia por la cual se regaló o por el Dios que lo regaló.

Pensamiento del día

Un padre que cuida como el Padre celestial piensa en su esposa y sus hijos antes que en su trabajo.

El verdadero esposo de la iglesia

Muchas personas miran al pastor como un padre modelo; sin embargo, en la actualidad los pastores tienen un índice de divorcio creciente. ¿Por qué? Muchos podrían ser adecuadamente clasificados como "adictos al trabajo". Con frecuencia, las esposas de los pastores se sienten indefensas al tratar de hacer regresar al hogar el corazón de sus esposos. Muchos pastores parecen cuidar más de todos los demás antes que de sus familias. Para defender su adicción al trabajo, los pastores pueden que digan a sus esposas: "Este es mi llamado. Estoy haciendo esto por el Señor". Incapaces de competir con Dios, sus familiares tratan desesperadamente de satisfacer sus necesidades de otras maneras. La iglesia entonces se convierte en una "amante" para el pastor, que deja a su esposa y su familia para que sufran sin él.

Los laicos también necesitan tomar en serio esta advertencia, porque con frecuencia son una importante causa de los problemas de esos pastores. Ellos esperan que el pastor sea Cristo y no simplemente el pastor. El hombre de Dios nunca puede ocupar el lugar de Cristo cuidando de su novia. Como pastor, yo no estoy casado con mi iglesia; estoy casado con mi esposa. La "mujer" a la que superviso —la asamblea de creyentes— no es mi esposa; es la esposa de Cristo. En última instancia, ¿quién suple las necesidades emocionales de la iglesia? Yo no. ¿Quién suple sus necesidades físicas? Yo no. ¿Quién suple sus necesidades espirituales? Yo no. Cristo satisface todas las necesidades de su esposa: la iglesia. Sólo Cristo es omnipresente, omnisciente y omnipotente, y no el pastor.

La respuesta a este problema se encuentra en Efesios 5, donde Pablo estableció los principios referentes a Cristo y su novia, y el esposo y su esposa. *"Esposos, amen a sus esposas, así como Cristo amó a la iglesia y se entregó por ella"* (v. 25). Pastores, al igual que laicos, deben amar a sus esposas como Cristo ama a la iglesia.

Pensamiento del día

Pastores, al igual que laicos, deben amar a sus esposas como
Cristo ama a la iglesia.

23 de octubre

SEA LA PERSONA QUE DIOS CREÓ

En la televisión vi una vez una fotografía de un niño con una palabra que decía: "Desaparecido". El Señor me habló y dijo: "Yo tengo muchos hijos que están desaparecidos". Puede que alguno de ustedes esté desaparecido. Usted está presente en el mundo pero desaparecido con respecto a cumplir los propósitos concretos para los cuales fue creado. Dios le está diciendo: "Quiero que dejes de intentar ser como otra personas y seas tú mismo".

Recuerde que Pablo dijo: *"Imítenme a mí, como yo imito a Cristo"* (1 Corintios 11:1). En otras palabras, estaba diciendo: "Cuando yo me veo como Cristo, imítenme". Lo único que vemos en otras personas y tenemos que imitar es la vida de Cristo.

Dios tiene planes especiales para usted, si usted quiere ser aquello para lo que Él le creó. Él le ha dado su personalidad y sus dones con un motivo concreto. *"Porque somos hechura de Dios, creados en Cristo Jesús para buenas obras, las cuales Dios dispuso de antemano a fin de que las pongamos en práctica"* (Efesios 2:10).

Dios le hizo único debido al propósito que Él tenía en mente para usted. Lo mismo es cierto para los demás. Nos metemos en problemas cuando intentamos cambiar a las personas para que sean como nosotros. Esto sucede con frecuencia cuando las personas se casan. Después de la luna de miel, las personas comienzan a intentar hacer que su cónyuge piense y se comporte como ellas. Las personas pasan años intentando cambiar a su pareja. Pero Dios hizo diferentes a varones y mujeres debido a aquello para lo cual fueron diseñados. Eso significa que su esposa es como es debido al porqué es. Su esposo es como es debido al porqué es. Nadie puede alterar los propósitos de Dios.

Pensamiento del día

Lo único que vemos en otras personas y tenemos que imitar es la vida de Cristo.

FUERA DE LA PRESENCIA DE DIOS

Si un hombre no está viviendo en la presencia de Dios, podría estar moviéndose, pero en realidad no está funcionando. Usted no puede confiar plenamente en la perspectiva de un hombre que no conozca a Dios. Ni siquiera puede confiar plenamente en la perspectiva del que está comenzando a conocer a Dios, porque aún se está acostumbrando a la Presencia. Fuera de la presencia de Dios, las personas pueden ser como animales peligrosos y descontrolados. El primer capítulo de Romanos explica que cuando las personas rechazan los propósitos de Dios o los ignoran, terminan abusando continuamente de sí mismas. Abusan de su cuerpo, su mente, sus relaciones y sus talentos.

Sólo al estar continuamente en la presencia de Dios es como nuestras mentes y nuestro corazón pueden ser renovados. Necesitamos aprender a andar *"guiados por el Espíritu"* (Gálatas 5:25) en lugar de ser guiados por nuestras propias ideas sobre la vida. Como dijo el profeta Jeremías: *"Nada hay tan engañoso como el corazón. No tiene remedio. ¿Quién puede comprenderlo?"* (Jeremías 17:9).

El problema con muchos de los hombres es que pensamos que no necesitamos a Dios cuando, de hecho, Él es lo primero que necesitamos. Me sorprende cuando observo a hombres intentando lograrlo sin Dios. Puede que parezca que lo están logrando, pero no es así. No están cumpliendo su verdadero propósito. Con frecuencia, el "lograrlo" es sólo una careta que se ponen para evitar que la gente vea las cosas como realmente son. Si usted supiera lo que sucede verdaderamente en sus vidas, sabría que no lo están logrando.

Nunca deberíamos dudar de nuestra necesidad de Dios. ¿Recuerda lo primero que Dios le dio al varón? No le dio una mujer, un trabajo o un mandato; le dio su presencia.

Pensamiento del día

Sólo al estar continuamente en la presencia de Dios es como nuestras mentes y nuestro corazón pueden ser renovados.

25 de octubre

IMÁGENES DE LIDERAZGO

Cuando ve usted la palabra *liderazgo*, ¿qué rostro le viene a la mente? ¿Quién es su idea de un líder fuerte?

La mayoría de nosotros hemos desarrollado nuestras imágenes de líderes de fuentes equivocadas. Hemos mirado a atletas, músicos, estrellas de cine y políticos como nuestros modelos a seguir. Sin embargo, la mayoría de esos famosos hombres y mujeres no saben lo que es un verdadero líder. Si no me cree, pregúnteles dónde están sus hijos; pregúnteles dónde están sus esposas y sus esposos; pregúnteles cómo están sus hogares. Muchas de las personas más ricas, más famosas y más prestigiosas del mundo no pueden mantener sus hogares en armonía.

Hemos considerado el estatus y el logro personal como la medida del liderazgo en lugar de los estándares de Dios. Dios se ocupa de las personas que tienen una visión de Él y que pueden sostener, apoyar y alimentar a sus familias y a otros en busca de Dios y sus propósitos.

Algunos hombres quieren huir de la responsabilidad del liderazgo. Lo consideran una carga demasiado pesada, y permiten que sus esposas lo dirijan todo. Otros quieren seguir sus propios intereses egoístas sin preocuparse de las necesidades de los demás. Ciertos hombres no creen que merezcan ser líderes; piensan que hay que ser rico, exitoso o tener mucha educación para liderar.

Permita que deje algo muy claro: si es usted varón, nació para liderar. Dios hizo primero al varón porque quería que él fuese responsable. Un varón no decide liderar o no liderar. Tiene su posición en virtud de su propósito; es inherente. En el plan de Dios, ese no es un tema a debatir.

Pensamiento del día

Hemos considerado el estatus y el logro personal como la medida del liderazgo en lugar de los estándares de Dios.

Desarrollar el negocio familiar de Dios

Cuando Jesús supo que su ministerio terrenal se acercaba a su fin, habló a sus discípulos sobre el papel de ellos en el desarrollo del "negocio familiar" en la tierra: *"Ya no los llamo siervos, porque el siervo no está al tanto de lo que hace su amo; los he llamado amigos, porque todo lo que a mi Padre le oí decir se lo he dado a conocer a ustedes"* (Juan 15:15).

¿Cuál fue la razón de Jesús para llamar amigos a sus discípulos? Él dijo, en efecto: "El siervo no sabe lo que hace el jefe. Les llamo amigos porque les he dicho todo lo que el Padre me ha revelado".

Piense en lo grande y próspero que es el negocio de Dios. Es tan grande que Dios dice que Él puede suplir todas sus necesidades (véase Filipenses 4:19). En este contexto, no creo que Él se esté refiriendo a sus necesidades más pequeñas, como una casa, un auto, ropa o alimento. Recuerde: Jesús nos dijo que Dios conoce esas necesidades antes de que pidamos (véase Mateo 6:31–32). Por tanto, Dios debe de estar hablando sobre otra inversión con el propósito de extender el negocio de la empresa. Él está diciendo: "La empresa tiene tantas garantías que mis hijos nunca tienen que preocuparse por materiales para hacer más inversión".

Creo que si nos ocupamos en extender la influencia de la empresa de Dios y de edificar sus intereses, nuestro acceso a los recursos de Él será abierto (véase Mateo 6:33). Dios creó a la humanidad para ser su descendencia y trabajar en sus negocios, y Él tiene todos los recursos que necesitamos para cumplir ese propósito.

Pensamiento del día

Si nos ocupamos en extender la influencia de la empresa de Dios y de edificar sus intereses, nuestro acceso a los recursos de Él será abierto.

---

27 de octubre

ENSEÑE A SUS HIJOS Y NIETOS

En Deuteronomio, Moisés dio instrucciones de parte de Dios a los cabezas de familia sobre enseñar a sus familias los caminos de Dios:

> *¡Pero tengan cuidado! Presten atención y no olviden las cosas que han visto sus ojos, ni las aparten de su corazón mientras vivan. Cuéntenselas a sus hijos y a sus nietos.* (Deuteronomio 4:9)

Dios está muy interesado en que los padres enseñen a sus hijos sobre Él. Él no dice aquí que envíen a sus hijos a la iglesia, a la escuela dominical o al club bíblico de vacaciones. Dice que los padres mismos les enseñen. Esas otras actividades son buenas, pero si lo que enseñan no se refuerza en el hogar, los niños pueden tener la impresión de que sus padres no creen que la Biblia sea importante. Los padres no se dan cuenta del impacto negativo que esa actitud puede tener en sus familias.

"Cuéntenselas a sus hijos y a sus nietos". Quiero decir aquí unas palabras a los abuelos. Cuando su hijo o su hija les envía a ese pequeño niño o niña, ¿con qué regresa ese niño a su casa? Algunos niños aprenden cosas de sus abuelos que no son buenas. Los padres descubren que el niño regresa hablando mal o contando mentiras, y se preguntan dónde habrán oído esas cosas. ¡Las oyen del abuelo y la abuela! Sus nietos deberían obtener de ustedes la Palabra de Dios. Cuando sus hijos les dejen al cuidado de sus hijos, esos niños deberían regresar a casa sabiendo más sobre Dios.

Timoteo recibió una fuerte herencia espiritual tanto de su madre como de su abuela. Pablo escribió: *"Traigo a la memoria tu fe sincera, la cual animó primero a tu abuela Loida y a tu madre Eunice, y ahora te anima a ti. De eso estoy convencido"* (2 Timoteo 1:5).

Pensamiento del día

Dios está muy interesado en que los padres enseñen
a sus hijos sobre Él.

28 de octubre

¿DE QUÉ HABLA USTED?

Grábate en el corazón estas palabras que hoy te mando.
Incúlcaselas continuamente a tus hijos. Háblales de ellas cuando
estés en tu casa y cuando vayas por el camino, cuando te acuestes
y cuando te levantes. Átalas a tus manos como un signo; llévalas
en tu frente como una marca; escríbelas en los postes de tu casa y
en los portones de tus ciudades.
—Deuteronomio 6:6–9

Al reflexionar en el anterior pasaje de la Escritura, veamos dos maneras concretas que Dios le dijo a Moisés que los padres deben utilizar para hablar a sus hijos sobre los mandamientos de Él.

"Háblales de ellas cuando estés en tu casa". ¿Qué oyen sus hijos en su casa? ¿De algún escándalo escrito en el periódico? ¿De la última película? ¿De qué dialogan? ¿Hablan sobre la bondad del Señor? Cuando usted está sentado en su casa durante su tiempo libre, ¿qué hace? ¿Pasa tiempo enseñando a sus hijos la Palabra? ¿Realiza devocionales familiares?

"Háblales de ellas... cuando vayas por el camino". ¿De qué habla cuando lleva a los niños a la escuela o van de viaje? ¿Les grita usted a otros conductores o escucha programas de radio menos que edificantes? ¿Qué ejemplo establece usted para sus hijos cuando está en público? ¿Habla de otras personas por la espalda? ¿O practica la Palabra de Dios de manera natural y cotidiana?

Algunos hombres nunca hablan de Dios fuera de la iglesia. Me duele ver a hombres que se avergüenzan del evangelio de Jesucristo. Piensan que deben encajar, encajar tanto que no pueden hablar de Jesús. Dios dice: "Un verdadero hombre al que yo respeto es un hombre que no sólo realiza devocionales en el hogar, sino que también sale al mundo y habla de mí por el camino de la vida".

Pensamiento del día

¿Practica usted la Palabra de Dios de manera natural y cotidiana?

Fortifique a sus hijos mediante la Palabra

Ayer vimos las dos primeras de las instrucciones de Dios en Deuteronomio 6 sobre cómo debemos hablar a los hijos sobre sus mandamientos. Hoy, examinemos los dos últimos "puntos de conversación":

"Háblales de ellas... cuando te acuestes" (Deuteronomio 6:7). Antes de dar las buenas noches a sus hijos y meterlos en la cama, ¿qué palabras les deja? ¿La seguridad de la presencia y la paz de Dios durante la noche? ¿Un salmo alentador? ¿O los despide para que se vayan a la cama mientras usted termina de trabajar en algo?

De hecho, ¿en qué piensa usted antes de irse a dormir? ¿Sabe que lo último en que piensa en la noche es normalmente lo primero en que piensa cuando se despierta? A veces sueña con eso. Me sorprende que las personas piensen deliberadamente en las peores cosas. Algunos de ustedes leen el peor tipo de libros antes de irse a dormir, y después se preguntan por qué su espíritu está inquieto.

"Háblales de ellas... cuando te levantes" (v. 7). Cuando usted se despierta en la mañana, lo más probable es que piense en la Palabra de Dios si ha meditado en ella antes de irse a dormir. Y comenzará a ministrar a medida que habla de ella con su familia.

¿Cómo saluda usted normalmente a sus hijos en la mañana? ¿Con un tranquilo recordatorio del amor y la fortaleza de Dios para ese día? ¿Con qué armadura espiritual los envía a la escuela? En la actualidad, es un mundo difícil donde los niños han de crecer, y necesitan la Palabra de Dios para fortificarlos para la vida diaria.

Pensamiento del día

Los niños necesitan la Palabra de Dios para fortificarlos
para la vida diaria.

EL MEDIO DE OBTENER SABIDURÍA

Hijo mío, si haces tuyas mis palabras y atesoras mis mandamientos; si tu oído inclinas hacia la sabiduría y de corazón te entregas a la inteligencia; si llamas a la inteligencia y pides discernimiento; si la buscas como a la plata, como a un tesoro escondido, entonces comprenderás el temor del SEÑOR y hallarás el conocimiento de Dios. Porque el SEÑOR da la sabiduría; conocimiento y ciencia brotan de sus labios.
—Proverbios 2:1–6

En el pasaje anterior, Salomón habló de que la sabiduría debe obtenerse de la enseñanza piadosa. Efesios 6:4 dice: *"Padres... críenlos [a sus hijos] según la disciplina e instrucción del Señor"*. Hemos visto que muchos padres dejan esta responsabilidad únicamente a las madres. Esto se vuelve especialmente difícil para las mujeres cuando los hijos alcanzan cierta edad en la cual no quieren someterse a la autoridad. Los hombres necesitan establecer un fuerte ejemplo espiritual para sus hijos, especialmente en ese periodo en particular de sus vidas.

Actualmente existe la popular idea de que cada persona debería ser totalmente responsable de sí misma, a pesar de lo joven que sea esa persona. Lo que el mundo está diciendo es que debería permitirse a los hijos criarse a ellos mismos. Esta idea es una necedad. Los niños son niños; los adultos son adultos. A veces, los adultos *se comportan* como niños; pero los niños sin duda alguna no son adultos, y no deberían ser tratados como si lo fueran. Los padres tienen la responsabilidad delante de Dios de educar a sus hijos y enseñarles en los caminos del Señor. Dios no deja el cuidado y la crianza de sus hijos a ellos mismos o a la sociedad. Lo deja en manos de usted.

Pensamiento del día

Dios no deja el cuidado y la crianza de sus hijos a ellos mismos o a la sociedad. Usted tiene la responsabilidad de criar a sus hijos en el Señor.

La Palabra de Dios en todas partes en nuestras vidas

En Deuteronomio, después de que el Señor dijera que tenemos que hablar de sus mandamientos con nuestros hijos, continuó: *"Átalas a tus manos como un signo; llévalas en tu frente como una marca; escríbelas en los postes de tu casa y en los portones de tus ciudades"* (Deuteronomio 6:8–9).

El punto que Dios estaba estableciendo es que cualquier cosa que hagan sus manos, se asegure de que esté en consonancia con su Palabra. Cualquier cosa que haya en sus pensamientos, asegúrese de que sea la Palabra de Dios. *"Los postes"*; me gusta eso. Los postes en tiempos de Moisés eran dos grandes puntales que sostenían la estructura de la casa. Cualquiera que atravesara esos postes entraba en la casa. Eso significa que toda su casa debería estar sostenida por la Palabra de Dios, y que usted debe comprobar quién entra en su casa para asegurarse de que pase por la Palabra de Dios.

Dios está diciendo a los padres, y a los hombres jóvenes que aspiran a ser buenos padres: "Tengan la Palabra en ustedes. Revistan toda su vida de la Palabra". Si alguien quiere tener acceso a su vida o a su casa, debe pasar por la Palabra de Dios. Si una mujer quiere casarse con usted, dígale claramente: "Si no conoces a Dios y su Palabra, no me importa lo bella que seas o lo mucho que puedas darme; olvídalo".

Me encantaría que Dios levantase hombres que no cedieran, que no se casasen con una mujer que no sea una mujer de Dios. A veces no tenemos ningún estándar. Debemos volver a tener estándares y valores. Nuestros valores provienen de lo que creemos; crean nuestra moralidad y afectan a nuestra conducta. Si creemos la Palabra de Dios, ese es nuestro sistema de valores.

Pensamiento del día

Si alguien quiere tener acceso a su vida o a su casa, debe pasar por la Palabra de Dios.

Dios envió a una mujer

*Porque yo te hice subir de la tierra de Egipto, y de la casa de
servidumbre te redimí; y envié delante de ti a Moisés,
a Aarón y a María.*
—Miqueas 6:4 (RVR)

Las mujeres deberían aprender de memoria el versículo anterior
y recordarlo durante el resto de sus vidas. Dios estaba diciendo:
"Les envié tres líderes". Siempre hablamos de Moisés, el represen-
tante y líder administrativo. También hablamos de Aarón, el sumo
sacerdote y líder espiritual. Pero Dios mencionó a otro líder con
el que muchas personas se sienten incómodas al leerlo. Él dijo:
"También envié a María para guiarles".

Dios *envió* a una mujer para liderar. Este hecho contradice
muchas de las actitudes que los hombres han tenido por años
acerca de las mujeres en el liderazgo. Cuando Dios nombró a propósito a María para ser una líder para su pueblo, Él respaldó la
idea de que es válido que una mujer esté en el liderazgo. Vale la
pena notar que Dios no envió a María a liderar porque no hubiera
ningún hombre disponible en ese momento. Por el contrario, Él la
envió a liderar *juntamente* con los hombres; Él la situó en un equipo de líderes. Ya que Dios reconoció a María en la misma lista o
categoría con Moisés, nosotros no tenemos que cuestionar si Dios
quiso que las mujeres fuesen líderes. *"Envié delante de ti a Moisés,
a Aarón y a María".*

El equipo de liderazgo de Sinaí incluía un director, un sacerdote y una mujer. El director era Moisés, el líder ejecutivo, el
sacerdote era Aarón, el líder espiritual. Sin embargo, justamente
en medio del líder ejecutivo y el líder espiritual, era necesaria una
mujer a fin de aportar equilibrio a los dos.

Pensamiento del día

Dios envió a una mujer para liderar.

EL PAPEL DE LIDERAZGO DE LA MUJER

El influyente papel de María como líder sobre Israel *remonta* la mirada a los propósitos de Dios para la mujer que Él estableció cuando creó a la humanidad, y mira *hacia adelante* a los propósitos redentores de Cristo para la mujer en la salvación. Dios quiso que las mujeres fuesen líderes desde la creación del mundo, y confirmó su continuado compromiso con esta intención mediante el ministerio de su Hijo Jesucristo. Esta es la base sobre la cual consideraremos el papel de la mujer en el liderazgo.

En nuestra exploración de los propósitos de Dios para los hombres y las mujeres y las relaciones varón-hembra, hemos visto lo siguiente:

- Mujeres y hombres (como humanidad) son iguales espiritualmente delante de Dios e igualmente importantes para Él.

- Mujeres y hombres (como humanidad) recibieron el mandato del dominio.

- Varones y hembras (las "casas" de la humanidad) tienen propósitos y diseños distintos.

- Las funciones y capacidades complementarias de varones y hembras aportan balance, fuerza y ayuda mutua a medida que cumplen los propósitos de Dios.

A la luz de estos principios, la pregunta que muchas personas han estado haciendo, "¿Deberían las mujeres estar en el liderazgo?", se convierte en una pregunta totalmente diferente. En lugar de preguntar *si* las mujeres deberían estar en el liderazgo, deberíamos preguntar *cómo* deben ejercer su liderazgo, dado su propósito y diseño. A lo largo de la semana siguiente exploraremos el modo en que el propósito y el diseño de la mujer dan forma a su papel de liderazgo.

Pensamiento del día

Dios quiso que las mujeres fuesen líderes desde la creación del mundo, y confirmó su continuado compromiso con esta intención mediante el ministerio de su Hijo Jesucristo.

Diseñada para liderar

Y Dios creó al ser humano a su imagen; lo creó a imagen de Dios.
Hombre y mujer los creó, y los bendijo con estas palabras: "Sean
fructíferos y multiplíquense; llenen la tierra y sométanla; dominen
a los peces del mar y a las aves del cielo, y a todos los reptiles
que se arrastran por el suelo".
—Génesis 1:27–28

Consideremos una vez más que el relato de la creación revela que el mandato de dominio fue dado a la humanidad, tanto varón como hembra. El propósito de Dios es que la mujer, al igual que el hombre, sea fructífera y se multiplique, llene, someta y tenga dominio sobre la tierra. Tener dominio significa gobernar, controlar, gestionar, liderar o administrar. *Dominio* es una palabra poderosa. A Dios le encanta el liderazgo, y lo tenía en mente cuando creó la tierra. Cuando Dios le dijo al hombre que tuviera dominio, le estaba diciendo al hombre quien es él. El hombre (varón y hembra) es un líder que tiene que cultivar la tierra.

No hay ejemplo alguno de sujeción, sumisión u opresión de la mujer en el primer y segundo capítulos de Génesis. En la perfecta voluntad de Dios, no hay tal organización. La mujer y el hombre eran iguales, bendecidos, subyugando, gobernando y teniendo dominio, y Dios dijo: "Esto es muy bueno". Cualquier otra disposición diferente a esa fue el resultado de la caída. Eso significa que todo lo que Dios dijo acerca de la relación varón-hembra después de Génesis 2 es un programa de reparación.

Debido a que el propósito de Dios para el hombre era el liderazgo, Él diseñó varón y hembra con el potencial y la capacidad interiores de ser un líder. El espíritu de liderazgo está en toda persona; sin embargo, las maneras en que varones y hembras *ejecutan* dominio son diferentes y se basan en sus diseños distintivos.

Pensamiento del día

Dios diseñó varón y hembra con el potencial y la
capacidad interiores de ser un líder; el espíritu de
liderazgo está en toda persona.

EL PODER DE INFLUENCIA DE LAS MUJERES

Tanto el hombre como la mujer fueron creados para liderar, pero sus funciones de liderazgo están determinadas por sus tareas de dominio específicas. Dios diseñó a la mujer no sólo para tener relación con Él mismo, sino también para ayudar a cumplir sus propósitos dentro de su gran plan para la humanidad. Por tanto, las mujeres son diseñadas por Dios para ejecutar una tarea que solamente las mujeres pueden cumplir.

Dios diseñó al varón para ser líder por oposición y a la hembra para ser líder por influencia. Así, el hombre tiene *poder de posición* y la mujer tiene *poder de influencia*. Hay una diferencia entre estas dos formas de liderazgo. Un ejemplo perfecto de esta distinción fue la posición de la reina Ester con respecto al rey Jerjes. El rey tenía poder de posición; sin embargo, debido al corazón piadoso de Ester y su gran belleza, ella tenía poder de influencia con el rey y fue capaz de convencerle de los malvados planes de Amán contra el pueblo judío (véase Ester 4–5).

Cuando Dios diseñó a la mujer, obviamente tenía la influencia en mente. La mujer es una receptora. Dios la diseñó para recibir del varón y para incubar lo que recibe de modo que pueda crecer y desarrollarse. La mujer está constituida para influenciar. Sus vientres —sea físico, emocional, mental o espiritual— tienen una tremenda influencia sobre lo que reciben al proporcionar un ambiente de alimento y transformación. La famosa cita de William Ross Walace tiene mucho de verdad: "La mano que mece la cuna es la mano que gobierna el mundo".

El poder de posición y el poder de influencia no son exclusivos mutuamente; han de ejercerse juntos en el dominio.

Pensamiento del día

El hombre tiene *poder de posición* y la mujer tiene
poder de influencia.

Distintas funciones de liderazgo

Poder e influencia son iguales pero distintos. La mujer y el hombre son iguales en el liderazgo; la diferencia está en sus funciones de liderazgo.

Hay dos importantes aspectos del poder de posición. En primer lugar, el poder de posición generalmente viene con un título, como rey, gobernador o pastor. En segundo lugar, el poder de posición normalmente se ejecuta mediante mandatos, sean verbales o escritos. La autoridad que va con la posición —y subraya los mandatos— es la naturaleza del poder del hombre.

El poder de influencia se manifiesta de manera muy distinta. En primer lugar, la mujer puede que tenga un título, pero no necesita un título para liderar. Ella lidera mediante la influencia. Por eso las mujeres son quienes normalmente dirigen la casa. Los hombres se denominan a sí mismos "el cabeza de familia", pero las mujeres dirigen la casa. En segundo lugar, la mujer no necesita hablar a fin de dirigir cosas. Ella lidera tan sólo mediante su influencia. Mi padre solía dirigir nuestra casa con su boca. Él decía: "Limpia la cocina"; "Saca la basura"; "Quita los pies de esa silla". Sin embargo, con una sola *mirada* de mi madre, yo quitaba los pies de esa silla. La mujer no necesita decir ni una sola palabra; tan sólo mira, y las personas responden. Esta es una influencia poderosa. Algunos hombres suponen que debido a que ciertas mujeres son calladas o no gritan las órdenes, son débiles. Ellos no entienden el poder de influencia.

El poder de influencia puede que sea más sutil y tranquilo que el poder de posición, pero tiene un potente efecto. Satanás entendía esta influencia. La caída del hombre resultó de la interferencia de la serpiente en el liderazgo de influencia.

Pensamiento del día

El poder de influencia puede que sea más sutil y tranquilo que el poder de posición, pero tiene un potente efecto.

6 de noviembre

RESTAURACIÓN AL LIDERAZGO

Esposos, sean comprensivos en su vida conyugal, tratando cada uno a su esposa con respeto, ya que... ambos son herederos del grato don de la vida.
—1 Pedro 3:7

El poder de influencia es un tremendo don de Dios con la intención de ser utilizado por las mujeres para el bien de ellas mismas, sus familias, sus comunidades, naciones, el mundo y el reino de Dios. Sin embargo, las mujeres tienen que entender el potencial que tiene para el mal al igual que para el bien. Incluso las mujeres redimidas tienen que ocuparse de disciplinar su poder de influencia.

Necesitamos recordar que aunque el poder de influencia de la mujer tiene el potencial de dañar, fue Dios quien originalmente le dio este don de liderazgo cuando la creó. La *influencia* no es el resultado de la caída; la *corrupción* de la influencia lo es. Dios desea que la mujer sea restaurada a su plena función de liderazgo y utilice esta influencia para el bien y los propósitos de Él. Dios indicó que ese era su plan incluso cuando se produjo la caída. Todas las declaraciones que Dios dio a Eva y Adán en Génesis 3 son la respuesta de Dios a la caída. Dijo que al final iba a restaurar lo que Él había establecido en el principio. ¿Cómo? Mediante la redención de Jesucristo y la venida del Espíritu Santo.

Cuando el Espíritu Santo regresa a la vida de la mujer, el plan de Dios para ella vuelve a lo que era originalmente. Las mujeres son coherederas de la salvación con los hombres. Esto significa que cuando una mujer recibe salvación en Jesucristo, vuelve a convertirse en un igual en el gobierno.

Pensamiento del día

Dios desea que la mujer sea restaurada a su plena función de liderazgo y utilice ese poder de influencia para el bien y los propósitos de Él.

¿Y QUÉ DE PABLO?

*Ya no hay judío ni griego, esclavo ni libre, hombre ni mujer, sino
que todos ustedes son uno solo en Cristo Jesús.*
—Gálatas 3:28

Cuando Pablo escribió la anterior declaración a los gálatas, estaba hablando del espíritu-hombre que reside tanto en varones como mujeres a quien Cristo ha redimido. Por tanto, en el cuerpo de Cristo, en el Espíritu, tratamos con el *hombre*, en el que no hay diferencia de género. En otras cartas, como las enviadas a Corinto y Éfeso, Pablo aborda problemas en los cuales las herencias culturales de las personas estaban haciendo difícil para ellas ajustarse a su nueva fe cristiana. Por ejemplo, él les dijo a los corintios: "*Guarden las mujeres silencio en la iglesia, pues no les está permitido hablar. Que estén sumisas, como lo establece la ley*" (1 Corintios 14:34).

Este pasaje se ha malentendido terriblemente y se ha utilizado como regla general a fin de mantener calladas a las mujeres, subyugarlas y oprimirlas. Muchas personas no entienden que, en la misma carta, Pablo dio instrucciones a las mujeres que oran o profetizan en la iglesia (véase 1 Corintios 11:5). Obviamente, ellas tienen que hablar para poder hacer eso; por tanto, yo creo que las instrucciones de Pablo a los corintios tenían que ver con mantener el orden en las iglesias cuando la carnalidad o los trasfondos culturales de las personas creaban confusión y discordia. Dios es un Dios de orden. Basándonos en otros escritos de Pablo, al igual que en pasajes adicionales y principios bíblicos tanto del Antiguo como del Nuevo Testamento, estas pocas instrucciones de Pablo no deberían considerarse la palabra final y última sobre el tema.

Pensamiento del día

En el cuerpo de Cristo, en el Espíritu, tratamos con el *hombre*,
en el que no hay diferencia de género.

¿CULTURA O CRISTO?

Qué es más importante, la cultura o Cristo? ¿Evitó Jesús alguna vez a una mujer que predicase? De hecho, la mujer en el pozo comenzó a predicar después de que Jesús la liberase, y entonces se convirtió en una evangelista.

A veces, hacemos que la declaración de Pablo en 1 Corintios 14:34, *"Guarden las mujeres silencio en la iglesia"*, sea más importante que el propio Apocalipsis de Jesús de los propósitos de Dios. *Por favor, no malentienda lo que estoy diciendo. Todo es Palabra de Dios.* Sin embargo, creo verdaderamente que Pablo estaba hablando de problemas específicamente culturales; Cristo estaba hablando de principios. La cultura no debería confundirse con los principios. Jesús elevó, ascendió y restauró a las mujeres a su dignidad original. Además, Pablo mismo afirmó la igualdad de la mujer y el varón en Cristo.

Incluso antes de que Jesús muriera en la cruz, afirmó a las mujeres en su ministerio terrenal de una manera revolucionaria para el hombre caído, pero correcta en línea con los propósitos de Dios para el hombre en la creación. Esa fue una fuerte ilustración del respeto de Dios por las mujeres y el valor que tienen para Él: su Creador y Redentor.

Por tanto, no sólo el varón sino también la mujer pueden ser líderes. Sus estilos de liderazgo no se anulan mutuamente; la *combinación* de poder de posición y poder de influencia es lo que capacita al hombre para ejercer dominio sobre el mundo, y lo que traerá el reino de Dios a la tierra. El diablo tiene problemas cuando los dos tipos de poder se reúnen en unidad de propósito.

Pensamiento del día

Jesús elevó, ascendió y restauró a las mujeres
a su dignidad original.

Un líder de confianza

Se me ha dado toda autoridad en el cielo y en la tierra. Por tanto, vayan y hagan discípulos de todas las naciones.
—Mateo 28:18–19

Cuando Jesús estaba a punto de ascender al cielo, les dijo a sus seguidores, en efecto: "Tengo que regresar a mi Padre, pero quiero influenciar al mundo para mi reino. Yo soy el Rey y yo soy la Palabra; por tanto, ejerzo poder de posición. Para influenciar el mundo necesito una esposa, una compañera, que tenga poder de influencia".

Cristo dejó la tierra en manos de una "mujer": la iglesia. Ser miembro del cuerpo de Cristo significa no sólo recibir salvación, sino también ayudar al Señor en su propósito de ganar el mundo para sí mismo. Por eso Él dio a la iglesia la responsabilidad de ir al mundo como un testimonio de Él. Cristo la ve como una líder perfecta, y Él lo demuestra por el hecho de que le ha confiado la Palabra de Dios.

Ahora bien, la implicación es que la mujer es una líder de confianza, al igual que lo es el varón. La iglesia no es el siervo de Jesús, como tampoco la mujer es la sierva del varón; ella es su compañera. Jesús les dijo a sus discípulos: *"Ya no los llamo siervos... los he llamado amigos, porque todo lo que a mi Padre le oí decir se lo he dado a conocer a ustedes"* (Juan 15:15).

Jesús también le dijo a la iglesia, en efecto: "Estarán sentados *conmigo* en las regiones celestiales" (véase Efesios 2:6). Él no dijo: "Estarán sentados *por debajo* de mí". Ya que Cristo es el Rey, la iglesia es su reina. Necesitamos ver la intención de Dios para la mujer en este retrato de Cristo y la iglesia. Ella no tiene que sentarse por debajo del varón sino ser su compañera en el liderazgo, en el dominio.

Pensamiento del día

Necesitamos ver la intención de liderazgo de Dios para la mujer en el retrato que la Escritura hace de Cristo y la iglesia.

PRINCIPIOS DE LIDERAZGO DE LA MUJER

Hoy, repase estos principios del liderazgo de la mujer y reflexione en cómo puede aplicarlos a su vida cotidiana, para usted misma si es una mujer, y en sus relaciones con las mujeres si es usted un hombre.

1. Dios respaldó a las mujeres en el liderazgo cuando a propósito envió a una mujer (María) para ser una líder para su pueblo.

2. En lugar de preguntar *si* las mujeres deberían estar en el liderazgo, deberíamos preguntar *cómo* deben ejercerlo, dados su propósito y diseño.

3. El espíritu-hombre en cada varón y hembra es un líder.

4. La ejecución del dominio es diferente para los varones y las mujeres basándonos en su propósito y diseño. El varón ejerce poder de posición y la mujer ejerce poder de influencia.

5. Poder e influencia son iguales pero distintos. La mujer y el hombre son iguales en el liderazgo. La distinción está en sus funciones de liderazgo.

6. Jesús afirmó a las mujeres en su ministerio terrenal de una manera revolucionaria para el hombre caído, pero correcta en línea con los propósitos de Dios para la humanidad en la creación.

7. Mediante la redención, Cristo restauró a la mujer al pleno compañerismo con el hombre.

8. Los escritos de Pablo sobre las mujeres reflejan dos contextos: la igualdad de la mujer y el hombre basada en su redacción en Cristo y un contexto cultural.

9. La mujer es una líder de confianza, al igual que lo es el hombre.

Padre celestial: Tú nos has creado varón y hembra según tu plan perfecto; también nos has restaurado en Cristo a tu plan original para la creación. Abre los ojos de tus hijos e hijas a tus verdaderos propósitos para su función de dominio. Muéstrales cómo debería funcionar tu plan para el liderazgo del varón y la mujer de manera práctica. Que los hombres vean su necesidad de que haya mujeres que gobiernen a su lado, tal como tú has determinado desde la creación. Oramos en el nombre de Jesús, amén.

LA ELECCIÓN DE SOMETERSE

Esposas, sométanse a sus propios esposos como al Señor. Porque el esposo es cabeza de su esposa, así como Cristo es cabeza y salvador de la iglesia.
—Efesios 5:22–23

Regresemos al tema de la sumisión a la luz de lo que hemos estado aprendiendo sobre la función de liderazgo de la mujer. La definición de *someterse* es "entregar voluntariamente la voluntad a otro". La sumisión no tiene nada que ver con fuerza o presión. *Es un acto de la voluntad.* Someterse es la *elección* de la persona que se somete, y no el mandato de aquel que reclama sumisión. Dicho de otro modo, usted no puede someterse a menos que quiera, y nadie puede hacer que se someta si usted no quiere hacerlo.

El entendimiento distorsionado que tienen muchos hombres de la fuerza puede verse en la manera en que consideran el concepto de sumisión. Cualquier hombre que tenga que forzar a una mujer a someterse no merece esa sumisión; él ya no es digno de sumisión y se ha convertido en un conductor de esclavos.

¿Sabe qué es lo que hace que un esclavo sea esclavo? La fuerza y el temor. Esos elementos son dominantes en demasiados hogares. La Biblia dice: *"El amor perfecto echa fuera el temor"* (1 Juan 4:18). Eso significa que si un hombre tiene que hacer que una mujer tenga temor de él a fin de forzarla que haga algo que ella no quiere hacer, entonces no sabe lo que es el amor.

Nunca he oído de Jesús dando una bofetada a uno de sus hijos, ni tampoco he oído de Jesús gritando o maldiciendo a su pueblo. A pesar de lo que nosotros hagamos a Jesús, Él está listo para perdonarnos. Así es como los esposos tienen que tratar a sus esposas.

Pensamiento del día

La sumisión no tiene nada que ver con la fuerza.
Es un acto de la voluntad.

12 de noviembre

AMOR ABRUMADOR

Con amor eterno te he amado; por eso te sigo con fidelidad.
—Jeremías 31:3

Yo creo que cerca de la mitad de los hombres ¡no merecemos la sumisión de nuestras esposas! Jesús le dijo a su iglesia, su novia: *"Nunca te dejaré; jamás te abandonaré"* (Hebreos 13:5). Sin embargo, algunos hombres están fuera toda la noche, y después llegan a su casa y esperan que sus esposas cocinen para ellos. Ellos abandonan a sus esposas y a sus hijos espiritualmente, emocionalmente e incluso económicamente, y siguen queriendo sumisión. Eso es un pecado, hombres; ustedes no merecen sumisión. La sumisión no depende de lo que usted diga; depende de cómo viva.

¿Cree en el Señor Jesucristo como su Salvador personal? Entonces, muy bien. Antes de que usted fuera salvo, ¿llegó Jesús alguna vez a usted y le empujó hacia una pared agarrándole del cuello y diciendo: "Si no crees en mí, te enviaré directamente al Hades?". Él no hizo eso. De hecho, Él probablemente le esperó por mucho tiempo. Cuando usted estaba metido en toda su vida necia, Él no le obligó a que le aceptase. Él no echó abajo su puerta. Él es muy educado, y tranquilamente convence a las personas. Él no nos presiona; sencillamente nos muestra su amor. Como vemos en Jeremías 31:3, Dios ama a su pueblo y le atrae a Él mismo con misericordia.

Por tanto, un día, usted entendió: *Este amor es abrumador,* y aceptó el amor de Dios. Usted deseaba seguir a Jesús. Una de las cosas que me encanta de Jesús es que Él nos llama a seguirle. No nos arrastra; Él lidera y nosotros seguimos. Este mismo amor abrumador es el que los hombres deberían mostrar a sus esposas.

Pensamiento del día

En su relación con sus esposas, los hombres deberían imitar a Dios, quien ama a su pueblo y le atrae a Él mismo con misericordia.

"SÍGUEME"

"Vengan, síganme", les dijo Jesús.
—Mateo 4:19

"Sígueme", le dijo [Jesús]. Mateo se levantó y lo siguió.
—Mateo 9:9

Ha estado alguna vez en un recorrido guiado de una cueva? El guía le lleva por los oscuros túneles, y usted le sigue. Se somete a su autoridad porque él conoce el camino por los túneles. Desde luego, usted puede darse media vuelta en cualquier momento y regresar, pero probablemente se chocaría con algunas paredes, tropezaría y se magullaría las rodillas porque no está familiarizado con la cueva. Sin embargo, el punto es que usted puede darse media vuelta si quiere.

Eso es lo que Jesús intenta decirnos. Él no nos fuerza a someternos. Lo único que Él dice a sus discípulos es: "Sígueme". Esto es exactamente lo que los esposos deben ser capaces de decir a sus esposas: "Cariño, sígueme". La sumisión se trata realmente de seguimiento.

¿Sabe por qué continuamos siguiendo a Jesús? Es porque Él sabe dónde va, Él sabe cómo llegar allí, Él es el único camino hasta allí, y nos gusta donde Él va. Incluso más que eso, su amor nos atrae a Él. ¿Por qué le amamos? No se debe a que Él nos amenace con un gran martillo diciendo: "Si pecas, te mataré". En cambio, Él dice: "Si pecas, yo soy fiel y justo para perdonarte" (véase 1 Juan 1:9). ¿No es maravilloso seguirle a Él? Cada vez que usted tropieza, Él le levanta y le limpia. Esposos, con la ayuda del Espíritu Santo pueden amar a sus esposas como Cristo ama a la iglesia.

Pensamiento del día

Nos sometemos a Jesús debido a su amor, y a cambio le amamos.

GÁNESE EL RESPETO DE ELLA

Nosotros amamos a Dios porque él nos amó primero.
—1 Juan 4:19

¿No ves que desprecias las riquezas de la bondad de Dios, de su tolerancia y de su paciencia, al no reconocer que su bondad quiere llevarte al arrepentimiento?
—Romanos 2:4

Permítan que sea directo: Hombres, no citen las Escrituras a una mujer a menos que se estén conduciendo como Jesús lo hace. Cuando comiencen a actuar como Jesús, no tendrán que demandar que sus esposas se sometan. Cuando comiencen a amarlas como Jesús las ama, cuando comiencen a perdonarlas como Jesús las perdona, cuando comiencen a bendecirlas como Jesús las bendice, cuando comiencen a cuidarlas y escucharlas como Jesús lo hace, entonces ellas harán cualquier cosa por ustedes, porque quieren a un hombre como Jesús en la casa.

Dios les dice a los hombres: "No se atrevan a demandar respeto. No se atrevan a ordenar sumisión. Gánenselo". Recuerde que Jesús ni una sola vez ordenó a nadie que le siguiera. Nunca. Él siempre preguntaba, porque Él sabía quién era y a dónde iba. Él no necesitaba demandar lealtad para darse a a sí mismo un sentimiento de importancia.

Jesús dijo: "Si me aman, guardarán mis mandamientos" (véase Juan 14:15). El que guardemos sus mandamientos se basa en nuestro amor a Él. Ese es el patrón que debemos seguir en la relación matrimonial, y realmente en todas las relaciones entre varones y mujeres. Si un varón quiere ser un verdadero líder, debe aprender quién es él en Dios y convertirse en alguien que se gane el respeto; alguien que ama, guía e inspira en lugar de forzar a otros a que hagan lo que él quiere.

Pensamiento del día

Conviértase en el tipo de persona que se gana el respeto.

FALSA SUMISIÓN

Tratar la sumisión en una situación en la que una mujer tiene un esposo que no es creyente puede ser difícil, pero la Biblia nos da pautas en cuanto a qué hacer bajo tales circunstancias. El pasaje de 1 Corintios 7 dice que si una mujer mantiene los estándares de la Palabra de Dios, y su esposo no creyente consiente en permanecer a su lado, *"que no se divorcie de él"* (v. 13). Sin embargo, si él no puede vivir con las convicciones de ella, la Escritura dice: *"Si el cónyuge no creyente decide separarse, no se lo impidan"* (v. 15). En otras palabras, si él no puede vivir con el compromiso de ella con el Señor, la Biblia le dice a ella que le deje ir. Usted no cede en su fe, aunque sea por su cónyuge.

Algunas mujeres tienen un falso concepto de sumisión. Permiten que sus esposos les golpeen hasta casi dejarlas muertas porque piensan que eso es ser sumisa. Yo he aconsejado a muchas mujeres que piensan de ese modo. Llegan a mi oficina, muy golpeadas, y preguntan: "¿Qué debo hacer?". Yo respondo: "Váyase de ese lugar". "Pero la Biblia dice que me someta". "Sí, pero no a una paliza. Usted debe someterse al Señor. Váyase hasta que vea al Señor en la casa. No debe ser tan ingenua como para quedarse sin hacer nada y permitir que su vida corra peligro".

No hay nada en la Biblia que diga que la mujer debería consentir en hacer algo que esté en contra de la Palabra de Dios o permitirse a sí misma sufrir abuso. El pasaje de 1 Pedro 2:19–20 dice que si usted sufre por causa del evangelio, es verdadero sufrimiento. Pero si sufre por causa de su propio pecado y necedad, entonces no se le acredita. Es una necedad que usted permita que alguien le golpee y después se dé media vuelta y diga: "Es todo por Jesús". Eso no es sumisión.

Pensamiento del día

No hay nada en la Biblia que diga que la mujer debería
permitirse a sí misma sufrir abuso.

16 de noviembre

SOMÉTANSE UNOS A OTROS

El hombre... es imagen y gloria de Dios, mientras que la mujer es gloria del hombre. De hecho, el hombre no procede de la mujer sino la mujer del hombre.
—1 Corintios 11:7–8

Es cierta la anterior declaración sobre que la mujer procede del hombre? Claro. Dios hizo que el hombre cayera en un profundo sueño y sacó de él a la mujer.

El pasaje continúa: *"Ni tampoco fue creado el hombre a causa de la mujer, sino la mujer a causa del hombre"* (v. 9). ¿Es cierta esta declaración? Sí. Dios dijo: *"No es bueno que el hombre esté solo. Voy a hacerle una ayuda adecuada"* (Génesis 2:18). Pablo escribió: *"Por esta razón, y a causa de los ángeles, la mujer debe llevar sobre la cabeza señal de autoridad"* (1 Corintios 11:10). La Escritura dice: *"Por esta razón..."*. En otras palabras, este es el orden de Dios en la creación, y por eso hombres y mujeres debería vivir en ese orden.

Sin embargo, esto es lo que la mayoría de las personas olvidan: hombres y mujeres son creados para ser *inter*dependientes. *"Sin embargo, en el Señor, ni la mujer existe aparte del hombre ni el hombre aparte de la mujer"* (v. 11). Dios está diciendo, en efecto: "Los hombres y las mujeres se necesitan mutuamente. Se necesitan el uno al otro para ser completos".

"Porque así como la mujer procede del hombre, también el hombre nace de la mujer" (v. 12). Me gusta esa declaración. Los hombres necesitan a las mujeres para que les den a luz, pero las mujeres necesitan a los hombres para poder concebir. Esta no es, sin ninguna duda, una situación de inferioridad-superioridad. Tiene que ver con propósitos complementarios. Efesios 5, que habla de que las esposas se sometan a sus esposos, también dice: *"Sométanse unos a otros, por reverencia a Cristo"* (v. 21). Debe haber un sometimiento mutuo si los propósitos de Dios han de ser llevados a cabo en la tierra.

Pensamiento del día

Hombres y mujeres son creados para ser interdependientes.

UNA COMPAÑERA IGUAL

*Así el hombre fue poniéndoles nombre a todos los animales
domésticos, a todas las aves del cielo y a todos los animales del
campo. Sin embargo, no se encontró entre ellos la ayuda
adecuada para el hombre.*
—Génesis 2:20

Génesis nos dice que Dios presentó al hombre todos los animales (véase Génesis 2:19), pero ninguno era adecuado para él. No había ninguno con el que pudiera relacionarse, ninguno que pudiera ayudarle en su propiedad de la tierra. Por tanto, Dios dijo, en esencia: "No es bueno que el hombre esté solo en un cuerpo". Es imposible para el amor amar a solas; por tanto, Dios creó a la mujer. Recuerde: el propósito principal de la hembra era recibir amor del varón, al igual que el principal propósito de Dios para crear al espíritu-hombre era tener una relación de amor con la humanidad.

"No es bueno que el hombre esté solo. Voy a hacerle una ayuda adecuada" (v. 18). No creo que los hombres puedan leer o escuchar este versículo lo suficiente. Usted puede que piense que un hombre que tiene una relación íntima con Dios, que entiende su función como fundamento, quien ha recibido la visión, y quién puede liberar, enseñar cultivar proveer y proteger, no necesita a nadie más. Sin embargo, incluso el hombre que conoce y vive en su propósito no está completo, según Dios. El varón necesita una compañera, alguien que sea su ayudadora; no una subordinada sino una colaboradora igual con un propósito complementario. Esto es tan cierto para los hombres solteros como para los casados. Los hombres necesitan a las mujeres como compañeras de trabajo y colegas en este mundo si quieren cumplir su propósito en la vida.

Pensamiento del día

Incluso el hombre que conoce y vive en su propósito no
está completo en sí mismo.

RESPONSABILIDADES ESPECIALES Y CONCRETAS

Si los hombres y las mujeres entendieran las siguientes verdades, avanzaríamos un largo camino en la restauración de las relaciones armoniosas entre varones y hembras y también en el plan de Dios para la humanidad:

- Dominio no es lo mismo que dominación.
- El dominio debe ejercerse sobre el mundo, no sobre las personas.
- La sumisión es algo ganado en lugar de demandado.
- Hombres y mujeres son iguales pero distintos.
- Hombres y mujeres se necesitan el uno al otro.

Estoy convencido de que no puede haber verdadero dominio sobre la tierra a menos que el diseño original de Dios esté intacto. Es crucial que entendamos el principio de que el modo en que estamos diseñados se debe a nuestro propósito para existir. Varones y mujeres han sido llamados cada uno de ellos a responsabilidades especiales y concretas en los propósitos del reino de Dios.

Una vez más, algunas personas tienen problemas con este concepto porque creen que ser diferente implica ser inferior o superior a los demás. Diferente no implica inferioridad o superioridad; sencillamente significa distinto. La mujer no es menos que el hombre porque sea mujer, y el hombre no es más que la mujer sólo porque sea un hombre. Sus diferencias son necesarias debido a sus propósitos. La única manera de arreglar nuestra confusa sociedad es regresar al plan de Dios. El propósito, y no diversas expectativas sociales, determinan la posición.

Pensamiento del día

No puede haber verdadero dominio sobre la tierra a menos que el diseño original de Dios esté intacto.

19 de noviembre

UN PROBLEMA GLOBAL DE IDENTIDAD

La confusión sobre la identidad personal es un problema global. He viajado a muchos países, y he llegado a la conclusión de que la mayor parte del mundo sufre de lo que yo denomino las "consecuencias de la ignorancia de propósito". En toda nación, en toda comunidad, independientemente del idioma que hablen los ciudadanos o del color de su piel, las personas experimentan un dilema común. Sufren los efectos debilitadores de una idea errónea sobre el propósito. No entienden quiénes son realmente y, por tanto, no están viviendo a la altura de su pleno potencial en la vida. De hecho, están destruyendo su propio potencial y el de los demás.

¿Por qué tantos males sociales están causados por los hombres? El problema no es biológico, un problema de masculinidad, sino un problema espiritual de identidad. No hay modo en que podamos tener un mundo seguro y productivo mientras la humanidad, en general, no conozca la razón de su existencia; y mientras los hombres, en particular, no tengan una idea clara de su identidad. La crisis mundial de identidad, por tanto, no es tan sólo un problema inquietante; es también una poderosa oportunidad para ayudar a otros a encontrar su verdadero propósito.

Dios está llamando a los hombres no sólo a entender y vivir en la plenitud de su identidad en Cristo, sino también a ayudar a otros a alcanzar el mismo entendimiento; es lo que yo denomino "el espíritu de un padre". En los próximos días exploraremos la naturaleza y la responsabilidad de este espíritu de padre.

Pensamiento del día

La crisis mundial de identidad es una poderosa oportunidad para ayudar a otros a encontrar su verdadero propósito en Dios.

EL ESPÍRITU DE UN PADRE

El espíritu de un padre es la conciencia de que todos los que rodean a un padre son su responsabilidad. Como hemos estudiado en Génesis, la mujer y la familia salieron del hombre. Por tanto, toda mujer e hijo que se encuentren con un padre son responsabilidad de él si son huérfanos.

Los padres piadosos deben convertirse en padres de sus comunidades y naciones. Hay muchas mujeres cuyos esposos no están operando en sus vidas como fuente y sustentador. Hay muchos niños que tienen sólo un padre biológico, pero no un padre verdadero. Los padres cristianos necesitan asumir la responsabilidad orando por esas familias y apoyándolas de otras maneras, de modo que puedan ser restauradas al plan de su Padre celestial para sus vidas. Hay también mujeres y niños que han perdido a esposos y padres a causa del divorcio o la muerte. Santiago escribió: *"La religión pura y sin mancha delante de Dios nuestro Padre es ésta: atender a los huérfanos y a las viudas en sus aflicciones, y conservarse limpio de la corrupción del mundo"* (Santiago 1:27). Los huérfanos deberían ser educados por hombres cristianos que puedan ponerse en la brecha, sosteniéndoles y cultivándoles.

Mateo 25 incluye una parábola en la que Jesús revela que quienes le siguen verdaderamente serán padres de quienes están en la cárcel, tienen hambre, están desnudos, tienen sed, están enfermos y son extranjeros. Hombres, en la medida en que seamos padres del menor de ellos, ministramos al Señor mismo (véase vv. 40, 45).

David declaró: *"Padre de los huérfanos y defensor de las viudas es Dios en su morada santa. Dios da un hogar a los desamparados"* (Salmos 68:5–6). ¿Cuál es la familia en la que Dios pone a los desamparados? Es la familia de Él: la iglesia. Debemos ir donde se encuentran los desamparados y convertirnos en padres y familias para ellos.

Pensamiento del día

Los padres piadosos deben convertirse en padres de sus comunidades y naciones.

SER PADRE DE LOS DESAMPARADOS

Cómo sanamos a los muchos hombres, mujeres y niños que nunca han tenido un padre como el Padre celestial? Los padres piadosos deben acercarse y ser padre de ellos. Recordemos una vez más la profecía para nuestra época en Malaquías 4:6: *"Él hará que los padres se reconcilien con sus hijos y los hijos con sus padres, y así no vendré a herir la tierra con destrucción total"*. Cuando los padres piadosos no son padres de los desamparados en una sociedad, llega una maldición sobre esa tierra. La Escritura nunca menciona hacer regresar los corazones de los hijos a las madres, porque nuestro mayor problema es un problema de paternidad.

Hombres, debemos incorporar las funciones escriturales de paternidad a nuestras vidas, de modo que finalmente entendamos y cumplamos nuestra verdadera prioridad, posición y función como varones. Dios Padre es nuestra Fuente. Masas de hombres deben regresar a Dios Padre de modo que los corazones de sus hijos puedan regresar a sus padres y a Dios. Necesitamos hombres del Espíritu que sean responsables como progenitores y proveedores para futuras generaciones, y hombres que sean padres y estén dispuestos a sostener a su descendencia.

Como padre —como *el* Padre—, recuerde que cada niño con el que se encuentre es su responsabilidad. Usted debe apoyar y orar por el padre de ese niño o ser un padre piadoso para ese niño si es huérfano. Cada mujer con la que se encuentre es su responsabilidad, y debería tratarla con dignidad y respeto. Cada persona anciana con la que se encuentre es su responsabilidad. Dios le ha equipado mediante su Espíritu, su Palabra y otros creyentes para que maneje esas responsabilidades para Él.

Pensamiento del día

Necesitamos hombres del Espíritu que sean responsables como progenitores y proveedores para futuras generaciones, y hombres que sean padres y estén dispuestos a sostener a su descendencia.

HACER REGRESAR LOS CORAZONES DE LOS HIJOS

La salvación es el resultado de un Hombre —Jesús, el segundo Adán— que proporciona a los niños huérfanos de la humanidad el camino de regreso a su Padre y a su identidad original en Él. Recuerde: Adán voluntariamente abandonó a su Padre. La misión de Jesús fue hacer regresar a la humanidad huérfana a Dios y restaurar las relaciones familiares terrenales al modo en que Él quiso que fueran.

Malaquías profetizó que los corazones de los padres comenzarían a volverse hacia sus hijos cuando llegase un profeta para preparar el camino al Mesías. Ese profeta fue Juan el Bautista. Cuando el ángel Gabriel se apareció al padre de Juan, Zacarías, hablándole sobre el próximo nacimiento de Juan, citó el pasaje de Malaquías que leímos ayer:

> *Hará que muchos israelitas se vuelvan al Señor su Dios. Él irá primero, delante del Señor, con el espíritu y el poder de Elías, para reconciliar a los padres con los hijos y guiar a los desobedientes a la sabiduría de los justos. De este modo preparará un pueblo bien dispuesto para recibir al Señor.* (Lucas 1:16–17)

El pueblo necesitaba regresar a su Creador y Padre. Juan el Bautista les estaba preparando para lo que necesitaban desesperadamente: Alguien que pudiera dirigirles de regreso al Padre celestial. El problema de la orfandad que comenzó con Adán nos sigue afectando hasta el día de hoy. Jesús vino para eliminar el dolor y la destrucción de la orfandad. Hermanos, nuestras naciones podrían ser sanas si cada hombre se convirtiera en un padre responsable por medio de Cristo.

Pensamiento del día

Jesús proporcionó a los niños huérfanos de la humanidad el camino de regreso a su Padre y a su identidad original en Él.

Jesús y su Padre

Mi Padre, que me las ha dado [mis discípulos], *es más grande que todos; y de la mano del Padre nadie las puede arrebatar. El Padre y yo somos uno.*
—Juan 10:29–30

Jesús habló de su Padre más que de ninguna otra persona. Él expresó y confesó en toda oportunidad de manera enfática su necesidad, dependencia y sumisión a su Padre. Nunca dudó de dar el mérito a su Padre de toda actividad con éxito, confirmando así la obra sustentadora de Dios en su vida. Él consideraba a su Padre la Fuente, Recurso y Propósito de toda su vida.

Siempre que Jesús era cuestionado acerca de su identidad, su obra, su propósito, su herencia, su poder, su autoridad, su familia, su mensaje, su filosofía, su teología, su legitimidad o su destino, se refirió a "mi Padre".

¿A cuántos hombres conoce en la actualidad que hablen de sus padres de tal manera? Desde luego, Jesús se refería a Dios mismo, el Padre perfecto. Sin embargo, ¿cuántos hombres dan el mérito a sus padres de alguna de sus actividades y éxitos? Por el contrario, la mayoría de los hombres actualmente consideran "menos masculino" dar el mérito a otra persona porque se percibe como debilidad. ¡Qué agudo contraste con la actitud del Hombre: Jesucristo! Su percepción de su Padre y su relación con Él deberían servir como el estándar por el cual midamos la eficacia y el éxito de la verdadera paternidad.

No hago nada por mi propia cuenta, sino que hablo conforme a lo que el Padre me ha enseñado. El que me envió está conmigo; no me ha dejado solo, porque siempre hago lo que le agrada. (Juan 8:28–29)

Pensamiento del día

Jesús expresó y confesó en toda oportunidad de manera enfática su necesidad, dependencia y sumisión a su Padre.

PADRES FALSIFICADOS

Jesús declaró: *"Si Dios fuera su Padre,... ustedes me amarían, porque yo he venido de Dios y aquí me tienen. No he venido por mi propia cuenta, sino que él me envió"* (Juan 8:42). Jesús se estaba dirigiendo a quienes no creían en Él. La raíz de su incredulidad era que no conocían al Padre celestial. Si usted no conoce al Padre, no puede conocer a su Hijo. La incredulidad es causada por la orfandad.

De modo similar, los hijos rebeldes, en efecto, no tienen padre; no tienen respeto alguno por sus ancianos y no pueden someterse a la autoridad. Los niños necesitan aprender sobre Dios Padre mediante padres que les enseñen sobre Él y sus caminos.

Yo le doy gracias a Dios por mi padre terrenal. Él se aseguró de que sus hijos respetaran a sus ancianos, y me enseñó sobre la autoridad. Mi padre generó en mí el conocimiento sobre de qué se trata la sumisión, la autoridad y el respeto. Él fue la fuente de mi entendimiento sobre los padres debido a que él conocía a Dios Padre.

Desgraciadamente, muchos niños en la actualidad no tienen un padre en el hogar. No tienen el beneficio de un padre para crear en su interior el respeto que necesitan hacia otras figuras de autoridad. En cambio, ellos maldicen a personas en las calles, responde a sus maestros y tiene una profunda falta de respeto por sus ancianos. Sin padres piadosos que creen en nosotros un conocimiento, respeto y temor de Dios, estamos destinados a ser huérfanos espirituales. Al no conocer a nuestro verdadero Padre—y no tener nuestra identidad en Él—, inevitablemente lo sustituimos por un fraude y una falsificación.

Pensamiento del día

Si no conoce al Padre, no puede conocer a su Hijo.

25 de noviembre

Una nueva identidad

Jesús sabía que los judíos de su época se habían quedado huérfanos con respecto a su relación con Dios. Ellos creían que Abraham era su padre, no reconociendo que el Dios y Padre de Abraham era su Fuente. Ellos habían perdido un sentimiento de su verdadera identidad. Los judíos, como raza de personas, no comenzaron con el padre Abraham. Fue Dios, el Padre de Abraham, quien los llamó a existir. Al igual que ellos, nosotros necesitamos un cambio de padre. Hemos perdido a nuestro Padre original, y seguimos a un padrastro, el diablo, con sangre y genes contaminados y llenos de maldad e ignorancia.

Jesús habló a los líderes religiosos que cuestionaban su identidad e integridad:

Ustedes son de su padre, el diablo, cuyos deseos quieren cumplir. Desde el principio éste ha sido un asesino, y no se mantiene en la verdad, porque no hay verdad en él. Cuando miente, expresa su propia naturaleza, porque es un mentiroso. ¡Es el padre de la mentira! (Juan 8:44)

Jesús quería que los hijos rebeldes de Dios volviesen sus corazones otra vez al Padre y los alejasen de Satanás. Todo lo que Él hizo fue para hacernos regresar al Padre. Después de que Jesús regresara al cielo, envió al Espíritu Santo para vivir en el interior de aquellos que habían sido restaurados a su relación con el Padre. Mediante la fe en Jesús, Dios nos ha proporcionado un camino para que seamos liberados de nuestro padrastro y nazcamos de nuevo en su familia. Pablo escribió que somos *"nueva creación"* (2 Corintios 5:17) en Cristo Jesús. Esa nueva creación incluye un nuevo Padre y una nueva identidad.

Pensamiento del día

Mediante la redención de Jesús tenemos un nuevo Padre y una nueva identidad.

CONOCER A DIOS PADRE

Y se le darán estos nombres: Consejero admirable, Dios fuerte,
Padre eterno, Príncipe de paz.
—Isaías 9:6

Como Jesús es el Padre eterno, al igual que el Hijo, su paternidad requiere que nos sometamos y seamos obedientes a cada una de sus palabras, porque todo lo que Él dice y ordena viene directamente del Padre. De este modo, somos transformados por el Espíritu Santo a la imagen de Jesucristo (véase 2 Corintios 3:18). En su imagen está la perfecta imagen de lo que significa ser un hijo del Padre celestial y un padre de nuestra propia descendencia, de modo que sus corazones regresen al Padre:

- Como Fuente, Dios Padre tenía todo en Él antes de que nada existiese. Todo lo que existe estaba en Dios.
- Dios es el Progenitor. Él sostiene y mantiene todo lo que ha creado.
- El pecado es el resultado de que el primer hombre, Adán, diera la espalda a su Padre.
- La salvación es el resultado de un Hombre, Jesús, el segundo Adán, que nos proporciona el camino de regreso al Padre.
- Los padres son progenitores. Dan nacimiento a generaciones después de ellos que son como ellos mismos y sus antecesores. Cuando un hombre tiene a Dios como Padre, produce padres piadosos.
- Los padres son la fuente de enseñanza, formación y conocimiento acerca de Dios la Fuente.

Aprendemos el modo en que Dios disciplina, enseñar, instruye y actúa mediante padres terrenales que emulan al Padre.

Pensamiento del día

Jesús es la perfecta imagen de lo que significa ser un hijo del
Padre celestial y un padre de nuestra propia descendencia.

27 de noviembre

PESCADORES DE HOMBRES

La principal misión de la iglesia es ser *"pescadores de hombres"* (Mateo 4:19; Marcos 1:17). Al hacerlo, la iglesia llama a los hombres a regresar a su Padre original, y son restaurados al Padre por la salvación mediante el Hijo. Cuando los hombres regresan al Padre, pueden ser sostenidos y alimentados por su Fuente, y después convertirse en los sustentadores que son llamados a ser para sus familias.

Recuerde: cuando la humanidad cayó, Dios nunca preguntó a la mujer dónde estaba, sino al hombre. *"Pero Dios el Señor llamó al hombre y le dijo: ¿Dónde estás?"* (Génesis 3:9). En otras palabras, Adán estaba fuera de posición. El fundamento había sido conmovido y destruido. Toda la creación estaba desequilibrada. Dios había sido un padre para Adán de modo que él pudiera ser un padre para Eva y sostenerla. Sin padres, los matrimonios, las familias, las comunidades y las naciones están en ruinas. Una nación puede ser sostenida, alimentada y protegida sólo cuando los hombres sean padres como el Padre.

Isaías profetizó lo que sucedería cuando los hombres abandonasen la verdadera paternidad y los cimientos de la cultura se conmoviesen. *"¡Pobre pueblo mío, oprimido por niños y gobernado por mujeres! ¡Pobre pueblo mío, extraviado por tus guías, que tuercen el curso de tu senda!"* (Isaías 3:12). Cuando las mujeres gobiernan *exclusivamente*, la nación, la comunidad o la casa tiene problemas.

Isaías 3:12 describe una sociedad o nación muy parecida a las que hay en el mundo actualmente, en las cuales las mujeres persiguen a los hombres, los hombres gobiernan como niños furiosos, y los muchachos —no los hombres— se convierten en líderes. En tales culturas, la inmoralidad y la opresión satánica estarán generalizadas. Si un enemigo quisiera destruir una nación, una comunidad o una familia, ¿a quién atacaría el enemigo? ¡El padre es un objetivo principal del ataque de Satanás! Cuando los padres dejan su lugar como sustentadores, proveedores y protectores, los fundamentos son destruidos y la sociedad se derrumba.

Pensamiento del día

La principal misión de la iglesia es ser *"pescadores de hombres"*.

28 de noviembre

Un fundamento inconmovible

Es hora de que Las iglesias vayan tras los hombres y los conduzcan de regreso al Padre por medio de Jesucristo. Cuando los hombres regresan a Cristo, regresan a su posición legítima en la creación como padres al igual que el Padre. Sólo entonces los hombres pueden llevar sanidad a los quebrantados y sostener sus matrimonios, familias, comunidades y naciones.

Hombres que viven como el Padre celestial son el fundamento inconmovible que Dios quiso desde el principio. En Cristo, los hombres regresan a su Fuente, Dios Padre, y entonces se convierten en sustentadores, proveedores y protectores.

Ser padre como el Padre celestial engloba los siguientes principios:

- En su omnisciencia, Dios hizo existir la creación por su palabra a fin de sostener a aquellos creados a su imagen.
- Dios quería que todos tuvieran una fuente, y por eso Él puso la simiente inicial para su existencia en un cuerpo: el de Adán.
- El fundamento para toda la familia humana es el varón. Todo lo necesario para sostener a las mujeres debería provenir de sus padres o sus esposos (quienes son también sus "padres").
- Un padre, al igual que Dios, sostiene, provee y protege lo que sale de él como fuente.
- La paternidad es el fundamento de la familia, la iglesia y la cultura.

El Espíritu del Señor omnipotente está sobre mí, por cuanto me ha ungido para anunciar buenas nuevas a los pobres. Me ha enviado a sanar los corazones heridos, a proclamar liberación a los cautivos y libertad a los prisioneros... Reconstruirán las ruinas antiguas, y restaurarán los escombros de antaño; repararán las ciudades en ruinas, y los escombros de muchas generaciones. (Isaías 61:1, 4)

Pensamiento del día

Hombres que viven como el Padre celestial son el fundamento inconmovible que Dios quiso desde el principio.

¿DEMASIADO DURO PARA ADORAR?

Algunos hombres han sido restaurados a su Padre celestial por medio de Cristo, pero tienen la idea de que son demasiado duros para adorarle, como si eso no fuera masculino. Permita que le pregunte: ¿Quién escribió el libro en la Biblia que está lleno de adoración y alabanza? Fue un hombre que mató al león y al oso tan sólo con sus manos; mató a un gigante con una piedra.

Cualquiera puede sentarse en un banco y cruzarse de brazos. Se necesita a un destructor de gigantes como David para escribir cosas como: *"Oh Señor, soberano nuestro, ¡qué imponente es tu nombre en toda la tierra! ¡Has puesto tu gloria sobre los cielos!"* (Salmos 8:1), y *"Bendeciré al Señor en todo tiempo; mis labios siempre lo alabarán. Mi alma se gloría en el Señor"* (Salmos 34:1–2). Me encanta adorar más que ninguna otra cosa. He dirigido la adoración en nuestra iglesia por años, y he escrito libros sobre ese tema. La adoración es lo más importante en mi vida porque protege el resto de mi vida y da gloria a Dios.

El Salmos 150:6 dice: *"¡Que todo lo que respira alabe al Señor!"*. Sin embargo, cuando van a la iglesia, muchos hombres sienten vergüenza de levantar sus manos al Dios que los creó. Satanás no quiere que usted se sienta nunca cómodo adorando a Dios, porque cuando le adora, atrae su presencia. Cuando se avergüenza de la adoración pública, es usted una vergüenza para la tarea de Dios para usted como hombre. El domingo, usted debería ser la primera persona en asistir a la iglesia y sentarse al frente, porque usted es el líder de adoración de su familia, y no su esposa, sus hermanas o sus hijas. Lo primero que hace que sea usted un hombre es su capacidad de entrar en el Edén: la presencia de su Dios.

Pensamiento del día
"¡Que todo lo que respira alabe al Señor!"

---

30 de noviembre

UNA UNIÓN CONVENIENTE

Todas las cosas me son lícitas, mas no todas convienen.
—1 Corintios 6:12 (RVR)

Hemos visto que cuando un hombre entra en la presencia de Dios, cuando se enamora de la presencia de Dios, comienza a funcionar como debía hacerlo. Mujeres, cuando algún hombre quiera casarse con ustedes, no le pregunten si las ama; pregúntenle si ama a Dios. Si su amor por Dios no es su primera prioridad, entonces es un mal candidato para una relación satisfactoria y duradera.

Niéguese a establecer relaciones con hombres de plástico que se funden cuando el calor y las presiones de la vida se elevan mucho. Encuentre a alguien que sea auténtico. Hasta que encuentre a un hombre que conozca a Dios Padre como su Fuente y Sustentador, debe apoyarse usted en Jesús. Él será su esposo hasta que encuentre a un hombre que pueda ser un padre y esposo piadoso.

Algunas personas solteras se ponen nerviosas y se deprimen porque se están haciendo mayores, y por eso se casan con la primera persona que les sale al encuentro. Pueden casarse; tienen edad suficiente; es lícito, ¿pero será conveniente para ellas? El criterio para el matrimonio no es solamente tener edad suficiente, sino también si será conveniente. Si no tiene un claro entendimiento del propósito del matrimonio, no será conveniente para usted. Si su cónyuge no tiene un claro entendimiento de quién es en Cristo y para qué fueron creados varones y mujeres, el matrimonio no será conveniente para usted.

Siga el propósito de Dios y evitará mucho dolor y lamento en sus relaciones, porque el propósito de Él es la clave para su satisfacción.

Pensamiento del día

Mujeres, cuando algún hombre quiera casarse con ustedes, no le pregunten si las ama; pregúntenle si ama a Dios.

---

1 de diciembre

LA BENDICIÓN DE LAS DIFERENCIAS

Como hemos visto a lo largo de este año, varones y mujeres perciben el mundo de maneras muy distintas, y reaccionan de forma diferente a las personas y las circunstancias. Sin embargo, se complementan el uno al otro perfectamente, aportando equilibrio a la vida del otro. Cuando uno no ve, el otro percibe. Donde uno es débil, el otro es fuerte.

Ninguna persona, y ningún género, puede ver el mundo con una perspectiva completa; por tanto, Dios ha diseñado las cosas de tal modo que cuando hombres y mujeres viven y trabajan juntos en armonía, se logran los propósitos de Él en la tierra, y tanto el varón como la mujer pueden tener una experiencia más sabia y rica de la vida. *"Mejores son dos que uno; porque tienen mejor paga de su trabajo. Porque si cayeren, el uno levantará a su compañero"* (Eclesiastés 4:9–10 RVR).

Las necesidades son un componente innato en hombres y mujeres debido al modo en que están diseñados. Sin embargo, cuando nos enfocamos sólo en nuestras propias necesidades, y cuando nos negamos a contentarnos a menos que sean satisfechas de inmediato, llevamos conflicto e infelicidad a nuestras relaciones. Dejamos de vernos el uno al otro como regalos de Dios y comenzamos a tener resentimiento mutuo.

Si quiere ser bendecido, no se enfoque en sus necesidades; en cambio, descubra cuáles son las necesidades de la otra persona y busque satisfacerlas. Este enfoque se convertirá en una doble bendición, porque satisfacer de modo coherente las necesidades de otra persona con frecuencia hace que esa persona quiera satisfacer las de usted. Siempre que no esté recibiendo lo que necesita en una relación, evalúe si está intentando satisfacer primero las necesidades de la otra persona. Dar a otros satisfaciendo sus necesidades, y no demandando que las nuestras sean satisfechas primero, producirá verdadera satisfacción.

Pensamiento del día

Cuando nos enfocamos sólo en nuestras propias necesidades, y cuando nos negamos a contentarnos a menos que sean satisfechas de inmediato, llevamos conflicto e infelicidad a nuestras relaciones.

---

2 de diciembre

Satisfacción en la vida y en las relaciones

En este devocional he subrayado la verdad vital de que el propósito de Dios determina el diseño en la creación. Mi deseo es que esta verdad penetre en sus pensamientos acerca de la relación entre mujeres y varones, porque es un principio fundamental y es también crucial para entender sus diferencias. En este mes final del año, por tanto, resumiremos varias diferencias importantes entre hombres y mujeres basadas en sus distintivos diseños, tales como las siguientes:

- Las mujeres tienden a tomarse las cosas a pecho; los hombres tienden a tomarse las cosas de modo impersonal.
- Las mujeres son como computadoras. Sus mentes siguen procesando en un segundo plano hasta que se resuelve un problema. Los hombres son como archivadores. Toman los problemas, los ponen en el archivo y cierran el cajón.
- El hogar de una mujer es una extensión de su personalidad; el trabajo del hombre es una extensión de su personalidad.
- Las mujeres tienden a ser propensas a la culpabilidad; los hombres tienden a ser rencorosos.
- Las mujeres cambian continuamente; los hombres se estabilizan y siguen igual.
- Las mujeres tienden a implicarse en las cosas con más facilidad y más rapidez; los hombres tienden a quedarse atrás y evaluar.

Considerando estas diferencias, además de las otras que hemos abordado a lo largo de este año, ¡no deberíamos preguntarnos por qué hombres y mujeres tienen malentendidos y conflictos en sus relaciones! Sin embargo, necesitamos tener en mente que las anteriores diferencias están relacionadas con los diseños concretos de mujeres y hombres. Una vez más, varones y mujeres deben entender que la satisfacción en la vida y en las relaciones sólo puede llegar cuando trabajan juntos para abordar las necesidades mutuas.

Pensamiento del día

La satisfacción en la vida y en las relaciones sólo puede llegar cuando varones y mujeres trabajan juntos para abordar las necesidades mutuas.

---

3 de diciembre

DAR Y RECIBIR

Varones y mujeres fueron creados de modo similar y a la vez diferente a fin de cumplir los propósitos de Dios. Al igual que Dios hizo a la humanidad de sí mismo, creando a los seres humanos como seres espirituales, hizo a la mujer del hombre y le hizo un ser espiritual. Este paralelismo en la creación ilustra la unidad y mutuo amor que Dios y el hombre, y el varón y la mujer, fueron creados para tener.

El varón es esencialmente un "dador". Está diseñado para dar a la mujer. Innata en el deseo del hombre de trabajar y proveer esta su necesidad de dar. Dios diseñó al varón para obtener satisfacción tanto del trabajo como de la provisión. Cuando él es capaz de hacer esas dos cosas, es un hombre feliz. Si quiere usted minar la naturaleza del hombre, entonces provea para él en lugar de permitir que él provea.

La mujer es esencialmente una "receptora". Si mira el modo en que está hecho el cuerpo de la mujer, ella es una receptora de la A a la Z. Ella recibe simiente en sus vientres físico, emocional, psicológico y espiritual, la incuba y hace de ella algo mayor de lo que originalmente recibió. El que ella reciba complementa el dar del varón. La mujer es de la misma esencia que el hombre porque el receptor tiene que ser como el dador; sin embargo, para que la mujer sea la receptora, también debe ser diferente al hombre.

Esas diferencias son complementarias en naturaleza, y están diseñadas para que varones y mujeres puedan satisfacer las necesidades emocionales y físicas mutuas, mientras son alimentados espiritualmente por Dios y por su amor; y así, juntos, pueden cumplir con su mandato de tener dominio sobre el mundo.

Pensamiento del día

Hombres y mujeres fueron creados con diseños complementarios que reflejan sus funciones individuales para cumplir los propósitos mayores para los cuales fueron creados.

4 de diciembre

LA MUJER HECHA PARA EL HOMBRE

Ni tampoco fue creado el hombre a causa de la mujer,
sino la mujer a causa del hombre.
—1 Corintios 11:9

Ha observado el misterio en esta frase? El hombre no fue hecho para la mujer; la mujer fue hecha para el hombre. Eso significa que la mujer fue hecha para lo que el hombre tiene. Todo su dinero: ella fue creada para eso. Toda su visión: ella fue creada para eso. Todos sus sueños: ella fue creada para ayudar a que se cumplan. Todas sus esperanzas: ella fue creada para ayudar a que se hicieran realidad.

Tú creaste mis entrañas; me formaste en el vientre de mi madre. ¡Te alabo porque soy una creación admirable! ¡Tus obras son maravillosas, y esto lo sé muy bien!
(Salmos 139:13–14)

La mente de la mujer es una máquina increíble. Dios dio a la mujer un modo de pensar que es sorprendente. Si usted toma un pequeño pensamiento, una pequeña idea, y la pone en la mente de una mujer nunca obtendrá esa sencilla idea, sino que obtendrá un plan plenamente desarrollado.

¿Sabe por qué muchos hombres entregan la dirección del hogar a sus esposas? Una mujer puede tomar una hipoteca que se debe o un negocio que se está desmoronando y decir: "Siéntate; deja que yo me ocupe de esto". Ella sabe cómo conseguir a un hombre mediante esas cosas. Ella puede sacarle de un agujero. Lo triste es que cuando algunos hombres salen del agujero, proceden a pasar por encima de sus esposas. Las cualidades y contribuciones únicas de las mujeres deben ser valoradas por los hombres. Hombres, mi oración es que durante este año ustedes hayan desarrollado un gran aprecio por las mujeres que hay en su vida y por los dones que Dios les ha dado.

Pensamiento del día

La mente de la mujer es una máquina increíble, creada por Dios.

5 de diciembre

LA ESENCIA DEL ASUNTO

*Sin embargo, en el Señor, ni la mujer existe aparte del hombre ni
el hombre aparte de la mujer. Porque así como la mujer procede
del hombre, también el hombre nace de la mujer;
pero todo proviene de Dios.*
—1 Corintios 11:11–12

Todo se completa. Después de todo lo que Pablo había dicho hasta este punto —que la mujer vino del hombre y fue creada para el hombre—, entonces situó tanto al varón como a la mujer en la misma posición espiritual.

Mi esposa y yo somos iguales delante del Señor. Ella puede ir delante del Señor y obtener la misma ayuda espiritual que yo obtengo. Ella no necesita ir por medio de mí, su esposo. Por eso, si es usted una madre soltera, su espíritu puede acudir a Dios y hacer negocios con Él; no necesita el permiso de un hombre para acudir a Dios, pues usted tiene en su interior un espíritu-hombre. *La esencia del asunto es la siguiente*: en el ámbito espiritual, no hay diferencia alguna entre hombres y mujeres, pero en el ámbito físico tiene que haber una adecuada relación de sumisión.

En una ocasión, estaba yo hablando con una mujer que está en la gerencia en una empresa de seguros. Ella me dijo: "Mire, en el trabajo yo soy la jefa; sin embargo, cuando atravieso la puerta de mi casa, soy una esposa". Ella es una mujer inteligente. Por supuesto, usted puede ser la jefa en el trabajo, pero cuando llega a su casa, es usted una esposa, y su esposo es su cabeza o autoridad. Eso significa que no puede usted tratar a su esposo como a uno de sus empleados en la oficina, pues tiene lugar una autoridad totalmente diferente. Sin embargo, el esposo tiene que entender que él debe estar en el Señor cuando está en el hogar, y que él mismo está bajo la autoridad de Dios.

Pensamiento del día

En el ámbito espiritual, no hay diferencia alguna entre hombres y mujeres, pero en el ámbito físico tiene que haber una adecuada relación de sumisión.

NECESIDAD DE RESPETO/NECESIDAD DE AMOR

Cada uno de ustedes [esposos] *ame también a su esposa como a sí mismo, y que la esposa respete a su esposo.*
—Efesios 5:33

Como hemos descubierto este año, el hombre no sólo desea respecto; es una de sus principales necesidades. Es parte de su naturaleza como líder, protector y proveedor. La necesidad de respeto está en el núcleo de su autoestima, y afecta a todas las demás áreas de su vida. Más que ninguna otra persona, una esposa puede satisfacer la necesidad de admiración y respeto de su esposo entendiendo su valor y sus logros. Ella necesita recordarle sus capacidades y ayudarle a mantener la confianza en sí mismo. Debería estar orgullosa de su esposo, no por obligación sino como expresión de sincera admiración por el hombre con el cual ha escogido compartir su vida.

Dios creó a la mujer para que el varón tuviera alguien con el cual compartir el amor terrenal. Amar significa apreciar y cuidar. Debido a que ella fue creada con el propósito de recibir amor, la mujer no sólo desea amor; lo requiere verdaderamente. Tanto como el hombre necesita *saber* que es respetado, la mujer necesita *sentir* que es amada. Una mujer quiere sentir que es importante y especial para su esposo. Cuando un hombre pasa tiempo con una mujer, le hace sentir apreciada porque ella sabe que ocupa el primer lugar en la vida de él. Se siente cuidada cuando él sale de su propio camino para asegurarse de que ella tenga todo lo que necesita.

Pensamiento del día

La necesidad de respeto está en el núcleo de la autoestima del hombre, mientras que recibir amor es la mayor necesidad de la mujer.

NECESIDAD DE RECREACIÓN/
NECESIDAD DE CONVERSACIÓN

La naturaleza competitiva del hombre le conduce a su necesidad de compañerismo recreativo, su necesidad de participar en actividades desafiantes. Aunque le gusta ganar, también desea compartir esas experiencias con otros. Nada bendice más a un hombre que cuando una mujer participa en su pasatiempo favorito. Si una esposa participa en lo que le gusta hacer a su esposo y le permite que le hable al respecto, ella puede fortalecer su relación con él. Él se sentirá bien de que ella participe en sus intereses. Cuando una pareja comparte importantes aspectos de sus vidas el uno con el otro, edifica entendimiento, compañerismo e intimidad en su matrimonio.

La mujer tiene necesidad de conversación; sin embargo, debido a que los varones tienen una mentalidad de liderazgo, a veces sus conversaciones con sus esposas se limitan a ser instrucciones en lugar de ser un diálogo donde se da y se recibe. La mujer desea tener a un hombre que hable *con* ella, y no *a* ella.

Algunos hombres no entienden que la mujer tiene una necesidad de expresarse y, por tanto, tienen mucho en su interior que quiere compartir. El hombre puede satisfacer la necesidad de conversación íntima de la mujer estableciendo continuamente el punto de comunicarse con ella. Para satisfacer verdaderamente su necesidad, debería hablar con ella a nivel de *sentimiento* y no sólo a nivel de conocimiento e información. Ella necesita que él escuche sus actitudes acerca de los eventos de su día con sensibilidad, interés y preocupación, resistiendo el impulso de ofrecer soluciones rápidas. En cambio, él debería ofrecer toda su atención y entendimiento.

Pensamiento del día

El varón necesita compartir sus intereses, y la mujer necesita conversación: estas necesidades relacionadas pueden ser un maravilloso puente de comunicación entre hombres y mujeres.

NECESIDAD DE SEXO/NECESIDAD DE AFECTO

Es importante para una mujer ser sensible a la necesidad de sexo de su esposo. A veces, la mujer ve la energía sexual del hombre como animal e inconsciente. Si el enfoque de él es demasiado abrupto o demasiado agresivo, puede que ella le diga que la deje tranquila. También hay veces en que ella no está preparada para las relaciones sexuales debido a su ciclo, y por eso le alejará. En tales situaciones, puede que el hombre interprete sus negativas como falta de interés o de respeto, en lugar de reconocer las razones subyacentes.

Mientras que una de las principales necesidades del varón es el sexo, una de las principales necesidades de la mujer es el afecto. El enfoque natural de la mujer está en las esferas sensorial, intuitiva y emocional de la vida, y por eso tiene una necesidad correspondiente de afecto. Ella necesita una atmósfera de afecto a fin de sentirse amada y satisfecha.

Hombres y mujeres necesitan entender que el afecto crea el ambiente para la unión sexual en el matrimonio, mientras que el sexo es el acto. El afecto es el ambiente en el cual hacer crecer un matrimonio maravilloso. Dar afecto a una mujer significa apelar a aquello que a ella le hace ser un ser emocional. A veces, la mujer tan sólo quiere que su esposo se siente a su lado, agarre su mano y hablé con ella. Su necesidad también puede ser satisfecha con abrazos y besos; una corriente regular de palabras, tarjetas y flores; cortesías comunes; y regalos significativos que demuestren que el hombre piensa en ella, que la estima y valora la presencia de ella en su vida.

La Biblia dice que esposos y esposas deben satisfacer las necesidades sexuales mutuas (véase 1 Corintios 7:3–5). También dice que el esposo debe ser sensible a las necesidades generales de su esposa, tratándola con bondad y respeto. Hombres y mujeres deben equilibrar el tener satisfechas sus propias necesidades con mostrar consideración por el otro.

Pensamiento del día

Hombres y mujeres deben equilibrar el tener satisfechas sus propias necesidades con mostrar consideración por el otro.

---

9 de diciembre

DIFERENTES ENFOQUES DE LA VIDA

Alo largo de los meses hemos visto muchos ejemplos que ilustran la notable diferencia en el modo en que hombres y mujeres enfocan la vida y reaccionan a ella. Mientras que algunas personas pueden cuestionarlo, yo creo que el varón es de modo natural un "pensador lógico", mientras que la mujer es de modo natural un "termómetro emocional".

Hay menos nervios que conectan los dos hemisferios del cerebro del varón comparado con el cerebro de la mujer, de modo que los lados lógico y emocional no están tan íntimamente relacionados como lo están en las mujeres. Debido a esto, el varón básicamente necesita "cambiar de marcha" para pasar de su lado dominante y lógico a su lado emocional. Por eso los hombres con frecuencia piensan de modo lineal, como en línea recta, la distancia menor entre dos puntos, lo cual les da la capacidad de ver la meta y enfocar sus energías en lograrla.

Debido a que los hombres piensan linealmente, con frecuencia consideran a las mujeres emocionales o ilógicas. No entienden cómo están hechas las mujeres y la perspectiva que ellas aportan de la vida. A diferencia del cerebro del varón, los pasos neuronales entre los hemisferios izquierdo y derecho del cerebro de la mujer (el lado lógico y el lado emocional) están intactos. Por eso las mujeres pueden hacer múltiples tareas al mismo tiempo en lugar de tener que enfocarse solamente en una. La mujer tiende a pensar de modo más parecido a una rejilla o cuadrícula que en línea recta. Recordemos que ella puede percibir, analizar, evaluar y ver las relaciones entre las cosas todo al mismo tiempo, como X, Y y Z se coordinan en una red de múltiples factores al mismo tiempo.

El lugar de calificarse el uno al otro como "insensible" o "emocional", hombres y mujeres necesitan apreciar sus perspectivas únicas, las cuales pueden beneficiarles mucho mutuamente.

Pensamiento del día

La próxima vez que se ha tentado a etiquetar a personas del sexo opuesto como "insensible" o "demasiado emocional", deténgase y aprecie su aspecto único, que aporta balance y perspectiva a su vida.

10 de diciembre

DIFERENCIAS AL HABLAR/ESCUCHAR

Cuando habla un varón, es generalmente una expresión de lo que está *pensando*. Cuando habla una mujer, es normalmente una expresión de lo que está *sintiendo*. Como hemos visto, están comunicando dos tipos completamente diferentes de información. Las mujeres con frecuencia no entienden lo difícil que es para los hombres expresar sus sentimientos. Es muy importante para una mujer no llegar a ninguna conclusión firme acerca de la motivación que tiene un nombre para decir lo que dice hasta que descubra lo que él siente.

En contraste, la mujer no siempre le dice al hombre lo que está pensando. Si ella se pone emotiva, él necesita ser paciente y analizar sus emociones para descubrir lo que ella está pensando. A veces, él tiene que cavar profundamente para descubrir lo que hay en realidad en la mente de ella, porque lo que una mujer está pensando puede que sea diferente a lo que está diciendo.

Como "pensador lógico", el hombre escuchará una comunicación verbal y llegará a la conclusión de que es útil o inútil, verdadera o falsa, lógica o ilógica. Para él, todos son hechos e información. Sin embargo, debido a que la mujer es un "termómetro emocional", ella evalúa la comunicación verbal y no verbal que recibe y la percibe desde el mundo que le rodea. Cuando una mujer recibe información, la evalúa mentalmente y emocionalmente al mismo tiempo, mientras que el varón en general utiliza esas funciones por separado.

Sin embargo, cuando hombres y mujeres entienden sus diferencias, pueden ejercitar paciencia y proponerse llegar al núcleo del asunto. Tanto hombres como mujeres experimentarán una gran satisfacción cuando se sientan verdaderamente escuchados y apreciados.

Pensamiento del día

El hombre dice lo que piensa. La mujer dice lo que siente.

DIFERENCIAS EN LA RESOLUCIÓN DE PROBLEMAS

Los distintos enfoques de hombres y mujeres en la resolución de problemas con frecuencia hacen que reaccionen de modo diferente a las dificultades de la vida o los conflictos en las relaciones interpersonales.

Los hombres generalmente son como archivadores: toman decisiones con rapidez y las "archivan" en sus mentes. O ponen un problema en un archivo mental de "quehaceres" y pasan a otras cosas. Reabren el archivo sólo cuando se sienten preparados para abordarlo. En contraste, las mujeres generalmente son como computadoras. Sus mentes siguen trabajando en las cosas hasta que se resuelve el problema.

Los hombres tienden a ser rencorosos por los problemas, y es más difícil para ellos dejar atrás su enojo. Podrían tan sólo "archivar" sus problemas e ignorarlos durante un periodo de tiempo. Por otro lado, las mujeres son dadas a la culpabilidad; por tanto, con frecuencia se sienten responsables de esas situaciones, hayan sido causadas por ellas o no. Incluso si están enojadas, mirarán en su interior para ver si podrían haber hecho algo de modo distinto o cómo pueden resolver la situación.

Hombres y mujeres pueden eliminar mucha frustración en sus relaciones entendiendo las fortalezas el uno del otro en la resolución de problemas y utilizándolas para beneficiarse mutuamente. Por ejemplo, una mujer puede ayudar a un hombre a resolver un problema con un compañero de trabajo hablando de la dificultad con él y ayudándole a reconocer las motivaciones y sentimientos involucrados. Un hombre puede ayudar a una mujer a llegar a una decisión con mayor rapidez reconociendo sus sentimientos en cuanto a una situación pero también bosquejando con claridad para ella los hechos y opciones involucrados. Tomar en consideración la información tanto intuitiva como factual ayudará a hombres y mujeres a tomar mejores decisiones.

Pensamiento del día

Distintos enfoques en la resolución de problemas son con frecuencia la razón de que hombres y mujeres reaccionen de modo diferente a las dificultades de la vida o los conflictos en las relaciones interpersonales.

---

12 de diciembre

Diferencias en alcanzar metas

Cuando se trata de cosas materiales, como una tarea en el trabajo, un proyecto de construcción o un plan económico, los hombres quieren saber los detalles de cómo llegar al final. Les gusta saber qué pasos deben dar para lograr una tarea. En contraste, las mujeres tienden a ver las metas generales. Piensan en lo que quieren lograr en lugar de centrarse en un bosquejo paso a paso de lo que hay que hacer. Mientras que un hombre se sentará y escribirá una lista de puntos, una mujer podría comenzar a hacer algo para asegurarse de que la tarea se realice.

Sin embargo, cuando se trata de cosas espirituales o intangibles, lo contrario es generalmente cierto: los varones ven las metas generales, mientras que las mujeres quieren saber cómo llegar al final. Estas tendencias son la razón de que los hombres normalmente recuerden el meollo de un asunto, mientras que las mujeres con frecuencia recuerdan los detalles y pasan por alto el meollo. Los hombres están interesados en el principio, lo abstracto, la filosofía. Ven la dirección general que necesitan transitar espiritualmente, y se dirigen hacia ella. Mientras sepan lo que creen, no siempre ven la necesidad de actividades pensadas para ayudarles a llegar a su meta. Sin embargo, a las mujeres les gusta participar en el proceso. Asistirán a reuniones de oración y estudios bíblicos, leerán libros cristianos, y participarán más en la vida de la iglesia porque eso les ayudará a crecer espiritualmente.

Hombres y mujeres pueden aportar balance el uno al otro en las cosas tanto materiales como espirituales ayudándose mutuamente a mantener claramente en mente visiones y metas, identificando a la vez los pasos que son necesarios para lograrlos de manera eficaz.

Pensamiento del día

Cuando se trata de cosas espirituales, los varones ven las metas generales, mientras que las mujeres quieren saber cómo llegar al final. Los hombres ven la dirección general que necesitan transitar, mientras que a las mujeres les gusta participar en el proceso.

DIFERENCIAS EN PERSONALIDAD Y PERCEPCIÓN PROPIA

El trabajo del hombre es una extensión de su personalidad, mientras que el hogar de la mujer es una extensión de la suya. Esta diferencia puede causar mucho conflicto en las relaciones. Una mujer puede querer que su esposo pase tiempo con ella en su casa, pero él puede que disfrute trabajando doce horas diarias fuera del hogar porque está cultivando algo que es un reflejo de quién es él. Recuerde: cuando un hombre pierde su empleo, puede ser devastador para su autoestima porque él considera que su trabajo es casi sinónimo de él mismo.

Una mujer da mucho valor a su ambiente físico y a crear un hogar. Los hombres no entienden por qué las mujeres se molestan cuando ellos dejan restos de serrín en la sala después de haber pasado la aspiradora. Los hombres no intentan ser inconsiderados; sencillamente no piensan en los mismos términos que las mujeres. Cuando la belleza y el orden del hogar son interrumpidos, puede ser molesto para una mujer.

Otro aspecto de las diferencias entre la personalidad del varón y la mujer es que la personalidad del hombre es bastante coherente, mientras que la mujer cambia continuamente. Las mujeres buscan el crecimiento y el desarrollo personal más que los hombres. Les gusta redecorar la casa, descubrir nuevas habilidades o cambiar de aspecto. Los hombres con frecuencia están satisfechos con seguir las mismas rutinas, pensar con los mismos patrones y llevar la misma ropa, ¡durante veinte años!

Entender esas diferencias en características de la personalidad es esencial porque implican áreas sensibles de nuestras vidas, como lo que valoramos y cómo nos percibimos a nosotros mismos. Hombres y mujeres pueden usar su conocimiento de esas distinciones para edificar la autoestima mutua y darse el uno al otro latitud cuando ven la vida de modo diferente.

Pensamiento del día

La personalidad del hombre es bastante coherente, mientras que la mujer cambia continuamente.

---

14 de diciembre

DIFERENCIAS EN IDEAS DE SEGURIDAD Y COMODIDAD

Debido a que los hombres ponen un fuerte énfasis en sus empleos y no están tan emocionalmente conectados con el ambiente que les rodea, tienen tendencia a ser nómadas a medida que buscan nuevas oportunidades laborales. Por el contrario, muchas mujeres tienen una gran necesidad de seguridad y de echar raíces. Mientras que una mudanza por un cambio de trabajo parece una aventura para un hombre y es una señal de progreso en su carrera, puede ser estresante y difícil para su esposa, que puede que tenga que dejar atrás familia y amigos a cambio de un futuro incierto. Las mujeres también cambian de situación geográfica debido al empleo; sin embargo, las mujeres casadas están menos dispuestas a hacer un movimiento para avanzar en sus propios empleos que para avanzar en los empleos de sus esposos. Son menos propensas a interrumpir la vida de su familia, especialmente cuando tienen hijos.

Por otro lado, cuando se trata de encontrar algo nuevo, los hombres tienden a quedarse por detrás y evaluar primero. Las mujeres están más dispuestas a aceptar nuevas experiencias, y participan en ellas con mayor facilidad.

Las cuestiones que implican seguridad y comodidad puede que requieran un gran entendimiento por parte de un cónyuge. Reflejan asuntos como satisfacción, confianza, temor y sentimientos de inestabilidad. Cuando hombres o mujeres quieren hacer cambios en el trabajo o embarcarse en algo nuevo, deberían ser conscientes de las posibles reacciones de sus cónyuges y mostrar bondad y paciencia a medida que solucionan esos potenciales cambios en sus vidas.

Pensamiento del día

Las cuestiones que implican seguridad y comodidad puede que requieran un gran entendimiento por parte de un cónyuge porque reflejan asuntos como satisfacción, confianza, temor y sentimientos de inestabilidad.

SATISFACER LAS NECESIDADES EL UNO DEL OTRO

Toda la Escritura es inspirada por Dios y útil para enseñar, para reprender, para corregir y para instruir en la justicia, a fin de que el siervo de Dios esté enteramente capacitado para toda buena obra.
—2 Timoteo 3:16–17

En Oseas 4:6, Dios dice que su pueblo ha sido destruido. En este contexto, Él no dice que sean destruidos a causa del pecado o a causa del diablo, sino a causa de falta de *conocimiento*. Cuando hay una ruptura en la comunicación, o cualquier otro problema en sus relaciones, con frecuencia hay alguna otra cosa que usted necesita aprender sobre las necesidades de la otra persona y su propio diseño por creación que puede satisfacer esas necesidades. ¿Dónde obtenemos el conocimiento que necesitamos? De la Palabra de Dios.

Hemos visto que las principales áreas de necesidad para mujeres y hombres son amor/respeto, conversación/recreación, y afecto/sexo. Numerosas parejas han visto transformado su matrimonio aprendiendo a entender las necesidades de su cónyuge y buscando satisfacerlas a la vez que ofrecen amor incondicional. Si usted aplica los principios que hemos compartido cada día, creo que marcarán una diferencia significativamente positiva en sus relaciones.

Estos principios están sacados de la Palabra de Dios. Necesitamos una formación continua en los principios de Dios. La Biblia nos equipa para ser las mujeres y los hombres que fuimos creados para ser. Le aliento a que sea una persona de la Palabra a medida que se propone entender los propósitos y el diseño de Dios para la humanidad y busca satisfacer las necesidades de aquellos con quienes tiene una relación. Que sea usted bendecido a medida que es una bendición para otros.

Pensamiento del día

Numerosas parejas han visto transformado su matrimonio aprendiendo a entender las necesidades de su cónyuge y buscando satisfacerlas a la vez que ofrecen amor incondicional.

---

16 de diciembre

PRINCIPIOS DE DIFERENCIAS ENTRE GÉNEROS

Repase estos principios de diferencias entre géneros y reflexione en cómo puede aplicarlos en sus relaciones con personas del sexo opuesto.

1. Hombres y mujeres tienen diseños perfectamente complementarios. Aportan balance a la vida del otro y son interdependientes.

2. Cuando hombres y mujeres no aprecian sus diferencias, experimentan conflicto. Cuando valoran los propósitos del otro, pueden tener vidas y relaciones gratificantes.

3. Las principales necesidades de los varones son (1) respeto, (2) recreación, y (3) sexo. Las principales necesidades de las mujeres son (1) amor, (2) conversación, y (3) afecto.

4. El varón es por naturaleza un "pensador lógico", mientras que la mujer es por naturaleza un "termómetro emocional". El varón generalmente expresa lo que está *pensando*. La mujer normalmente expresa lo que está *sintiendo*.

5. Los hombres son con frecuencia como archivadores: toman decisiones rápidas y las archivan mentalmente, o crean carpetas mentales de "quehaceres" para volver a ellas más adelante. Las mujeres son generalmente como computadoras: sus mentes siguen trabajando en los problemas hasta que quedan resueltos.

6. El trabajo del hombre es una extensión de su personalidad, mientras que el hogar de la mujer es una extensión de la suya.

7. Los hombres son generalmente nómadas, mientras que las mujeres con frecuencia necesitan seguridad y raíces.

8. Cuando afrontan algo nuevo, los hombres tienden a quedarse atrás y evaluar, mientras que las mujeres están más dispuestas a aceptar nuevas experiencias, y participan en ellas con mayor facilidad.

Lectura: Amós 4–6; Apocalipsis 7 ⌒ 361

17 de diciembre

DIEZ CLAVES DE LA VERDADERA HOMBRÍA

Como hemos visto, el fundamento para la familia humana es el varón. El modo en que el varón se percibe a sí mismo y cómo vive afecta a todas sus relaciones y a la calidad de vida de quienes le rodean. Comenzando mañana, me gustaría compartir diez claves para convertirse en un verdadero hombre que incorpora los temas, verdades y principios que hemos aprendido en todos estos meses, todos los cuales se resumen en ser la administración de las vidas y los recursos que Dios nos ha confiado. Cuando Dios dio dominio al hombre sobre la tierra, estaba diciendo: "Les confío que administren la creación. Ocúpense de ella, de modo que siempre sea un reflejo de mi carácter y propósitos". Ser un administrador significa recibir la confianza de lo que pertenece a otra persona. El hombre es responsable de vivir los propósitos de Dios en el mundo y capacitar también a otros para que lo hagan.

Hombres, deben entender que *nacieron* siendo varones, pero tienen que *convertirse* en hombres. Esto significa que alguien realmente podría crecer hasta llegar a ser tan sólo un hombre viejo, sin vivir nunca como un verdadero hombre. Hemos aprendido que el varón puede ser transformado en el hombre que Dios quiso que fuera cuando Él creó el mundo. Convertirse en un hombre de Dios es la única manera en que un varón puede vivir una vida satisfactoria y significativa, porque el propósito de Él es la clave de la satisfacción.

Medite en las claves presentadas los próximos días hasta que el verdadero significado de lo que es ser un hombre inunde su entendimiento, y la presencia y el propósito de Dios rebosen desde su vida al mundo que le rodea.

Pensamiento del día

Usted nació varón, pero tiene que convertirse en un hombre.

---

18 de diciembre

CLAVES DE LA VERDADERA HOMBRÍA: AMAR Y REFLEJAR A DIOS

Me has dado a conocer la senda de la vida; me llenarás de alegría en tu presencia, y de dicha eterna a tu derecha.
—Salmos 16:11

Clave #1
Un verdadero hombre desea y ama a Dios.

Un verdadero hombre busca comunión íntima con Dios permaneciendo continuamente en su presencia. Le gusta adorar a aquel que le creó y le redimió. Las prioridades espirituales de un verdadero hombre tienen precedencia sobre sus necesidades físicas y temporales. En Lucas 4:3, el diablo tentó a Jesús con una necesidad física: *"Si eres el Hijo de Dios..., dile a esta piedra que se convierta en pan"*. Jesús respondió, en esencia: "No, no lo entiendes. Yo tengo bien situadas mis prioridades. Prefiero estar en la presencia de Dios que satisfacer cualquier hambre temporal" (véase v. 4). Un verdadero hombre tiene claras cuáles son sus prioridades.

Clave #2
Un verdadero hombre busca restaurar la imagen de Dios en él mismo.

Un verdadero hombre quiere ser espiritualmente renovado para que la plenitud de la imagen y semejanza de Dios sea restaurada en su vida. Busca regresar al plan original que Dios quiso cuando creó al hombre. Este plan es que varones y mujeres reflejasen la naturaleza de Dios, que es Espíritu, a la vez que vivían como seres físicos en la tierra. Un verdadero hombre no es engañado y seducido por imágenes de hombría falsificadas, como presenta la cultura popular. Un verdadero hombre quiere ser aquello para lo cual fue creado; quiere ser como su Padre Dios.

Pensamiento del día

Un verdadero hombre quiere ser como su Padre Dios.

CLAVES DE LA VERDADERA HOMBRÍA: DESARROLLAR LOS DONES Y TALENTOS

Mi alimento es hacer la voluntad del que me envió y terminar su obra —les dijo Jesús—.
—Juan 4:34

Yo te he glorificado en la tierra, y he llevado a cabo la obra que me encomendaste.
—Juan 17:4

Clave #3
Un verdadero hombre aspira a trabajar y desarrollar sus dones y talentos.

Jesús estaba determinado a hacer la obra de su Padre hasta el final. Un verdadero hombre aspira a hacer la obra de Dios Padre a la vez que desarrolla y utiliza los dones y talentos que Dios le ha dado. No es perezoso; tiene una visión para su vida y está dispuesto a trabajar para cumplirla. En la economía de Dios, un hombre que trabaja y comete errores es mejor que un hombre que no hace nada.

La motivación para trabajar de un verdadero hombre es cumplir los propósitos para los cuales fue creado. Jesús dijo: *"Ciertamente les aseguro que ustedes me buscan, no porque han visto señales sino porque comieron pan hasta llenarse. Trabajen, pero no por la comida que es perecedera, sino por la que permanece para vida eterna, la cual les dará el Hijo del hombre"* (Juan 6:26–27). En otras palabras, hay una razón más elevada para trabajar. No trabaje tan sólo para pagar facturas. No trabaje tan sólo para comprar comida. Entienda la verdadera naturaleza del trabajo. En el jardín del Edén no había supervisor, ni nadie para entregar el salario. Se dio trabajo a Adán porque era una parte natural de su ser. Mediante el trabajo, él cumplía su propósito como hombre. Dios quiere que vayamos a trabajar para multiplicar su reino en la tierra.

Pensamiento del día

Un verdadero hombre aspira a hacer la obra de Dios Padre.

CLAVES DE LA VERDADERA HOMBRÍA: HONRAR SU MATRIMONIO

Tengan todos en alta estima el matrimonio y la fidelidad conyugal, porque Dios juzgará a los adúlteros y a todos los que cometen inmoralidades sexuales.
—Hebreos 13:4

Clave #4
Un verdadero hombre honra su matrimonio y su familia por encima de intereses personales.

El primer milagro de Jesús fue en una boda (véase Juan 2:1–11). De esta manera, su ministerio fue presentado al mundo como un ministerio que apoya a la familia. Jesús es un Hombre de familia. Su deseo número uno en este momento es estar casado con su novia, la iglesia. Los libros de Efesios y Colosenses dicen que el Espíritu Santo es nuestro sello de salvación. Al igual que un anillo de compromiso, el Espíritu es nuestra promesa de que nos casaremos con nuestro novio: Jesús. El libro de Apocalipsis dice que Jesús está esperando a su novia. Cuando Él regrese a la tierra a buscarnos, estaremos con Él en la cena de bodas del Cordero. Seremos consumados con Cristo.

Jesús ama a su prometida. Él es un Hombre de familia, y se ocupa de su novia. La Biblia dice que Él entregó su vida por ella. Él la limpia *"lavándola con agua mediante la palabra"* (Efesios 5:26). Un hombre debe amar a su esposa *"así como Cristo amó a la iglesia y se entregó por ella... el esposo debe amar a su esposa como a su propio cuerpo"* (vv. 25, 28). Un verdadero hombre protege y cuida a su esposa y su familia, estando atento a sus necesidades antes de las suyas propias. Algunos hombres que entiendan verdaderamente esta verdad y se propongan practicar la podrían establecer un estándar para naciones enteras.

Pensamiento del día

Jesús es un Hombre de familia, y se ocupa de su novia; los esposos necesitan hacer lo mismo por sus esposas.

CLAVES DE LA VERDADERA HOMBRÍA: LLENAR SU VIDA CON LA PALABRA

En mi corazón atesoro tus dichos para no pecar contra ti... En tus preceptos medito, y pongo mis ojos en tus sendas. En tus decretos hallo mi deleite, y jamás olvidaré tu palabra.
—Salmos 119:11, 15–16

Clave #5
Un verdadero hombre se propone aprender, vivir y enseñar la Palabra y los principios de Dios.

En Génesis 2:15–17, Dios ordenó al primer hombre que guardase su palabra, diciendo que si la desobedecía, moriría. En este acto, Él estableció el principio de que *"no sólo de pan vive el hombre, sino de toda palabra que sale de la boca de Dios"* (Mateo 4:4).

Un verdadero hombre es un hombre de principios. Entiende que su espíritu debe ser alimentado por la Palabra de Dios, o si no, su salud espiritual se resentirá. La Palabra de Dios determina los preceptos según los cuales vive. Debido a que es un líder responsable, también está comprometido a enseñar las Escrituras a su familia.

Un verdadero hombre admite que la Palabra transforme su vida de modo que él pueda representar la voluntad de Dios en la tierra, extendiendo así la presencia de Dios a un mundo que vive en la oscuridad del pecado y la separación de Dios.

Háganlo todo sin quejas ni contiendas, para que sean intachables y puros, hijos de Dios sin culpa en medio de una generación torcida y depravada. En ella ustedes brillan como estrellas en el firmamento, manteniendo en alto la palabra de vida. (Filipenses 2:14–16)

Pensamiento del día

Un verdadero hombre admite que la Palabra transforme su vida de modo que él pueda representar la voluntad de Dios en la tierra.

Claves de la verdadera hombría: Vivir por fe y cultivar a otros

Ahora bien, la fe es la garantía de lo que se espera,
la certeza de lo que no se ve.
—Hebreos 11:1

Clave #6
Un verdadero hombre demuestra fe y la inspira en otros.

Cuando usted regresa a la imagen original de Dios para los hombres, se convierte en una persona que ayuda a otros a creer que todo es posible. Se vuelve semejante a Jesús. Él fue el único en la historia que dijo: *"Porque para Dios no hay nada imposible"* (Lucas 1:37). Jesús no sólo lo dijo, sino que también lo creía. Por eso el mendigo, la prostituta y los hombres religiosos seguían acudiendo a Él. Él les hacía creer que no había nada imposible. Un verdadero hombre tiene un espíritu de fe e inspira a otros.

Los hombres falsos no tienen fe. Pero incluso en el momento más oscuro, un verdadero hombre cree que hay una salida. Un verdadero hombre podría estar asustado, pero no se preocupará porque confía en que Dios terminará la obra que Él ha comenzado. La fe de un verdadero hombre cree en lo que Dios ha dicho, y no en lo que él mismo ve.

Clave #7
Un verdadero hombre está comprometido a cultivar a otros para que sean lo mejor que puedan ser.

Un verdadero hombre alienta a otros a reflejar la imagen y la creatividad de Dios en todo lo que hace espiritualmente, emocionalmente, psicológicamente y físicamente. Ora por sabiduría y dirección con respecto a cómo cultivar a su esposa y a sus hijos para que ellos puedan madurar en Cristo y llegar a ser todo aquello para lo cual Dios les ha creado. Él alienta a su familia por todos los medios posibles a desarrollar sus dones y talentos. Se deleita en ver esos dones manifestarse en sus vidas, al igual que Dios se deleita al vernos utilizar nuestras capacidades para su gloria.

Pensamiento del día

Un verdadero hombre ayuda a otros a creer que todo es posible.

CLAVES DE LA VERDADERA HOMBRÍA: TRATAR A OTROS COMO DIOS LE TRATA A USTED

Ya se te ha dicho lo que de ti espera el SEÑOR: Practicar la justicia, amar la misericordia, y humillarte ante tu Dios.
—Miqueas 6:8

Clave #8
Un verdadero hombre ama la compasión, la misericordia y la justicia.

Un verdadero hombre ejercita compasión, misericordia y justicia. Por medio de ellas, muestra verdadera fuerza y lleva el reino de Dios a otros.

Compasión es pasión que está dirigida a liberar a las personas. Jesús era compasivo. Si las personas tenían hambre, Él tenía compasión y las alimentaba. Si eran *"como ovejas sin pastor"* (Mateo 9:36), Él tenía compasión y decía: "Yo soy el Buen Pastor; yo les guiaré" (véase Juan 10:11–15). Mostrar compasión significa aplicar la fuerza propia a satisfacer las necesidades de las personas.

Misericordia es no tratar a una persona como se merece cuando ha cometido una ofensa contra usted. Dios nos ha mostrado misericordia en la salvación. *"Pero Dios demuestra su amor por nosotros en esto: en que cuando todavía éramos pecadores, Cristo murió por nosotros"* (Romanos 5:8). Como representantes de Él en la tierra, también nosotros debemos mostrar misericordia. No debemos buscar venganza contra otros, sino perdonarlos y hacer todo lo que podamos para enviarlos a Cristo. *"Así que somos embajadores de Cristo, como si Dios los exhortara a ustedes por medio de nosotros: En nombre de Cristo les rogamos que se reconcilien con Dios"* (2 Corintios 5:20).

Justicia significa hacer lo correcto por otros. Dios aborrece la injusticia. Un verdadero hombre refleja la naturaleza y el carácter de Él siguiendo su mandato de "practicar la justicia, amar la misericordia, y humillarte ante tu Dios".

Pensamiento del día

Mediante la compasión, la misericordia y la justicia, un verdadero hombre muestra verdadera fuerza y lleva el reino de Dios a otros.

24 de diciembre

CLAVES DE LA VERDADERA HOMBRÍA: COMPROMISO CON DIOS Y SU REINO

Venga tu reino, hágase tu voluntad en la tierra como en el cielo.
—Mateo 6:10

Clave #9
Un verdadero hombre es fiel al reino de Dios y a su iglesia.

En Mateo 6:33, Jesús redujo la vida a una sola cosa: *"busquen primeramente el reino de Dios y su justicia, y todas estas cosas les serán añadidas"*. Él estaba diciendo, en efecto: "Ustedes hablan sobre sus hipotecas, autos, ropa, comida, bebida y todo lo demás. Ordenen sus prioridades".

Un verdadero hombre tiene una pasión de ver el reino de Dios establecido. Los pecadores le entristecen; las vidas rotas le deprimen; las personas que no conocen a Cristo le preocupan. Un verdadero hombre se alegra cuando las personas son libradas del diablo. Jesús envió a sus discípulos con autoridad para echar fuera demonios, sanar enfermos y resucitar muertos (véase Lucas 10:1–20). Cuando regresaron, ¿qué hizo Jesús? La Biblia dice que Él estaba *"lleno de alegría"* (v. 21). Jesús estaba emocionado por hombres que liberaron a otros hombres. Los verdaderos hombres tienen el espíritu de la Gran Comisión en sus vidas: amor por las almas y pasión por que otros conozcan a Cristo.

Clave #10
Un verdadero hombre se guarda a él mismo en Dios.

Nuestra clave final es que un verdadero hombre no da por sentada la presencia de Dios en su vida; guarda su corazón y sus actos para poder permanecer cerca de Dios y reflejar continuamente su carácter y sus caminos. Pone todo el peso de su confianza en el Señor porque sabe que Dios es quien *"puede guardarlos para que no caigan, y establecerlos sin tacha y con gran alegría ante su gloriosa presencia"* (Judas 24).

Pensamiento del día
Un verdadero hombre no da por sentada la presencia
de Dios en su vida.

25 de diciembre

LLAMADO A LA PAZ

Gloria a Dios en las alturas, y en la tierra paz a los que gozan de su buena voluntad.
—Lucas 2:14

La paz les dejo; mi paz les doy.
—Juan 14:27

Desde la noche de su nacimiento, a lo largo de su ministerio terrenal, y hasta el presente, Jesús nos da paz. Hombres y mujeres redimidos, somos llamados a la paz y los unos con los otros. Lo que Pablo escribió sobre la reconciliación que Cristo trajo se aplica a la relación entre varones y mujeres: *"Porque Cristo es nuestra paz: de los dos pueblos ha hecho uno solo, derribando mediante su sacrificio el muro de enemistad que nos separaba"* (Efesios 2:14).

Jesús entendía profundamente a las personas, y también sabía quién era Él. Entender la naturaleza de otros, y de uno mismo, es crucial para mantener relaciones correctas y no caer presa del egoísmo, el orgullo, el resentimiento o la amargura, los cuales siembran semillas de conflicto con otros. Recuerde siempre que hemos sido llamados a la paz.

Ahora que somos conscientes de las motivaciones de varón/ mujer y de nuestros diferentes enfoques y estilos de comunicación, deberíamos intentar no reaccionar los unos hacia los otros con enojo y frustración. En lugar de una *reacción*, demos el uno al otro una *respuesta*: en amor. Reaccionar es emprender acción contra otra persona antes de pensar. Responder es actuar responsablemente en sus tratos con otros porque usted es consciente de sus motivaciones y circunstancias. Una persona *reactiva* hace lo que es irresponsable al enojarse o resentirse por la conducta de otro. Pero una persona *que responde* toma la responsabilidad al buscar entender a la otra persona *"siguiendo la verdad en amor"* (Efesios 4:15 RVR).

Pensamiento del día

En lugar de una reacción, dé una respuesta: en amor.

26 de diciembre

QUE GOBIERNE LA PAZ DE CRISTO

Por lo tanto, como escogidos de Dios, santos y amados, revístanse de afecto entrañable y de bondad, humildad, amabilidad y paciencia, de modo que se toleren unos a otros y se perdonen si alguno tiene queja contra otro. Así como el Señor los perdonó, perdonen también ustedes. Por encima de todo, vístanse de amor, que es el vínculo perfecto. Que gobierne en sus corazones la paz de Cristo, a la cual fueron llamados en un solo cuerpo.
—Colosenses 3:12–15

Entender que Dios diseñó a mujeres y varones con diferentes maneras de pensar y comunicarse recorrerá un largo camino hacia ayudarnos a soportarnos los unos a los otros en amor. Todos estamos en el proceso de aprender a ser como Cristo, de aprender a convertirnos en lo que Dios quiso originalmente que fuésemos cuando Él creó a varones y mujeres. Mientras estamos en esa curva de aprendizaje, es importante que seamos pacientes, bondadosos y considerados por los errores los unos de los otros.

Ahora bien, el Señor es el Espíritu; y donde está el Espíritu del Señor, allí hay libertad. Así, todos nosotros, que con el rostro descubierto reflejamos como en un espejo la gloria del Señor, somos transformados a su semejanza con más y más gloria por la acción del Señor, que es el Espíritu. (2 Corintios 3:17–18)

A medida que continuemos estudiando la Palabra de Dios y sigamos su Espíritu, que habita dentro de nosotros y habla a nuestros corazones, seremos transformados diariamente para llegar a ser más semejantes a Cristo. Como verdaderos seguidores de Cristo, reflejaremos su amor y su paz los unos hacia los otros.

Pensamiento del día

Todos estamos en el proceso de aprender a ser como Cristo.

Hechos el uno para el otro

Pues estoy convencido de que ni la muerte ni la vida..., ni cosa alguna en toda la creación, podrá apartarnos del amor que Dios nos ha manifestado en Cristo Jesús nuestro Señor.
—Romanos 8:38–39

Pero Dios, que es rico en misericordia, por su gran amor por nosotros, nos dio vida con Cristo.
—Efesios 2:4–5

Nuestra relación con nuestro Padre celestial es esencial para todas las otras relaciones. Una relación de amor fue el propósito principal por el cual Dios creó al hombre. Este no es un concepto abstracto; significa que toda la raza humana, incluyéndonos usted y yo, fue creada por Dios para ser amada por Él. Siempre debemos recordar esto a medida que buscamos aplicar los principios de Él a nuestras relaciones terrenales.

Hace algunos años, yo estaba meditando la pregunta de por qué, cuando la humanidad rechazó los caminos de Dios, Dios no comenzó de nuevo y creó una nueva raza de hombres. La razón es que Dios no es infiel. Su amor es puro e incondicional; no está basado en los actos de quien lo recibe. Por tanto, cuando nosotros ofrecemos nuestras vidas a Dios, no deberíamos hacerlo creyendo que Dios tan sólo lo lamenta por nosotros. Deberíamos acudir a Dios porque, como respuesta a tal amor incondicional, no podemos amar a ninguna otra persona del modo en que amamos a Dios.

Dios y la humanidad fueron creados el uno para el otro. No importa a qué persona ame usted, nunca estará satisfecho hasta que ame a Dios. Sin importar cuántas relaciones tenga y cuántos regalos compre para otras personas, al final se seguirá sintiendo solo. ¿Por qué? Se debe a que la Persona a la que usted fue creado para amar por encima de todo lo demás —Dios— no ocupa el lugar en su vida que tiene que tener. Usted fue creado para amar a Dios. Su amor fue diseñado para ser cumplido en Él.

Pensamiento del día

Su amor fue diseñado para ser cumplido en Dios.

¿Cuál será su legado?

El hombre de bien deja herencia a sus nietos.
—Proverbios 13:22

Mi oración hoy es que los padres y los potenciales padres echen una mirada a sus vidas y se pregunten: ¿Qué puedo dejar a mis hijos?

¿Quiere dejarles una casa? Está bien. Sin embargo, eso no significa que les dejará un hogar. ¿Quiere dejarles un auto? Bien. Pero eso no significa que usted les habrá enseñado a ser lo bastante responsables para ocuparse de él. ¿Quiere dejarles algunos libros? Maravilloso. Sin embargo, eso no significa que vaya a dejarles el interés de leerlos. Los valores se transmiten por el ejemplo, no por las palabras. La moral se transmite por la personificación, no por sermones.

Proverbios 17:6 dice: *"El orgullo de los hijos son sus padres"*. Creo que lo máximo que los padres podrían oír decir a sus hijos es: "Ellos son mi madre y mi padre. Estoy orgulloso de ellos. Son los mejores padres". ¿Podrán decir sus hijos de usted: "El orgullo de mi vida son mis padres"; "Quiero ser como mi padre"; "Quiero ser como mi madre"?

Cuando sus hijos quieren ser como usted, quieren ser como Dios, a quien usted representa. Efesios 5:1 dice: *"Por tanto, imiten a Dios, como hijos muy amados"*. A medida que usted imite a su Padre celestial, sus hijos le imitarán a usted y reflejarán el carácter y la vida de su Creador. De eso se trata la tarea del dominio.

Pensamiento del día

¿Qué legado dejará usted a sus hijos?

LA COMUNIDAD DE DIOS

Hemos visto que uno de los mayores problemas que afrontamos en la actualidad es la falta de paternidad. La iglesia tiene una responsabilidad colectiva de ser padre para los huérfanos. No estamos solos en esto. Juntos, somos una comunidad de fe; somos la familia de Dios, en la cual cada miembro apoya y cuida del otro. Yo creo que la iglesia debería constituir la "agencia de adopción" más magnífica del siglo XXI. El modo de cambiar una nación no es atacado al gobierno, sino siendo padre de sus propios hijos y de los huérfanos. La paternidad piadosa es la clave para esta generación y todas las siguientes.

Considere la siguiente idea: el Hijo de Dios entró en este mundo y tuvo que ser adoptado por un padre terrenal: José. José pudo haber rechazado a María, pensando que ella le había sido infiel y se había quedado embarazada de otro hombre, pero no lo hizo. Él creyó lo que Dios le dijo por medio del ángel sobre la concepción de Jesús por medio del Espíritu Santo. Con gran riesgo y sacrificios personales, José asumió la responsabilidad y se convirtió en el padre terrenal de Jesús, el Salvador del mundo.

Padres, sean como el Padre celestial para sus familias, comunidades y naciones. Si el varón no se aferra como un ancla, perdemos la visión y el destino del país y los recursos de la comunidad. Pida al Señor que llene cualquier lugar vacío en su vida que su padre no pudo llenar. Perdone a su padre si él no estuvo a su lado, o si fue un padre alcohólico o abusivo. Acuda a su Padre celestial y permita que Él le convierta en un ancla segura, para que usted pueda ayudar a traer sanidad a la tierra y a restaurar a individuos y familias. Únase a otros miembros de la familia de Dios para satisfacer esas necesidades. Entonces, se levantarán futuras generaciones y darán gloria a nuestro Padre.

Pensamiento del día

Juntos, somos una comunidad de fe; somos la familia de Dios, en la cual cada miembro apoya y cuida de los otros.

---

30 de diciembre

¡PROSIGA HACIA SU SUPREMO LLAMAMIENTO!

Hemos estado viendo los propósitos ideales de Dios para mujeres y hombres, hacia los cuales deseamos avanzar. Sin embargo, debemos tener en mente que entrar en los propósitos de Dios será un continuo proceso de aprendizaje y transformación. Comenzamos donde estemos en este momento; no donde deberíamos estar, y no en el lugar al que llegaremos.

Pablo nos dijo, con respecto a nuestro crecimiento espiritual, que debemos olvidar las cosas que quedan a nuestras espaldas y proseguir hacia lo que está delante. Debemos avanzar hacia la meta, que es el *"supremo llamamiento de Dios en Cristo Jesús"* (Filipenses 3:14 RVR). Cuando Jesús vino a la tierra, nos mostró la meta que debemos alcanzar. Por tanto, cualquier cosa que Él indica es lo que debemos perseguir. Él nos mostró el plan original de Dios de modo que pudiéramos tener un objetivo. Nunca deberíamos aceptar lo que actualmente tenemos como norma.

Cuando usted comienza a entender y a vivir en los propósitos de Dios, puede que algunas personas se sientan muy incómodas con usted. Cuando usted les dice: "Mira, yo sé lo que es ser un hombre. Sé lo que es ser una mujer. Acudí al Fabricante y obtuve el Manual correcto", puede que le digan: "Oh, no, ese es un manual antiguo; está anticuado". Sin embargo, no podemos mejorar el original.

Cuando tanto mujeres como hombres obtenemos un entendimiento de nuestra singularidad y nuestro propósito en Dios, seremos capaces de ayu darnos los unos a los otros a entender y vivir adecuadamente las vidas para las cuales Dios nos creó. Además, cuando arreglemos las relaciones rotas entre mujeres y varones, los cuales son creados a la imagen de Dios, comenzaremos a ver sanidad y un nuevo propósito para los individuos, comunidades y naciones de nuestro mundo.

Pensamiento del día

Jesús nos mostró el plan original de Dios de modo
que pudiéramos tener un objetivo.

31 de diciembre

PALABRAS FINALES

Mira que cumplas el ministerio que recibiste en el Señor.
—Colosenses 4:17 (RVR)

Hermanos en Cristo, comunidades y naciones serán transformados cuando los hombres regresen a Dios y a sus propósitos para ellos. Dios está buscando a quienes se dediquen a sí mismos a ponerse *"en la brecha delante de mí, a favor de la tierra"* (Ezequiel 22:30 RVR). Él quiere llevar poder transformador a matrimonios rotos, familias dañadas, sociedades derrumbadas y hombres, mujeres y niños individuales que necesitan reconciliación con Dios y una restauración de los propósitos de Él para ellos. Pero él está esperando a hombres como usted, verdaderos hombres que se comprometan a cumplir su propósito de dominio de extender la presencia de Dios por todo el mundo. Es mi oración que las personas puedan mirar su vida y decir: "Ahora sé lo que es un hombre verdadero", a medida que son transformados por la presencia de Dios en usted.

Hermanas en Cristo, les aliento de todo corazón a seguir todos los propósitos de Dios para ustedes. Él creó su espíritu de su propio ser y por amor. Él les diseñó perfectamente para cumplir su llamado en Él. Acepten la libertad que Él les ha dado en Cristo. Sepan que Él las estima. Desarrollen las ideas creativas que Él ha puesto en lo profundo de su ser. Utilicen los muchos dones y talentos que Él ha puesto en su interior. Sean para ustedes mismas, su familia y su comunidad la bendición que Él les creo para que fueran. Sin embargo, sobre todo, descubran que *"su vida está escondida con Cristo en Dios"* (Colosenses 3:3). Su lugar está con Él y en Él.

Pensamiento del día

Dios quiere llevar poder transformador a matrimonios rotos, familias dañadas, sociedades derrumbadas y hombres, mujeres y niños individuales que necesitan reconciliación con Dios y una restauración de los propósitos de Él para ellos.

MI ORACIÓN POR USTED

Padre celestial:

Tú eres nuestro Diseñador y Creador. Tú sabías exactamente lo que querías cuando pensaste en el varón y la hembra. Tú los tenías en mente antes de crearlos. Primero pensaste en lo que querías, y después los creaste y los capacitaste para operar exactamente del modo en que tú habías planeado. Tú eres el único que sabe cómo debe funcionar exitosamente la humanidad. Oro para que aquellos que lean este devocional diario se comprometan a llegar a ser los hombres y mujeres que tú diseñaste y creaste que fuesen. Que puedan experimentar satisfacción duradera en su relación contigo y en todas sus relaciones humanas. Capacítalos para estar completos en ti de modo que puedan ser una bendición para ellos mismos, sus familias y el mundo. En el nombre de Jesús, tu Hijo amado, amén.

ACERCA DEL AUTOR

El Dr. Myles Munroe es un orador internacional motivacional, autor de libros best sellers, maestro, educador, consultor gubernamental, consejero y hombre de negocios que toca temas críticos que afectan todas las áreas del desarrollo humano, social y espiritual. Viajando extensamente alrededor del mundo, el tema central de su mensaje es el desarrollo del liderazgo, así como el descubrimiento del destino y del propósito personal y la realización máxima del potencial del individuo, que es transformar a los seguidores en líderes, y a los líderes en agentes de cambio.

El Dr. Munroe es fundador y presidente de Bahamas Faith Ministries International (BFMI), que es una red de ministerios con sus oficinas en Nassau, Bahamas. El también es presidente y director ejecutivo de la Asociación Internacional de Líderes del Tercer Mundo, y presidente del Instituto Internacional de Entrenamiento para Líderes.

El Dr. Munroe también es el fundador, productor ejecutivo y anfitrión principal de un número de programas de radio y de televisión que están en el aire a través de todo el Caribe y el mundo. El Dr. Munroe es un autor y escritor que ha contribuido para varias ediciones de la Biblia, para revistas y para reportes. Es un popular autor de más de cuarenta libros, sus obras incluyen entre otras, *Los Principios y Beneficios del Cambio, Convirtiéndose en un Líder, La Persona Más Importante Sobre la Tierra, El Espíritu de Liderazgo, Los Principios y el Poder de la Visión, Entendiendo el Propósito y el Poder de la Oración, Entendiendo el Propósito y el Poder de la Mujer,* y *Entendiendo el Propósito y el Poder de los Hombres.*

Por más de treinta años, él ha entrenado decenas de miles de líderes en los negocios, la industria, la educación, el gobierno, y la religión. Él personalmente alcanza a más de 500,000 personas cada año en un nivel de desarrollo personal y profesional. Su mensaje y su llamamiento trascienden razas, edades, culturas, credos, y antecedentes económicos.

El Dr. Munroe ha obtenido títulos y maestrías en la Universidad Oral Roberts y en la Universidad de Tulsa, en Tulsa, Oklahoma, EE.UU. y ha sido premiado con un número de distinciones honorables a nivel doctorado. Él también ha servido como profesor adjunto de la Escuela de Graduados de Teología de la Universidad Oral Roberts.

El Dr. Munroe y su esposa Ruth, viajan en equipo, y son los padres orgullosos de dos hijos adultos, Charisa y Chairo (Myles Jr.).